KB214809

복 있는 사람

오직 여호와의 율법을 즐거워하여 그 율법을 주야로 묵상하는 자로다.
저는 시냇가에 심은 나무가 시절을 좇아 과실을 맺으며 그 잎사귀가 마르지 아니함 같으니
그 행사가 다 형통하리로다. (시편 1:2-3)

기독교인의 신앙은 성경을 근거로 하며 신학과 경험이라는 손길로 빚어진다. 하지만 오늘날 성경과 신학에 대한 이해는 성경 그 자체가 제시하는 기준이 아닌 세속적인 풍조와 개념에 영향을 받고 있다. 이로 인해 신자의 삶 또한 그 본질에서 이탈하여 왜곡되었다. 이 책『들음과 행함』은 세속 문화의 흐름을 날카롭게 분석하면서, 그 안에서 참된 제자로 산다는 것이 무엇인지 실천적이고 목회적으로 조명한다. 케빈 밴후저는 신학적인 성경 읽기와 교리가 지닌 중요성을 단순히 강조하는 것을 넘어, 신자가 살아가는 삶의 현장을 조명하며 우리를 풍성한 삶과 순종으로 이끈다. 참된 제자도가 무엇인지 알고 이를 살아 내기 원한다면 이 책을 놓치지 말라.

박영선 남포교회 원로목사

종교개혁자 장 칼뱅은 하나님에 대한 지식이 없이는 자신에 대한 지식도 없다고 말했다. 이 빛나는 신학적 통찰은 약 500년 동안 기독교인의 삶을 이해하는 데 매우 중요한 역할을 했다. 21세기 북미의 대표적인 복음주의 신학자 케빈 밴후저는 자신을 알기 위해 하나님에 대한 지식뿐만 아니라 사회적인 세계에 대한 지식도 필요하다고 냉철하게 지적한다. 그는 시대적인 상황 변화에 적절하게 반응하는 제자도 신학을 전개하기 위해 목회적이고 실천적인 통찰이 풍성한 책을 출간했다. 그는 신학적 해석학과 문화 신학 등의 분야에서 쌓아 온 내공을 바탕으로, 들음과 행함, 배움과 실천, 앎과 제자도가 현시대에 어떻게 통합되어야 하는지 면밀하게 탐구한다. 성경과 종교개혁 전통이 지닌 권위에 깊이 헌신하면서도 문화에 대한 비판적인 개방성을 놓치지 않는 이 책『들음과 행함』은, 하나님과 구글 사이에서 매 순간 선택을 강요받는 현대인에게 그리스도를 따르는 일에 필요한 신학적인 지혜와 실천적인 지침을 풍성히 제공할 것이다.

김진혁 횃불트리니티신학대학원대학교 조직신학 교수

케빈 밴후저는 영미권 그리스도인들에게 신학적인 성경 읽기의 중요성과 그 실재를 분명히 각인시킨 신학자다. 그가 말하는 신학적인 성경 읽기의 목표는 그리스도인이 성경 속에서 하나님의 말씀을 듣고 그 말씀대로 행함으로써 작은 그리스도가 되도록 돕는 데 있다. 그는 인터넷 문화라는 도전적인 상황을 염두에 두면서, 신학적인 성경 읽기와 제자도의 실천을 통해 건강한 교회와 가정을 세울 수 있는 길을 제시한다. 이 책『들음과 행함』은 그리스도 안에서 우리가 어떠한 존재인지를 알려 줌으로써, 오늘날의 세속 문화 속에서 우리가 어떻게 살아야 하는지를 보여준다. 기독교 교리가 지닌 본래적인 의미와 중요성 그리고 실용성을 이처럼 잘 보여주는 책도 드물 것이다. 이 책을 읽는 독자들은 그리스도의 생명과 연합하여 사는 삶, 곧 십자가를 닮은 지혜와 부활의 능력을 발휘하는 삶을 통해 '기독교적 대항문화'를 이루는 공동체를 꿈꾸게 될 것이다.

우병훈 고신대학교 신학과 교의학 교수

기독교 초기에 신자는 부르심을 따라가는 사람이었고 목회자는 신학자였다. 다시 말해, 모든 그리스도인이 지닌 정체성과 사유는 그리스도의 부르심에 근거했고 그 부르심을 따름으로써 행동화되었다. 신앙과 삶 그리고 목회와 신학의 연결이 절실하게 필요한 지금, 이 시대의 탁월한 신학자요 성경 해석자인 케빈 밴후저는 '제자도'라는 빛 속에서 그 넷이 합류하는 지점을 분명하게 제시한다. 참으로 반가운 책이다.

박정관 장로회신학대학교 특임교수, 문화연구원 소금향 원장

『들음과 행함』에서 케빈 밴후저의 목표는 하나님이 성경 안에서 말씀하시는 바를 들을 뿐만 아니라 행할 수 있는 기독교 신자와 공동체를 형성하도록 목회자를 돕는 것이다. 그는 예수 그리스도의 형상으로 변화되는 일을 촉진하거나 저해하는 다양한 문화적 영향력의 맥락 속에서, 우리가 은혜 안에서 성장하는 일을 좌우하는 성경적인 원리를 광범위하게 논한다. 문화와 성경 모두에 대해 정통한 저자는 그리스도인의 삶의 훈련과 이 세상이 제공하는 즐거움을 대조한다. 이 책은 우리의 성화에서 성경과 교회와 성령의 역할을 이해하려고 노력하는 사람들에게 큰 도움을 준다. 밴후저는 명료하면서도 우아하게 글을 쓰는 저자다.

존 프레임 리폼드 신학대학원 조직신학 및 철학 명예교수

이 훌륭한 책은 교회 갱신에 관한 풍성한 전망을 목회자에게 제공한다. 케빈 밴후저는 새로운 기법이나 프로그램을 제시하기보다는, 제자들이 어떻게 삼위일체 하나님의 일에 참여할 수 있는지를 심층적인 차원에서 신학적으로 설명한다. 『들음과 행함』은 수많은 이들에게 신뢰를 받는 신학 멘토이자 안내자가 목회자–신학자의 소명을 회복하기 원하는 사역자를 위해 쓴 탁월한 책이다.

토드 빌링스 웨스턴 신학대학원 고든 지로드 개혁주의 신학 연구교수

『들음과 행함』에서 케빈 밴후저는 기독교 교회가 진리를 '행할' 때, 그리고 우리의 제자 삼기가 제자 깨우기(우리를 깨워 세속 시대의 은유와 신화를 깨닫게 하고 신실하고 열정적으로 그리스도를 따를 수 있게 하는 일)를 포함할 때 그것이 어떤 모습인지를 보여준다. 성경 주석과 신학적인 성찰 그리고 문화적인 분석을 결합한, 교회를 위한 탁월한 책이다.

트레빈 왁스 라이프웨이 크리스천 리소시즈 성경과 참고 도서 디렉터

북미 기독교가 넓기는 하지만 깊이가 얕다는 말이 이제는 상투적인 표현이 되었지만, 그 말은 여전히 옳다. 미국의 문화와 사회 안에 복음적인 기독교의 표현이 널리 퍼져 있지만, 안타깝게도 우리 삶의 깊이와 실체는 매우 얄팍하다. 큰 교회들을 채울 수는 있지만, 말씀을 듣고 행하는 거룩한 사람들을 길러 내는 데에는 어려움을 겪고 있다. 케빈 밴후저와 그의 탁월한 책 『들음과 행함』에 주목하라. 케빈처럼 성경과 신학과 교회를 사랑하는 목회자로서 나는 이 책이 우리에게 꼭 필요한 강장제라고 자신 있게 말할 수 있다. 그리스도 안에서 계시된 진리에 관해 실질적이고 성경적으로 묵상한 일에서 시작된 제자도란 얼마나 참신한 생각인가.

토드 윌슨 공공 신학자 연구소 소장

케빈 밴후저는 교회의 덕을 세우고 목회자들을 격려하기 위해 글을 쓰는 탁월한 신학자다. 그는 창의적이어야 할 때와 성도에게 단번에 주어진 신앙을 고수해야 할 때를 알고 있는 독특한 저자다. 강인하고 건강한 교회의 몸을 위해 (제자도에서 성경적 교리가 지닌 필수적인 역할을 기초로 한) '보디빌딩' 운동을 그가 제시할 때, 이 둘의 결합이 잘 드러난다. 이 책은 나의 상상력을 자극했고, 목회자가 지닌 특권과 책임을 새롭게 일깨워 주었다.

빌 카인스 코너스톤 복음주의 자유교회 담임목사

케빈 밴후저가 '이와 같은 때'를 위한 책을 썼다. 우리는 그저 성경에 대한 이해도의 위기나 영성 형성의 위기를 직면하고 있는 것이 아니다. 문제는 그보다 훨씬 더 근원적이다. 우리의 상상력, 곧 우리 마음의 눈이 좋고 아름다운 삶에 대한 경쟁적인 전망에 사로잡혀 있다. 밴후저는 영혼을 돌보는 일에 관련한 모든 사람이 '안과 의사'가 되어서, 우리가 돌보아야 할 사람들로 하여금 지금까지 한 번도 시도해 보지 않았던 방식으로 성경을 읽어 새로운 눈으로 세상을 볼 수 있도록 도우라고 촉구한다. 당신이 나처럼 이러한 과제가 아름답지만 벅차다고 생각한다면, 그리고 시급하다고 생각하지만 어디서부터 시작해야 할지 모르겠다면, 지혜와 실천적인 처방으로 가득한 이 책을 읽는 것으로부터 시작하라.

랜킨 윌번 퍼시픽 크로스로즈 교회 담임목사

신학이 때로는 간과되고 제자도가 무시되는 이 시대에, 케빈 밴후저는 교회를 위해 예수를 알고 따른다는 것의 의미를 다룬 걸작을 내놓았다. 밴후저는 문화와 실천, 전통 그리고 상상력을 아우르는 통전적인 접근으로 제자도에 대한 전망을 제시하지만, 무엇보다 그리스도를 닮아 가려는 부르심에서 교리와 성경이 지니는 중요성을 강조한다. 『들음과 행함』은 세계적인 신학자가 가장 중요한 주제 중 하나에 관해 명료하고 설득력 있는 메시지를 제시한 책이다. 나는 모든 목회자가 이 책을 읽기를 바란다. 이 책은 그리스도의 사람들이 그분의 형상으로 변화되도록 도와줄 것이다.

제레미 트리트 리얼리티 엘에이 교회 설교 및 비전 담당 목사

목회자를 위해 쓰인 이 책은 기독교 제자도에 관심이 있는 모든 사람, 곧 기독교 제자도의 상태에 관해 걱정하고 있는 모든 그리스도인을 위한 필독서다. 밴후저는 제자도를 문화적인 분석 및 신학적이고 성경적인 논의와 결합함으로써, 현대 교회가 너무나 오랫동안 갈라놓았던 것을 다시 하나로 묶어 낸다. 그 결과는, 오늘 우리의 지역 교회들이 언제 어디에서나 하나님 나라 안에서 살고, 그 나라를 선포하며, 그 나라를 구현하는 제자들을 형성하는 부르심을 반드시 실천해야 한다는, 강력하고 실천적이며 은혜로 가득 찬 제자도에 관한 전망이다.

크리스틴 디디 존슨 웨스턴 신학대학원 신학 및 영성 교수

집어 들고, 읽고(듣고), 실천하라(행하라). 케빈 밴후저는 우리의 관심을 제자도를 위한 신학의 중요성에 끊임없이 집중시키며, 그리스도 안에 있는 바를 이해하며 실천하려고 할 때 교리가 얼마나 실천적이며 또한 필수적인지 논증한다. 목회자-신학자를 위한 그의 세 번째 책인 이 책은 이전 두 책의 결을 따르면서 정경적인 적합성이 필요함을 논증하는 동시에, 지혜를 기르고 성령을 통해 그리스도 안에서 자라기 위해서 변화된 상상력이 중요하다는 사실을 입증한다. 이 책은 믿음을 명확히 설명하고 삶으로 실천할 수 있는 제자를 길러 내려는 목회자들을 위한 필독서다.

칼 '케이제이' 존슨 시카고 C. S. 루이스 연구소 디렉터

주 예수 그리스도께서 교회에게 주신 항구적인 명령과 사명과 사역이 있다. 이는 곧 제자를 길러 내라는 위대한 특권과 함께 주신 대위임이다. 케빈 밴후저를 교사와 안내자로 삼을 때, 우리는 제자도라는 즐거운 책무에 임하는 목회자-신학자들을 가르치고 본보기를 보이는 목회자-신학자를 스승으로 얻게 될 것이다. 그는 성경과 교리, 들음과 행함, 사고에 대한 교육과 습관의 형성, 개인과 교회, 성경 이야기와 문화적인 맥락 모두를 강조한다. 이 책으로 인해 하나님께 감사한다. 나는 온 교회의 모든 구성원이 참으로 목적에 합당해질 수 있도록, 다시 말해 하나님의 영광을 위해 주 예수 그리스도의 합당한 형상으로 변화되도록 이 책이 교회 안에서 하나님의 사람들을 위해 사용되기를 기대하며 기도한다.

그레그 스트랜드 트리니티 복음주의 신학대학원 목회신학 교수

들음과 행함

Kevin J. Vanhoozer

Hearers and Doers

들음과 행함

케빈 밴후저 지음
박세혁 옮김

복 있는 사람

들음과 행함

2020년 2월 18일 초판 1쇄 인쇄
2020년 2월 24일 초판 1쇄 발행

지은이 케빈 밴후저
옮긴이 박세혁
펴낸이 박종현

도서출판 복 있는 사람
주소 서울특별시 마포구 연남동 246-21(성미산로23길 26-6)
전화 02-723-7183(편집), 7734(영업·마케팅)
팩스 02-723-7184
이메일 hismessage@naver.com
등록 1998년 1월 19일 제1-2280호

ISBN 978-89-6360-339-1 03230
이 도서의 국립중앙도서관 출판예정도서목록(CIP)은
서지정보유통지원시스템 홈페이지(http://seoji.nl.go.kr)와 국가자료공동목록시스템
(http://www.nl.go.kr/kolisnet)에서 이용하실 수 있습니다. (CIP 제어번호: 2020000575)

Hearers and Doers
by Kevin J. Vanhoozer

차례

머리말

『들음과 행함』의 목적은 성경("하나님의 입으로부터 나오는 모든 말씀"[마 4:4])을 신학적으로 읽도록 제자들을 가르치는 일의 중요성을 강조함으로써, 제자를 길러 내라는 대위임을 목회자가 완수하도록 돕는 것이다. 이 책에서는 이러한 맥락에서 "신학적으로"라는 말이 무엇을 의미하는지, 그리고 성경을 신학적으로 읽는 것이 왜 제자도에 이르는 첩경인지 더 자세히 설명할 것이다. 여기서는 예수 그리스도를 구주로 믿는 참된 신앙을 위해서는 진심 어린 신뢰뿐 아니라 들음(이해)과 행함(순종) 모두가 필요하다는 사실만을 강조하려고 한다.

나는 저술 활동을 시작한 초기부터 학계를 위한 책을 한 권 쓸 때마다 교회를 위한 책을 한 권 쓰겠다는 계획을 세웠다. 이 책은 예수 그리스도의 교회를 세우는 사람인 목회자-신학자의 소명을 다룬 나의 비공식적인 3부작 가운데 세 번째 책이다.[1] 이전 책들의 목적은, 기독교의 문화적인 작용 능력(수동적으로 문화의 조건에 굴복하기보다는 문화에 영향력을 남길 수 있는 능력)을 되찾기 위해서 문화에 대한 이해력(현대 문화에서 무슨 일이 일어나고 있으며 그것이 우리에게 어떻게 영향을 미치는지를 이해하는 능력)을 갖추는 일이 중요하다고 목회자와 평신도 모두를 설득하는 것이었다.[2]

이 책들에 표현된 관심사들―신학자로서의 목회자, 실천적인 이해로서의 신학, 문화와 지배적인 '사회적 상상'(이에 관해서는 1장에서 설명하겠다)을 이해하는 일의 중요성, 성경 이야기를 교회의 통제 서사로 삼아야 할 긴급한 필요성―이 제자도를 위한 교리의 필요성을 강조하는 이 책 안에 결합되어 있다. 『들음과 행함』에서는 복음과 문화가 어떻게 연관되어 있는지를 설명하면서, 기독교적인 대항문화(그리스도 안에 함께 있음)를 유지하기 위해 성경을 신학적으로 읽으라고 권유한다. 행함을 강조하는 것은, 제자 삼기를 위해서는 무엇인가를 아는 것 이상이 필요함을 상기시키기 위해서다. 성경에 대해서든 교리에 대해서든, 머리로 아는 지식만으로는 제자를 길러 내기에 충분하지 않다. 머리로 아는 지식만으로는 디트리히 본회퍼(Dietrich Bonhoeffer)가 말하는 "값싼 은혜"(그리스도를 존경하지만 그분을 따르는 데까지 이르지 못하는, 회개 없이 그리스도 안에서 용서받는다는 믿음)에서 크게 벗어나지 못한다. 본회퍼는 이를 "교회의 치리 없는 세례, 죄의 고백 없는 성만찬…… 제자도 없는 은혜"로 묘사한다.[3]

우리가 살고 있는 디지털 시대와 이 시대를 지배하는 소셜 미디어가 교회가 제자 삼는 일에 어떤 영향을 미칠지는 아직 더 두고 보아야 하지만, 젊은이들만 이 문화에 의해 영적으로 형성되고 있지는 않다. 어쩌면 내가 다른 문화(프랑스) 출신인 사람과 결혼했고 다른 두 문화권(잉글랜드와 스코틀랜드)에서 살았던 적이 있기 때문일지도 모르지만, 나는 실재에 대한 우리의 추론에 영향을 미친다고 주장하는 (예를 들면, 역사적, 문화적, 사회 경제적, 인종적) 상황성(situatedness)에 대한 후기 근대성의 강조에 관해 알기 오래전부터, 한 사람이 무엇을 사고하고 경험하고 행하는 방식에 문화의 형성적인 성격이 영향을 미친다는 사실을 예리하게 인식하게 되었다. 나는 문화가 일률적으로 악하다고 믿지는 않지만, 그것이 강력한 영성 형성의 수단이라고 생각한다. 장 칼뱅(Jean Calvin)은 하나님에 대한 앎 없이는 자신에 대한 앎이 가능하지 않다고 바르게 주장했지만, 오늘날 아마도 우리는 자신에 대한 앎을 위해서는 우리가 살고 있는 사회적인 세계에 대한 앎도 필요하다고 덧붙여야 할 것이다.

문화는 그것이 지닌 중요성에도 불구하고 제자 삼기의 레이더 아래에서 비행하는 경우가 너무나도 많다. 나는 그 이유가 문화가 명시적인 주장이나 가치 판단을 함으로써만이 아니라 잠재의식의 차원에서도—예를 들어, 좋은 삶에 대한 그림을 만들고 우리가 이런 그림이 '정상적'이라고 생각하게 만듦으로써—우리를 형성하고 있음을 우리가 인식하지 못했기 때문이라고 생각한다.[4] 또한 문화는 우리를 그 그물망, 곧 전자적인 망(인터넷)에 포획함으로써, 그리고 우리의 공동생활을 규정하는 공동의 실천을 통해 특정한 습관을 심어 줌으로써 우리를 형성한다. 토니 라인키(Tony Reinke)와 앤디 크라우치(Andy Crouch)의 책은 이러한 일상적인 전자 문화에 대해 경계하라고 촉구하며, 하나님과 구글을 동시에 섬길 수 없음을 상기시킨다.[5] 나는 교회 안에 있는 젊은이와 그들의 영성 형성을 위해 최전선에 서 있어야 하는 부모에게 큰 관심을 가지고 있지만, 이 책은 특히 기독교 교리와 제자도를 통해 성경 말씀을 듣고 행하는 실천적인 기술을 가르침으로써 그 부모들을 양육하려는 목회자와 교회 지도자들을 위한 책이다.[6]

『들음과 행함』은 제자도의 본질과 방법을 다룬 첫 번째 책은 아니지만, 세 가지 강조점이 이 책을 다른 책들과 구별할 것이다.

첫째, 목회자가 "모든 생각을 사로잡아 그리스도에게 복종하게"(고후 10:5) 하는 최선의 방법은, 먼저 우리의 상상력을 사로잡고 우리의 삶을 프로그램화하는 그림과 이야기들을 폭로함으로써 교회들이 현대 문화의 정사와 권세에 대해 경계하게 하는 것이다. 다음으로, 복음이 지닌 더 영광스러운 진리를 제시하여 상상력을 구속하고 제자들의 방향을 바꾸어, 그들이 진리 안에서 걸을 수 있게 하는 것이다.

둘째, 성경을 신학적으로 읽는 것이 영적으로 건강해지는 가장 중요한 수단이다.

셋째, 신체적인 건강에 대한 우리 문화의 집착과 교인의 영적인 건강에 대한 교회의 상대적인 무관심 사이의 역설을 강조한다. 나는 이전에 '다이어트'를 교리가 영적인 건강을 촉진하는 방식에 관한 은유로 활용한 적이 있다.[7] 이 책에서는 이 이미지를 확장하여 이를 운동과 건강에 연결한다. 전체적인 목표는 목회자가 교회를 '건강 문화'로, 제자도를 목적에 합당한 신자들을 길러 내는 과정으로 볼 수 있도록 돕는 것이다.

지난 몇 년 동안 '행하는 이들'까지는 아니더라도 이 책을 위한 기초가 된, 교리와 제자도에 관한 강연을 '듣는 이들'이자 대화 상대자였던 몇몇 그룹에 감사를 표현하려고 한다. 나는 C. S. 루이스 연구소의 조직신학 선임 연구원인 칼 '케이제이' 존슨(Karl 'KJ' Johnson)의 탁월한 지도력 덕분에 시카고의 연구원 프로그램에서 정기적으로 강연할 수 있는 특권을 누리고 있다. 루이스 연구소는 자신의 신앙을 명료하게 설명하고 실천할 수 있는 예수 그리스도의 신실한 제자들을 길러 내기 위해 존재한다. 또한 나는 오하이오주 영스타운에 있는 루이스 연구소 북동부 오하이오 지부의 목회자 모임에서 강연하도록 초대해 준 댄 오스본 (Dan Osborne)에게도 감사드린다. 메인주 미국 침례교회의 2016년 연례 총회에서 강연하도록 초대해 준 앨 플레처(Al Fletcher)와 뉴올리언스 침례교협회의 2018년 가을 회의에서 강연할 기회를 준 잭 헌터(Jack Hunter)에게도 감사를 전한다. 2017년 펠로십 공동체의 신학 콘퍼런스에서 주제 강연을 맡도록 샌디에이고로 초대해 준 제리 앤드루스(Jerry Andrews)에게 감사드린다. 펠로십 공동체는 미국 장로교회에 속한 목회자들의 '성경적인 언약 공동체'다(제리는 펠로십 공동체라는 단체명이 "기독교권 전체에서 가장 중복이 심한 명칭"임을 인정한다). 마지막으로, 일리노이주 알링턴 하이츠에 있는 미국 복음주의 자유교회 회중인 오처드에서 52년 동안 지속되고 있는 '기독교적 관점의' 성인 주일학교에서 (다시) 가르치도록 초대해 준 밥 핸슨(Bob Hansen)과 주디 브래디쉬 (Judy Bradish)에게 감사의 마음을 전한다.

나에게 로고스 모바일 교육을 위한 강의 자료를 녹음하도록 설득했던 페이스라이프의 교육 기획자 톰 블레어(Thom Blair)와 강의를 책으

들음과 행함

로 펴내자고 제안한 렉스햄 출판사의 제시 마이어스(Jesse Myers)가 없었다면 이 책은 빛을 볼 수 없었을 것이다. 원고 수정을 위해 통찰력이 넘치는 수많은 의견과 제안을 건네준 편집자 엘리엇 리츠마(Elliot Ritzema)에게도 특별한 감사의 빚을 지고 있다. 마지막으로, 목회자-신학자의 눈으로 최종 원고를 읽고 이 책의 주장을 가다듬기 위해 수많은 아이디어를 제공했던 라이언 필즈(Ryan Fields)에게 감사드린다.

들어가며: 교리에서 제자도로

자유롭게 하는 온전한 율법을 들여다보고 있는 자는 듣고 잊어버리는
자가 아니요 실천하는 자니 이 사람은 그 행하는 일에 복을 받으리라
(약 1:25).

성경적으로 산다는 것은 무엇을 의미하는가? 이는 내 일생의 질문이
되었으며, 세 가지 이유 때문에 중요하다. 첫째, 성경은 하나님의 말씀
이기 때문이다. 둘째, "예수 그리스도가 오늘 당신을 위해 어떤 분이신
가?"라는 핵심적인 기독론적 질문에 대답하기 위해서는 성경을 알아
야 하기 때문이다. 셋째, "당신은 오늘날 예수 그리스도께 어떤 사람인
가?"라는[1] 후속 질문에 바르게 답하기 위해서 성경을 알아야 하기 때문
이다. 간단히 말해, 성경적으로 산다는 것은 예수의 제자가 된다는 것
이 무엇을 의미하는지, 그리고 이 제자도가 21세기에 어떤 모습을 취해
야 하는지와 떼려야 뗄 수 없는 관계가 있다. 이 세 물음은 모두 내가 신
학대학원 수업에서 무엇을 어떻게 가르치는지와 직접적으로 연관이 있
다(내가 가르치는 신학생 다수는 목회자가 되려고 하는 이들이다). 하지만 왜
그런가? 교리를 배우는 것과 제자도, 곧 성경적으로 사는 것이 무슨 관
계가 있는가? 목회학 석사 학위를 위한 이수 학점이 계속해서 줄고 있

는 시대에 왜 소중한 수업 시간을 신학을 배우는 데 사용해야 하는가? 조직신학은 교회의 목회 및 그리스도인의 삶과 무슨 관계가 있는가? 간단히 말해, 목회자는 왜 신학을 공부해야 하는가?

하나님의 교육 과정

야고보서 1:22-25은 지혜로운 사람과 어리석은 사람이 거울을 보는 일에 비유해 이 물음에 대해 답한다. 성경이라는 거울을 들여다보는, 곧 성경에 귀를 기울이는 사람은 자신이 참으로 어떤 존재인지 알게 된다. 곧, 자신이 '그리스도 안에' 있는 빛의 자녀임을 깨닫는다. 그러나 진리를 듣기만 하고 행하지 않는다면, 이는 마치 당신의 참된 정체성을 잊어버리는 것과 같다. 다시 말해, 진리를 듣기만 하고 행하지 않는 것은 기억 상실증에 걸린 것과 같다. 이는 불안정한 마음 상태다. 당신이 왕족이라는 사실을 잊어버린다면 왕의 자녀처럼 행동하지 않게 될 것이다. 성경처럼 교리는 제자들에게 '그리스도 안에서' 그들이 참으로 어떤 존재인지를 가르친다. 제자들은 그들이 누구의 도에 속해 있는지를 이해하고 기억해야 한다.

이보다 더 긴 대답을 위해서는 교회와 교회의 사역이 무엇을 위한 것인지에 관해 이야기해야 한다. 더 긴 성경적 관점을 취한다면, 우리는 이스라엘처럼 하나님의 첫 번째 백성인 교회의 목적이 "택하신 족속이요 왕 같은 제사장들이요 거룩한 나라"가 되는 것임을 알 수 있다(벧전 2:9). 민수기와 신명기의 대부분은 주 하나님이 어떻게 40년 동안 이스라엘을 거룩한 나라, 곧 약속의 땅의 시민권에 합당한 백성으로 만들려고 하셨는지에 관한 이야기다.

주 하나님이 이스라엘을 위해 마련하신 교육 과정은 한가로운 공원 산책이 아니었다. 40년 동안 광야에서 야영하고 대열을 이루어 여행하는 삶이었다. 하지만 결코 정처 없는 방황은 아니었다. 주 하나님은 보는 것이 아니라 믿음으로 걷는 법을 이스라엘에게 가르쳐 주셨다. 그것은 아웃워드 바운드(Outward Bound, 1941년 영국에서 시작한 야외 교육 프로그램이다―옮긴이)와 비슷한 궁극적인 야외 교육 프로그램이었지만 한 백성 전체를 대상으로 삼았다. 아웃워드 바운드의 사명은 "도전과 발견을 통해 삶을 바꾸고" "더 강인하며 긍휼을 베푸는 시민"을 형성하는 것이다.[2] 이 프로그램은 바다와 산과 사막이 어떤 학문적인 기관도 제공할 수 없는 훈련을 제공한다고 믿었던 커트 한(Kurt Hahn)이 고안한 것이다. 이런 지형들은 생존을 위해 필수적인 전문 기술과 삶을 위해 필수적인 인격적 덕, 그리고 공동의 삶을 위해 필수적인 사람들 사이의 협력을 가르친다. 표어는 "당신이 필요합니다"이다. 아웃워드 바운드 원정대원은 "승객이 아니라 승무원"이다.

이스라엘처럼 교회는 하나님의 나라를 선포하고 구현하며 그 안에서 살아가라는 구별된 사명을 지닌 구별된 백성이다. 아우구스티누스(Augustinus)의 이미지를 사용하자면, 교회는 하나님의 도성이며, 교회 사역의 목적은 교인들이 복음의 시민으로서 그에 합당한 삶을 살 수 있도록 돕는 것이다(빌 1:27). 교인들은 위를 향한(Upward Bound) 원정대에 속해 있으며, 그들 역시 승객이 아니라 승무원이다. 이스라엘이 광야에서 원정했던 것처럼 교회가 세상 속에서 원정하는 것은 주 하나님이 거룩한 백성을 만들어 가시는 방법이다.

제자도는 손쉬운 승리였던 적이 결코 없다. 십자가를 닮은 예수의 길을 따른다는 것은, 예수께서 40일 동안 사막에서 시험받으실 일에 대한 전조로서 이스라엘이 40년 동안 광야에서 지냈던 것처럼 광야를 헤맨다는 것이다. 물론 광야에는 시내도 있겠지만 장미 정원은 결코 없다. 하지만 교회는 위를 향해 길을 나선다. 왜냐하면 그 구성원들의 시민권이 하늘에 있기 때문이다(빌 3:20). 교회가 하나님의 도성이라는 아우구스티누스의 이미지를 염두에 둔다면, 신학(하나님의 도성으로서 그분을 위해 살아가는 삶을 뒷받침하는 가르침)은 그리스도인의 시민적 책임의 본질적인 요소다. 신학은 홀로 선하신 하나님(막 10:18)의 영광을 위해 좋은 소식에 비추어 좋은 삶을 사는 법을 가르친다. 청교도 신학자 윌리엄 에임스(William Ames)는 신학을 "우리 자신을 향해 살아가는 행복한 삶이 아니라 하나님을 향해 살아가는 좋은 삶"이라고 정의한다.[3] 물론, 참으로 행복한 삶─복된 삶─은 복된 삼위일체와의 사귐과 교제 속에서 하나님을 향해 살아가는 좋은 삶이다(요일 4:13-16). 핵심은 신학이 두드러지게 실용적인 작업이라는 점, 곧 하나님에 관해 글을 쓰는 것이라기보다는 그분과 함께 살아가는 것이라는 점이다.

예수께서 주신 대위임은 내가 방금 이 말을 정의했던 바로 그 의미에서 철저히 신학에 관한 문제다. 대위임은 분명히 전도 이상을 담고 있다. 예수께서는 교회의 지도자들에게 "모든 민족을 제자로 삼"으라고 명령하신다(마 28:19). 여기에는 삼위일체 하나님의 이름으로 세례를 베풀고 예수께서 명령하신 모든 것을 지켜 행하도록 그들을 가르치는 일이 포함된다(마 28:20). 초대교회에서 세례는 교리문답 교육, 곧 질문과 답의 형식으로 기독교 신앙의 기초를 가르치는 교육을 마친 후에 행했던 졸업식인 경우가 많았다. 세례를 받기 위해 준비하는 이들에게는 하나님이 그리스도 안에서 행하신 바를 가르쳤다. 그들의 세례는 그들이 그리스도 안에서 어떤 존재인지를 보여준다. 곧, 그들은 옛 삶의 방식에 대해 죽고 그리스도의 영 안에서 다시 생명으로 부활한 그분의 몸의 지체들이다. 세례는 제자도로 들어가는 관문으로서, 교회의 교인이 되기 위해 지원서에 서명하는 것보다 훨씬 더 많은 것을 요구한다. 제자로서 세례를 받는다는 것은 하나의 삶의 방식, 곧 그리스도께 묶여 있으며(엡 6:6) 위를 향해 하나님께 나아가는 삶의 방식으로 진입하는 것이다.

C. S. 루이스는 교회 사역이 궁극적으로 무엇을 위한 것인지 알고 있었다. "교회는 다른 것이 아니라 사람들을 그리스도께로 이끌기 위해, 그리고 그들을 작은 그리스도로 만들기 위해 존재한다. 그들이 이 일을 하지 않는다면, 모든 예배당과 성직자, 선교, 설교, 심지어 성경 자체까지도 시간 낭비일 뿐이다. 하나님이 인간이 되신 것은 그것 말고 다른 목적을 위해서가 아니었다. 우주 전체가 창조된 것은 그것 말고 다른 목적을 위해서가 아니었다고 말할 수도 있다."[4] 루이스의 말은 정확히 옳다. 이런 시간 낭비 활동의 목록에 성경 해석과 신학을 추가할 수도 있다. 이런 활동이 제자를 세우는 결과를 낳지 않는다면 말이다.

교회가 해야 할 다른 중요한 일도 있다. 특히 예배를 계획하고 행하

들음과 행함

는 일이 중요하다. 하지만 이 역시 많은 부분에서 사람들을 영과 진리로 예배할 수 있는 사람들(요 4:24), 그리고 자신의 몸을 "하나님이 기뻐하시는 거룩한 산 제물로 드리"는 법을 아는 사람들로 형성하기 위해서다(롬 12:1). 최고의 가치를 지닌 하나님과 그분의 말씀을 입증하는 방식으로 살 때 우리는 바르게 예배한다. 하나님은 의례적인 제사를 바라지 않으신다. 대신 그분은 자기 백성이 그분을 알고 사랑하기를 원하신다(호 6:6).

예수의 길을 따르는 삶

따라서 이것이 이 책의 주제이며, "왜 목회자가 신학을 공부해야 하는가?"라는 물음에 대한 답이다. 자신이 예배하는 분을 더 잘 알고, 다른 사람들을 예배하는 법과 영과 진리 안에서 걸어가는 법을 아는 참된 예배자로 형성하는 방법을 배우기 위해서다(요 4:22-24). 신학이 교회에 유익한 이유는 교리가 제자도에 유익하기 때문이다. 바르게 이루어진 성경 해석도 마찬가지다.

교리와 성경에 대한 신학적인 해석이 실천적이라는 개념은 직관에 반하는 것처럼 보일 수도 있다. 추상적이며 실천적이지 않은 교리라는 이미지는 신학을 단순히 학문에 불과한 것으로, 그리고 신학교(seminary)를 '공동묘지'(cemetery)로 여겨 일축하는 사람들이 가지고 있는 기본적인 생각인 경우가 많다. 교리에 대한 이런 편견 때문에 많은 교회들이 지닌 신학적인 지식이 낮은 수준을 드러내고 있다.[5] 찬양대와 도덕주의적인 설교는 영양실조에 걸린 우리의 상상력에 제대로 양분을 공급하기에 부족하다. 다른 사람에게 카드를 보낼 때는 영감을 주는 생각들이 적절할지 모르지만, 설교의 핵심 주제로서는 적합하지 않다. 나는 이 책을 통해 목회자가 신학에 대한 칼뱅의 전망—제자들을 살리고 그들이 지혜의 길을 걷도록 권면하는 방식으로 성경을 읽는 데 도움이 된다고 보았던—을 회복하는 일에 도움을 얻기 바란다. 더 나아가, 오늘날 교회가 사람들이 성경을 신학적으로 읽도록, 곧 하나님의 말씀을 듣고 행하도록 가르칠 때 가장 실천적으로 섬길 수 있을 것이라고 믿는다.

신학이 왜 중요한가? 무엇보다도 신학이 없다면 예수께서 제자들에게 하신 질문, 곧 "너희는 나를 누구라 하느냐"(마 16:15)라는 물음에 답할 수 없기 때문이다. 기독교 교리는 예수 그리스도께서 어떤 분이신지(기독론), 왜 그분이 고통을 당하셔야 했는지(죄론), 그분의 십자가 죽음이 어떻게 구원을 성취했는지(속죄론), 우리가 어떻게 그분과 관계를 맺는지(성령론), 우리가 어떻게 그분의 죽음으로부터 유익을 얻는지(구원론), 성령께서 어떻게 그리스도 안에 있는 새로운 피조물의 첫 열매를 모으시는지(교회론), 그분이 다시 오실 때 무슨 일이 일어나는지(종말론)를 말로 설명한다. 예수께서 어떤 분이신지 말하기 위해서는 하나님과 삼위일체 그리고 창조에 관한 교리도 필요하다. 그분의 이야기는 마리아를 통한 탄생에서 시작되는 것이 아니라, 성령 안에서 성부와 누리시는 영원한 사귐과 그분을 통한 만물의 창조에서 시작되기 때문이다. 마지막으로, 예수 그리스도께서 참 하나님이자 참 인간이시기 때문에 우리는 인간론에 관해서도 말해야 한다. 예수의 물음에 바르게 답하려고 한다면 사실상 조직신학의 모든 주제를 다루어야 한다.

이제 우리는 어떻게 교리("예수 그리스도께서 오늘날 우리에게 어떤 분이신가?"라는 물음에 대한 답)가 제자도("우리는 오늘날 예수 그리스도께 어떤 존재인가?"라는 물음에 대한 답)와 연결되는지 더 잘 이해하게 되었다. 사람들을 제자로 삼기 위해서는 인간이 예수 그리스도 안에서, 그분을 위해, 그분과 더불어, 그리고 그분을 통해 존재한다는 것이 무엇을 의미하는지 이해해야 한다.

예수께서도 친히 제자 삼는 일에 관심을 기울이셨다. 그분은 제자들에게 제자를 삼으라고 명하셨다. "그러므로 너희는 가서 모든 민족을 제자로 삼아 아버지와 아들과 성령의 이름으로 세례를 베풀고 내가 너희에게 분부한 모든 것을 가르쳐 지키게 하라"(마 28:19-20). 예수께서 제자도에 관심을 기울이신다는 것은 그분이 신학, 곧 그가 부르신 이들이 "그 도"(행 9:2)를 분별하고 따르도록 돕는 일에 관심을 기울이신다는 것을 의미한다. 그리스도인들이 교리를 알아야 하는 이유는 우리가 삶에 관한 다양한 '도'를 제공하는 다원주의적인 사회에서 살아가고 있기 때문이다. 그리스도인은 예수께서 스스로 "길이요 진리요 생명"(요 14:6)이라고 주장하셨을 때 그분이 무슨 의미로 그렇게 말씀하셨는지 이해해야 한다. 왜냐하면 제자는 본질적으로 이 도 안에서 걷는 사람이기 때문이다. 교회는 이 도의 사회적인 구현체이며, 신학의 핵심은 이 도를 알고 사랑하는 것, 곧 성령 안에서 성부의 아들의 도를 가지고 광야 안으로 들어가는 것, 그리고 다시 성부께 돌아가는 것이다.

신학은 우리 안에 있는 그리스도의 생명(갈 2:20), 곧 십자가를 닮은 지혜(고전 2:2)와 부활의 능력(빌 3:10)을 포함하는 생명을 살아 내는 법을 배우는 것의 문제다. 교회가 자신이 그 일부인 성경의 이야기를 이해할 수 있도록 돕는 것의 문제다. 하나님이 성령을 통해 그리스도 안에서 피조물을 새롭게 창조하기 위해 행하시는 바의 축소판이 교회라면, 어떤 의미에서 교회는 성경 전체를 아우르는 서사의 결론이다.

신학의 핵심은 신자들에게 이 새로움 안에서 걷는 법을 가르침으로써 제자를 삼는 것이다. "예수의 부르심은 새로운 생명으로의 부르심이다."[6] 신학은 그리스도 안에 있는 새로운 현실을 제시하고 제자들에게 그 안으로 들어오라고, 다시 말해 예수 그리스도의 도를 이해하고 믿음으로 그 도를 걸어가라고 권한다. 신학이 나쁜 평판을 얻게 된 주된 이유는 그것이 얼마나 실용적인지(걷는 데에 얼마나 도움이 되는지) 신학자들이 분명하게 설명하지 못했기 때문이다. 나는 당신에게는 새로울지 모르는 방식으로 기독교 신학에 관해 생각해 보라고 권할 것이다. 하지만 사실 이것은 신학을 하는 더 오래된 방식을 교회를 위하여 회복하려는 시도다! 대학교 학과가 되기 전에 신학은 교회 안에서, 교회를 위해서, 그리고 교회에 의해서 행해졌으며, 사람들이 예수 그리스도를 아는 지식 안에서 성장하도록 돕기 위해 행해졌다.

들음에서 행함으로

교리를 배우는 것이 정확히 어떻게 우리가 오늘 예수 그리스도를 위해 살아가는 법을 배우는 것으로 이어질까? 마태복음 4:19에서 예수께서는 어부였던 두 형제 시몬과 안드레를 우연히 만나시고 그들에게 "나를 따라오라. 내가 너희를 사람을 낚는 어부가 되게 하리라"라고 말씀하신 다. "사람을 낚는 어부"가 된다는 것은 전도, 곧 우리를 위해 십자가에 달려 죽으신 예수께서 살아 계시며 만물의 주로서 하나님 오른편에 앉 아 계신다는 기쁜 소식을 선포하는 일을 의미한다. 전도의 목표는 회심 자, 곧 복음을 듣고 이전의 삶의 방식과 허영의 모닥불에서 돌이켜 새 로운 방향을 향하는, 곧 그리스도를 향하는 사람을 만드는 것이다. 회심 자는 과거에 대해 회개하고 돌이켜 예수에 대한 믿음으로 미래를 향하 는 사람이다. 제자는 단지 새 방향을 향할 뿐 아니라 그 방향으로 걷기 시작하는 사람이다. 제자는 움직이는 회심자이자 길을 걷는 회심자다. 예수께서는 제자를 삼고 길러 내며 그들이 성숙하도록 돕는 데 관심을 기울이셨다.

어떤 회심자는 올바른 방향을 향하고 있을지도 모르지만 아직 걷는 법을 배우지 못했다. 그에게는 히브리서 기자가 젖에 비유한 기독교의 기본 원리를 가르쳐야 한다(히 5:12-13). 대조적으로, 더 어려운 가르침 은 "장성한 자"를 위한 "단단한 음식"이다(히 5:14). 좋은 목회자는 부 모처럼 몸을 자라게 하는 음식을 공급하기 원한다. "너희 중에 누가 아 들이 떡을 달라 하는데 돌을 주며"(마 7:9). 마찬가지로 교인이 풍성한 삶을 요구하는데 어떤 목회자가 그에게 뻔한 지식을 주겠는가? 제자 들에게 정말로 필요한 것은 "하나님의 입으로부터 나오는 모든 말씀" (마 4:4)에 따라 살기 위한 노하우다.

제자를 삼기 위해서는 정보를 제공하거나 습관을 형성하는 것 이상이 필요하다(결코 그 이하가 아니다). 상상력, 곧 삶을 바라보고 삶에 관해 생각하고 삶을 경험하는 일차적인 방식을 변화시키는 일 역시 필요하다. 이것은 엄청나게 어렵고, 대단히 보람 있으며, 전략적으로 중요한 책무다. 목회자는 무엇을 해야 하는가? 『들음과 행함』은 이 물음에 대해 답하고 목회자를 위한 구체적인 지침을 제공하려는 시도다.

이 책의 계획

제1부에서는 오늘날 제자도의 문제와 가능성에 대해 살펴본다. 나는 모든 사람이 이미지(은유)의 형식으로든 이야기의 형식으로든 언제나 다른 누군가의 말을 따르며, 이 말이 상상력을 사로잡는 한 제자 삼는 잠재력을 지닌다고 주장한다(1장). 그런 다음, 나는 현대 문화의 상당한 부분을 지배하고 있는 건강 및 영양에 관한 말과 이미지와 이야기를 살펴보고, 세속 문화 자체가 목회자-신학자들이 이해해야 하고 필요하면 맞서야 하는 강력한 제자 삼기의 힘이라고 주장할 것이다(2장).

하나님께 감사하라. 성경은 사로잡힌 상상력을 해방해 제자들이 우리를 붙잡고 있는 거짓 이미지들에 대해 깨닫고, 그 대신 성경이라는 거울을 통해 바라보는 진리 안에서 걸을 수 있게 한다. 예수와 바울과 야고보 모두 행함 없이 듣는 것만으로는 참된 제자도에 미치지 못한다는 데에 동의한다. 뿐만 아니라, 진리를 행한다는 것은 도덕적인 삶을 사는 것 이상을 의미한다. 제자도는 윤리의 문제라기보다는 종말론의 문제이며, 이는 그리스도 안에서 하나님의 나라가 침투했음을 의미한다. 이처럼 복음 안에서 선포된 새로운 현실을 깨닫기 위해서는 반드시 성경적으로 형성된 상상력이 필요하다(3장).

목회자에게는 복음을 선포하고 기독교 교리를 가르침으로써 사로 잡힌 상상력을 해방할 특권과 책임이 있다. 성경과 교리는 제자를 삼기 위한 일차적인 수단이다. 왜냐하면 그리스도인의 이해력을 길러 주기 때문이다. 곧 복음에 합당한 시민이 되기 위해 모든 그리스도인이 알아야 하는 바를 가르쳐 주기 때문이다. 제자에게는 훈련이 필요하다. 특히 성경을 바르게 읽기 위한 훈련이 필요하며, 여기에는 스스로를 하나님이 이끄시는 구속의 드라마에 참여하는 사람으로 바라보는 훈련도 포함된다. 이런 방식과 여러 다른 방식으로 성경은 믿음과 행동에 영향을 미치며, 상상력을 변화시켜 한 사람을 지혜롭고 목적에 부합하게 만든다(4장).

제2부에서는 제1부에서 제시한 전망을 가시화하기 위한 도구를 목회자에게 제공하고 이에 관해 제안한다. 따라서 각 장에서는 목회자가 제자들을 훈련해서 그들이 하나님의 말씀을 일차적인 상상력의 틀과 자신의 매일의 삶을 위한 개연성의 구조로 삼고, 믿음과 순종과 신뢰로 그것에 대해 반응할 수 있게 하는 데 도움을 주기 위한 세 가지 신학적 '코어 운동'(core exercise)을 제안한다.

먼저 나는 목회자에게 종교개혁의 유산을 되찾으라고 촉구할 것이다. 여기에는 제자들뿐만 아니라 교회 자체를 말씀의 피조물로 바라보는 일이 포함된다. 모든 것은 교회를 신학적으로, 곧 하나님이 그분의 아들과 성령을 통해 불러 모으신 백성으로 있는 그대로 바라보는 일로부터 시작한다. 목회자는 신학자여야 한다. 곧, 일반적인 의미의 삶과 회중의 삶을, 성부께서 피조물을 새롭게 하기 위해 그리스도 안에서 성령을 통해서 무엇을 행하시는지에 관해 성경이 우리에게 가르치는 바와 연결할 수 있는 사람이 되어야 한다. 종교개혁의 네 가지 핵심 원리를 간략히 살펴봄으로써, 목회자가 하나님 말씀의 목회자로서 자신의 소명에 초점을 맞출 수 있도록 도울 것이다. 나는 오늘날 목회자들에게 '오직 성경으로'(sola Scriptura)라는 원리를 회복하라고 권하며, 특히 '오직 성경'이 교회의 사회적 상상을 지배해야 한다고 주장한다. 이 닳고 닳은 주제에 관한 접근 방식에 무엇인가 참신한 점이 있다면, 그것은 이 원리가 제자 삼는 일에서 핵심적인 역할을 한다는 나의 주장일 것이다. 상상력이 바울이 "마음의 눈"(엡 1:18)이라고 부른 것과 관련이 있다면, 목회자는 지역 교회의 난시와 근시를 교정하는 안과 의사가 되어야 한다(5장).

기독교에 대한 잘못된 이미지 가운데 하나는 그것이 일차적으로 개인과 하나님과의 관계의 문제라는 생각이다. 우리가 개인으로서 하나님과 관계를 맺는다는 말은 참이지만, 근대의 개인주의는 이를 왜곡하고 심하게 부풀려서 하나님이 불러 모으신 공동체인 교회에 대한 그분의 관심을 가려 버렸다. 성경의 이야기는 거룩한 백성을 형성하시려는 하나님의 목적에 관한 이야기이며, 이는 제자가 한 공동체의 일원임을 의미한다. 6장에서 나는 교리를 제자들이 구원의 이야기 전체와 그 안에서 그들이 맡은 특수한 역할을 이해하도록 돕는, 일종의 연기 지도로 제시한다. 교리는 사람들이 예수를 따르는 이들로서 자신의 역할을 행

들음과 행함

하는 목적에 부합하게 되도록 도움으로써 제자들을 길러 낸다. 또한 나는 지역 교회와 정기적으로 행하는 교회의 예배 실천이 그 자체로 그리스도인의 삶을 배우고 지역적인 몸들이 '그리스도를 닮은 몸짓'을 하는 법을 배우기 위한 필수적인 훈련장이라고 주장할 것이다.

오늘날 제자 삼는 일에 대한 최대의 도전 가운데 하나는 제도에 대해, 또한 전반적인 지식 주장에 관해 회의적인 태도다. 너무나도 많은 교회들이 다르게 믿고 다르게 행동하지만 모두 예수를 따르고 있다고 주장한다. 제자가 되려는 사람은 어느 길을 따라야 하는가? 이에 대해 나는 7장에서, 여전히 개신교인으로 남아 성경이 최고의 권위를 지닌다고 주장하는 최선의 방법은 공교회적인 제자들, 곧 온전한(보편적인) 교회의 일부가 되었으며 따라서 위대한 전통(Great Tradition), 곧 개신교 종교개혁자들이 관심을 기울였고 지지했던 전통에 반영된 놀라운 합의에 집중하는 남자와 여자들을 만드는 것이라는, 다소 직관에 어긋나는 듯한 주장을 할 것이다. 나는 성경적인 지역 교회들이 이 보편적인 교회에 속하며, 보편적인 교회는 성경적인 지역 교회들의 총합과 다름없다고 주장할 것이다. 여기서 중요한 점은 우리가 어떤 종류의 제자들을 길러 내고 있는가다. 제자들은 모두 자신이 보기에 옳은 방식으로 성경을 읽는 고집스러운 개인인가? 아니면 성도 공동체의 일원인가?

성경과 교리, 예전 그리고 전통의 중요성에 대해 주장한 다음에, 나는 8장에서 제자도의 내용, 곧 그리스도 닮기에 초점을 맞출 것이다. 제자가 된다는 것은 그리스도를 우러러보는 것, 심지어는 그분의 본보기를 모방하는 것 이상을 의미한다. 그것은 그분처럼 되는 것을 의미한다

(마 10:25). 나는 이것이 거울 이미지가 되는 것의 문제가 아니라 건강 이미지, 곧 언제 어디에서 누구에게나 그리스도의 마음을 구현하는 사람들이 되는 일의 문제라고 주장할 것이다. 많은 핵심 관념을 검토한 후에, 나는 교리가 제자들의 식단이 되어야 하며, 지역 교회는 복음적인 건강의 문화, 곧 그리스도의 건강한 이미지가 되는 목적을 위해 제자들을 건강하게 길러 내는 공간이라고 주장할 것이다. 제자도에는 배움뿐만 아니라 그리스도를 입는 일도 포함된다. 여기서도 나는 제자의 핵심 강점을 향상하기 위한 세 가지 코어 운동을 제안할 것이다.

이 책의 결론부에서는 원형적인 자수성가형 인간의 삶과 예수를 따르는 사람의 삶을 대조한 다음, 행하고 말하는 모든 것을 통해 하나님을 영화롭게 하는 목적에 부합하는 제자들을 길러 내라고 마지막으로 권면할 것이다.

제1부 준비 운동: 왜 제자도가 중요한가

제자 삼기에서 신학의 역할

전혀 다른 두 영화가 이 책의 주제를 바라볼 수 있는 틀을 제공한다. 2008년에 개봉한 픽사(Pixar)의 애니메이션 「월-E」(Wall-E)는 사회에 관한 날카로운 주석을 제공한다. 많은 공상과학 영화처럼 이야기는 미래를 배경으로 삼지만, 영화에 동기를 부여하는 요소는 현재 환경에 대한 걱정이다.

영화는 상처를 입은 지구와, 세계의 자원을 고갈하고 그 과정에서 너무 많은 쓰레기를 만들어 낸 소비자들의 미래 사회를 그린다. 이제는 어둠이 아니라 쓰레기가 지구를 뒤덮게 된 상황에서 주인공 로봇 월-E는 쓰레기를 재활용한다. 지구에는 쓰레기가 너무 많아서 인류 전체가 새롭게 살 곳, 곧 소비할 새로운 원재료가 있는 새로운 세상을 찾아 우주로 떠난다. 하지만 좋은 행성은 찾기가 어렵고 오래된 습관은 쉽게 사라지지 않는다. 모든 일이 자동화되고 가꿀 정원도 없는 '일등급 우주선' 안에서 몇 백 년을 지내는 사이에, 사람들은 (먹고 소셜 미디어를 즐기는 일 말고는 아무것도 하지 않는) 그들의 모든 시간을 소비하는 데만 사용하게 되었다. 그들은 너무 비대해져서 우주선 의자에서 내려오지도 못하는 지경이다. 어떤 비평가는 이 영화가 인류를 "몸을 움직이지도 않고 안락의자에 파묻혀 지내며 컴퓨터 스크린에 나오는 광고만 응시하는, 뚱뚱하고 유치한 소비자들, 다시 말해 미국인들"로 묘사한다고 말했다.[1] 역설적이게도, 액시엄호에 승선한 인간 승객들이 월-E보다 더 로봇 같다. 그들은 그때 마침 보고 있는 프로그램이나 광고가 무엇이든 그것에 의해 수동적으로 프로그램화되고 있기 때문이다. 그들은 전자 장치에서 눈을 떼지 않고 눈을 크게 뜬 채로 잠을 잔다. 익숙하게 들리지 않는가?

두 번째 영화인 「영혼을 빌려드립니다」(Cold Souls) 역시 공상 과학 영화의 형식을 띤 '형이상학적 희비극'이다.

1년 더 늦게 개봉한 이 영화에서는 폴 지아마티(Paul Giamatti)가 불안한 뉴욕 배우의 역할(배우 자신을 허구적으로 묘사한 인물)을 맡았다. 그는 자신이 연기하는 인물과 자신을 분리하는 데 어려움을 겪고 있으며, 이로 인해 정서적으로 큰 고통을 당하고 있다. 그는 강렬한 감정을 표현해야 하는 체호프(Chekhov)의 연극 「바냐 아저씨」(Uncle Vanya)에서 우울증에 걸린 주인공의 역할을 맡아 힘들어하던 중에, 영혼을 추출해 냉동고에 넣어서 불안으로부터 자유로운 삶을 살 수 있게 해준다고 약속한 첨단 기술 회사의 서비스를 이용하기로 결정한다. 영혼을 제거하면 그들을 짓누르며 괴롭히던 모든 정서적인 짐과 실존적인 슬픔에서 벗어날 수 있을 것이라는 생각이다. 결국 그는 영혼과 몸을 나누는

들음과 행함

시술을 받는데, 그 영혼이 보잘것없는 콩을 닮았음을 알게 된다. 하지만 영혼이 없다는 것이 그의 결혼 생활에도 그의 연기에도 도움이 되지 않았고, 그래서 그는 그 회사로 돌아가 체호프의 연극에서 맡은 배역을 더 진정성 있게 연기하기 위해 러시아 시인의 영혼을 대여한다. 그의 연기는 나아지지만 결혼 생활은 나아지지 않는다. 결국 폴은 자신의 영혼을 되찾겠다고 결심하지만, 폴의 영혼을 이식함으로써 더 나은 배우가 될 수 있을 것이라고 생각한 어떤 여배우가 그의 영혼을 훔쳐 갔다는 사실을 알게 된다. 이 영화에서는 인간을 평생 의미를 찾아 헤매지만 결코 의미를 찾는 데 성공하지 못해 고통당하는 영혼으로 묘사한다.

이 두 영화가 몸과 영혼에 관한 최신의 사상을 보여주고 있는 것은 아닐지도 모르지만, 인간이란 무엇이며 인간의 번영이란 무엇인지에 관한 현대의 사회적 상상을 보여주고 있음은 분명하다. 다른 글에서 나는 많은 교인들의 상상력이 인간의 번영과 좋은 삶에 대한 세속적인 그림에 의해 사로잡혀 있다는 점에 대해 경고한 바 있다.[2] 이것은 되풀이할 가치가 있는 경고다. 우리의 상상력을 지배하는 것, 곧 자기 이해를 만들어 내고 매일의 삶에 정합성을 부여하는 그림과 이야기들은 우리가 세상을 지향하게 하고 성공을 향해 우리의 발걸음을 인도하기 때문이다. 우리가 세상이라는 무대 위에서 대략 80년 동안 쓰는 시간과 정력과 돈은 대체로 우리가 믿고 신뢰하는 인간 번영에 대한 이야기와 이미지의 기능이다.

이스라엘이 삶의 기준으로 삼았던 왕국의 그림

이스라엘의 왕들을 생각해 보라. 그들 모두는 자신의 왕국이 어떤 모습이기를 원하는지에 관한 특정한 그림을 지니고 있었다. 의심할 나위 없이 이 그림들 가운데 다수는 이스라엘 주변의 많은 왕국들에게서 영향을 받았다. 그들이 다른 어디에서 '성공적인' 왕들에 대한 그림을 얻었겠는가? 사실 이스라엘 백성이 처음에 왕을 가지겠다는 생각 자체를 하게 된 이유도 다른 모든 나라의 백성이 왕을 가지고 있는 것처럼 보였기 때문이다. 이스라엘 장로들은 바로 이 논리를 가지고 사무엘에게 접근했다. "우리도 우리 왕이 있어야 하리니 우리도 다른 나라들 같이 되어 우리의 왕이 우리를 다스리며 우리 앞에 나가서 우리의 싸움을 싸워야 할 것이니이다"(삼상 8:19-20). 흥미롭게도, 예수의 제자들 가운데 일부도 그분이 오셔서 선포하신 천국이 군사력과 정치권력에 의해 특징지어지는 다윗의 지상적 왕권을 재확립할 것이라고 생각했을 때 똑같은 잘못을 저지를 위험에 빠지고 말았다(요 18:36). 그분이 부활하신 후에도 제자들의 상상력은 여전히 왕국에 대한 특정한 고정 관념과 오해에 사로잡혀 있었다. "그들이 모였을 때에 예수께 여쭈어 이르되 주께서 이스라엘 나라를 회복하심이 이때니이까 하니"(행 1:6). 오늘날 제자들은 얼마나 다를까?

이스라엘의 왕들과 왕국에 관한 생각으로 돌아가 보자. 내가 말했듯이 다윗과 솔로몬 이후, 특히 북왕국의 왕들 대부분의 경우, 그들의 상상력이 성공한 왕국은 어떤 모습이어야 하는지에 관한 세속적인 그림

들음과 행함

에 사로잡혀 있었다. 이 이스라엘 왕들의 기본적인 잘못은 하나님의 말씀 대신 인간적인 자원(군사, 병거, 은, 금)을 신뢰한 것이었다. 주 하나님이 아닌 모든 것을 궁극적으로 신뢰하는 것은 우상 숭배이며, 가치 없는 것(나무와 돌로 만든, 말 못 하고 무능한 이미지들)에 가치를 부여하는 행위다. 특별히 중요한 것은 왕과 사회가 지닌 잘못된 상상력이 잘못된 종류의 걷기로 귀결되었다는 점이다. 여호람에 관한 묘사는 그 대표적인 예다. "그가 이스라엘 왕들의 길을 가서……그가 여호와 보시기에 악을 행하였으나"(왕하 8:18). 또 다른 예는 다음과 같다. "그러나 예후가 전심으로 이스라엘 하나님 여호와의 율법을 지켜 행하지 아니하며"(왕하 10:31). 상황은 더 나빠진다. "[아하스가] 그의 하나님 여호와께서 보시기에 정직히 행하지 아니하고 이스라엘의 여러 왕의 길로 행하며 또 여호와께서 이스라엘 자손 앞에서 쫓아내신 이방 사람의 가증한 일을 따라 자기 아들을 불 가운데로 지나가게 하며"(왕하 16:2-3). 왕권에 대한 거짓 그림이 그들을 사로잡았다. 물론 그들은 자신의 우상 숭배에 대해 개인적으로 책임을 져야 했다.

모든 왕이 악하지는 않았다. 예를 들어, 요시야는 주 하나님과 맺은 언약의 말씀을 발견했으며, 이것은 그의 상상력을 불타오르게 하여 그가 중요한 개혁을 이룰 수 있게 했다(왕하 23장). 이스라엘의 왕들에게 하나님의 말씀을 상기시켰던 예언자들은 월터 브루그만(Walter Brueggemann)이 "대항-현실"(counter-reality)이라고 부르는 것, 곧 권력과 성공과 정의에 관해 생각하고 이를 사회적으로 구현하는 다른 방식을 제시했다.[3]

하지만 결국 예언자들을 통해 하나님이 주시는 말씀에 귀를 기울이는 것만으로는 부족했다. 들음은 성공한 나라가 어떤 모습인지에 관한 거짓된 그림으로 완악해진 마음에 떨어졌다. 중요한 것은 이스라엘이 무엇을 행했는지였고, 백성 전체를 대표하는 왕들은 주의 길을 걷지 않았다. 시적 정의(poetic justice) 사건을 통해 이스라엘은 결국 다른 나라들처럼 왕—수도인 사마리아를 함락하고 북왕국의 모든 이스라엘 백성을 포로로 잡아간 앗수르 왕—을 가지게 되었다. 성경에서는 인과 관계에 대해 분명히 말한다. "이 일[유배]은 이스라엘 자손이……그 하나님 여호와께 죄를 범하고 또 다른 신들을 경외하며……이방 사람의 규례와 이스라엘 여러 왕이 세운 율례를 행하였음이라"(왕하 17:7-8). 거룩한 나라가 스스로를 더럽혔다.

거룩한 나라인 교회

이스라엘처럼 교회는 "거룩한 나라"가 되도록 부르심을 받았다. 베드로는 또한 교회를 "택하신 족속"이자 "왕 같은 제사장들"이라고 부른다(벧전 2:9). 교회는 개인들의 모임일 뿐만 아니라 사회적인 실체이기도 하다. 하지만 어떤 종류의 사회적 실체인가? 교회사에는 '신성 로마 제국'으로부터 '대항문화'에 이르기까지 이에 대한 다양한 답변이 존재한다. 이 책에서 나는 교회가 몸을 입은 많은 사람들로 이루어진 예수 그리스도의 공동체적인 몸이라는, 성경의 놀라운 이미지에 초점을 맞추려고 한다. 어떤 몸의 이미지가 교회에 관해 우리가 생각하는 방식을 지배하는가? 많은 이들은 교회가 또 하나의 지상적인 기관일 뿐이므로, 심리학자나 사회학자 혹은 기관 운영을 연구하는 박사 학위 소지자들이 이 기관의 역학을 연구하고 설명하며 개선할 수 있다고 생각하고 싶은 유혹을 느낄지도 모른다.

하지만 사도 바울은 몸 만들기에 더 많은 관심을 기울였다. 그는 주 예수 그리스도 역시 그러하셨다고 생각했다. "그가 어떤 사람은 사도로, 어떤 사람은 선지자로, 어떤 사람은 복음 전하는 자로, 어떤 사람은 목사와 교사로 삼으셨으니 이는 성도를 온전하게 하여 봉사의 일을 하게 하며 그리스도의 몸을 세우려 하심이라"(엡 4:11-12). 교회 지도자는 그 몸을 이루는 지체인 개인들을 세움으로써 이 일을 행한다. 제자들이 그들의 몸으로 행하는 일은 그리스도의 몸을 세우는 데 이바지한다. 뿐만 아니라, 흔히 생각하는 바와 달리 우리의 몸은 우리가 원하는 대로 사용할 수 있는 우리의 것이 아니다. 우리의 몸은 예수께서 우리를 위해 자신의 몸을 쏟아부어 주신 것에 기초해 세워진 성령의 전이다. "너희는 너희 자신의 것이 아니라 값으로 산 것이 되었으니"(고전 6:19-20). 목회자는 제자들로 하여금 그들의 몸이 그리스도의 몸의 지체이며 도구임을 깨닫게 함으로써 하나님의 영광을 위해 몸을 세우는 일에 참여한다. "그런즉 너희 몸으로 하나님께 영광을 돌리라"(고전 6:20).

따라서 제자 삼는 일은 영혼을 회심시키는 것 이상을 필요로 한다. 몸 만들기, 곧 교회를 든든히 세우는 일이 필요하다. 우리는 한 번에 한 지체씩 몸을 세움으로써 교회를 세운다. 하지만 몸을 세우는 것에 관해 생각할 때 우리가 어떤 그림과 이미지를 염두에 두고 지침으로 삼아야 하는지가 아직 명확하지 않다. 정확히 어떻게 우리 몸으로 하나님께 영광을 돌릴 수 있을까? 누가 우리에게 우리의 몸으로 무엇을 해야 하는지 가르쳐 줄 수 있는가?

'사랑'만큼 오늘날 우리의 삶과 복음의 하나님에 대한 우리의 이해를 왜곡하는 유해한 그림은 아마도 없을 것이다. 사랑은 흔히 충족되어야 할 욕망(낭만주의)이나 사람들을 있는 그대로 받아들이는 태도(포용주의), 혹은 자신이 속한 집단에 대한 충성(부족주의)으로 묘사된다. 할리우드가 만들어 내는 사랑 이야기는 사랑의 욕망을 충족하는 것이 순수한 선이라고 주장한다(결혼 생활이 생기가 없고 만족을 주지 못한다면 간음을 행한다 하더라도). 사랑은 본질적으로 선한 감정으로 제시되며, 성별이나 성차, 심지어는 관여한 사람들의 수도 문제가 되지 않는다고 주장한다. 어떤 이들은 사랑이 모든 의무로부터, 특히 일부일처제라는 사회적인 구속으로부터 '자유로워야' 한다고 믿는다. 이렇게 낭만화되고 감상적이며 정치화된 이미지를 감안할 때, 성경이 하나님을 유통 기한이 지난 질투하는 재판관의 이미지로 묘사한다고 생각하는 사람이 많다는 사실도 놀라울 것이 없다.

2장에서 살펴보겠지만, 세속 문화 안에는 수많은 다른 이미지들—특히 건강과 관련한—이 존재한다. 인간 번영에 대한 우리의 이미지는 동시대의 이미지들만큼이나 오래된 것이다. 살루스(Salus)는 전쟁과 건강과 번영을 상징하는 로마의 여신이었다. 살루스는 라틴어로 "구원"을 의미하기도 한다. 거룩한 나라인 교회의 시민들은 살루스의 제자가 되어 그를 섬기는 다른 이들과 함께 그의 신전에서 예배해야 하는가? 오늘날 그리스도인들은 다른 나라들처럼 되려는 바람에서 우상 숭배의 관습을 채택했던 고대 이스라엘의 실수를 되풀이하지 않도록 주의를 기울여야 한다. 오늘날 교회가 나무와 돌로 만든 우상을 예배할 위험은 없을지도 모르지만, 주를 두려워하고 그분의 말씀에 따라 걸으며 그리스도 안에서 구원(salus)을 추구하는 대신, 잘못된 것들(프로그램, 기술, 이데올로기, 심지어 신학)을 신뢰할 위험에 처해 있다.

성경에 따라 사회적 상상 바꾸기

신학의 핵심적인 예언자적 책무 가운데 하나는 거룩한 나라인 교회를 우상으로부터 해방하는 일이다. 여기에는 한 백성의 삶의 방식을 인도하고 지배하는 거짓 이데올로기와 은유 그리고 이야기들이 포함된다. 이것은 신학의 소극적인 책무다. 곧, 거짓 신념과 거짓 실천 그리고 이를 뒷받침하는, 세계를 상상하는 거짓된 방식에 대해 경고하는 일이다. 그러므로 목회자-신학자는 성경뿐만 아니라 제자들이 그 안에서 살아가는 맥락에 대한 (적어도) 기본적인 이해를 지니고 있어야 한다. 문화적인 맥락은 사람들이 복음을 경험하고, 해석하고, 복음에 관해 사고하고, 삶 속에서 복음을 실천하려고 노력하는 방식에 심층적으로 영향을 미친다. "너 자신을 알라"라는 소크라테스(Socrates)의 격언에 우리는 "네 문화를 알라"라는 말을 덧붙여야 한다.

철학자 찰스 테일러(Charles Taylor)는 자신의 책 『세속 시대』(*A Secular Age*)에서 현재의 문화적인 맥락을 이해하는 데 중요한 "사회

적 상상"(social imaginary)에 주목한다. 사회적 상상이란 특히 "사람들
이 자신의 사회적인 실존을 상상하는 방식"으로 매일의 신념과 실천을
위한 틀을 제공하는 그림이다.[4] 사회적 상상은 사람들이 무엇이 옳거나
그르다고 혹은 맞거나 틀리다고 느끼게 만드는, 많은 경우에 암묵적인
일군의 배경 전제들이다. 그것은 세상에 대한 한 사람의 지각을 형성하
고, 그의 세계관을 떠받치며, 그의 개연성의 구조를 뒷받침하는 근원적
인 은유(혹은 근원적인 서사)를 일컫는 또 다른 이름이다.[5] 예를 들어, '기
계로서의 세계'라는 근원적 은유는 '유기체로서의 세계'와는 전혀 다른
그림을 만들어 낸다. 따라서 '네 문화를 알기' 위해서 우리는 더 구체적
으로 접근해야 한다. "네 문화와 그것을 만들어 내고 지배하는 근원적
인 은유를 알라."

　사회학자 피터 버거(Peter Berger)는 근대와 후기 근대의 세계상(world
picture)이 종교 전통과 거룩함이라는 관념을 덜 그럴듯한 것처럼 보이
게 만들었다는 점에 처음으로 주목했다.[6] 여기서는 '지적인' 것이 아니
라 '사회적인' 것을 강조한다. 곧, 사회적 상상은 이론(지식인들이 만들어
낸 것)이 아니라 이야기를 통해 생각하는 방식이다. 그것은 한 사회의 특
징적인 언어와 그림과 실천을 통해 전제되고 전수되는, 세상에 관해 당
연히 여겨지는 이야기다. 사회적 상상은 "이미지와 이야기와 전달 안에
담겨 있기에" 대학 안에서가 아니라 문화에 의해서 가르쳐진다.[7] 사람들
은 세속성 개론 수업을 들음으로써가 아니라, 그저 더 이상 이전의 방식
으로 하나님을 언급하지 않는 사회에 참여함으로써 세속화된다. 동시대
의 문학과 예술과 텔레비전에 하나님은 매우 드물게 나타날 뿐이다.

따라서 사회적 상상이란 우리가 그것에 따라 살아가는 은유와 이야기들, 그리고 우리가 간접적으로 습득하는 이미지와 서사들이다. 그렇다. 우리 모두가 교리나 가르침을 습득했다. 철학적이든 정치적이든 신학적이든, 우리가 고수하는 교리는 대체로 그것이 지배적인 사회적 상상이나 세계상과 얼마나 잘 조화를 이루는지에 근거해 옳거나 그르게 혹은 그럴듯하거나 그럴듯하지 않게 느껴진다. 앞에서 내가 신학의 '소극적 책무'라고 부른 것은 교회가 성경적인 상상(삼위일체 하나님이 세상 안에서 행하시는 일에 관한 참된 이야기)보다는 지배적인 사회적 상상을 구현하는 방식에 대해 비판적으로 성찰하는 것을 의미한다. 목회자-신학자는 혈과 육이 아니라 사회적인 권세와 이데올로기적인 정사에 맞서 싸운다.

제자 삼는 일에 관해 신학이 교회 지도자를 돕는 중요한 방법은, 그들로 하여금 그리스도인들이 기준으로 삼고 살아야 하는 성경적 이미지와 이야기들에 비추어 그들이 실제 기준으로 삼고 살아가는 이미지와 이야기들을 비판적으로 점검할 수 있는 능력을 갖추게 하는 일이다. 물론 그중에 으뜸은 구약에서 시작한, 아담과 아브라함과 이스라엘에 관한 이야기의 절정인 예수 그리스도의 이야기다.

이에 관해 사도 바울은 본받을 가치가 있다. 그는 예수의 주 되심에 관한 이야기가 가이사의 주 됨에 관한 지배적인 로마의 이야기와 어떻게 다르며 이를 어떻게 전복하는지 분명히 이해했으며, 그 결과 자신의 이야기를 예수의 수난 서사와 동일시할 정도였기 때문이다. "내가 그리스도와 함께 십자가에 못 박혔나니"(갈 2:20). 바울은 그리스도인의 삶을 지배해야 하는 단 하나의 이미지와 이야기가 존재한다고 생각했으며, 이것이 곧 복음이다. 신학은 교회의 집단적인 상상력을 형성하도록 돕고, 이로써 몸으로서의 교회의 삶과 다른 모든 것의 이미지가 성경을 통일하는 주된 이야기의 핵심에 자리 잡고 있는 복음의 메시지에 의해 통제될 수 있게 함으로써 교회를 섬긴다. 성경의 주된 이야기란 곧 하나님이 열방에 빛을 비추고, 만물을 자신과 화해시키며, 피조물을 새롭게 하기 위해 미리 이스라엘 안에서, 그리고 궁극적으로는 그리스도 안에서 무엇을 행하시는지에 관한 이야기다. 이것은 로마의 여신이나 오늘날의 영적 지도자들이 제시하는 것과는 전혀 다른 구원(salus)에 관한 그림이다.

예수께서는 탁월한 이야기꾼이셨으며, 그분이 하신 이야기들은 제자들의 사회적 상상을 변화시키기 위한 목적을 가지고 있었다. 그분은 자신의 제자들이 자신이 들려주는 이야기와 자신이 삶으로 보여주고 있는 메시아 이야기에 비추어 그들이 행하는 바를 이해하는, 듣는 자와 행하는 자가 되기를 바라셨다. 배반당하시던 날 밤에 그분이 무엇을 말하고 행하셨는지 생각해 보라. 그분은 떡을 가지고 감사의 기도를 드리시고 떼어서 제자들에게 주시며 말씀하셨다. "이것은 너희를 위하여 주는 내 몸이라. 너희가 이를 행하여 나를 기념하라"(눅 22:19, 또한 고전 11:24 참조).

주의 만찬은 오해를 받기 쉬운 충격적인 이미지다. 2세기의 대화에 따르면, 일부 로마인들은 그리스도인들이 일종의 식인 행위를 한다고 생각했다.[8] 그들은 약함이나 자기희생을 덕으로 간주하지 않았던 자신들의 사회적 상상으로 인해 주의 만찬을 이해할 수가 없었다. 물론 그리스도인들은 주의 만찬을 전혀 다른 이야기를 가리키는 이미지로 듣고 이해한다. 주의 만찬에 참여한다는 것은 "주의 죽으심을 그가 오실 때까지 전하는 것"(고전 11:26)이며, 그 죽음의 결과, 곧 모든 종족과 계급 출신의 사람들이 단일한 공동체 안에 포함된다는 사실을 기뻐하는 것이다. 이것은 식인주의가 아니라 은총을 통해 가능한 공동체주의다. 그리스도의 몸에 참여하는 것은 그리스도 안으로, 따라서 하나님의 가족 안으로 편입됨을 기뻐하는 것이다. 복음이 만들어 내고 지배하는 사회적 상상 없이는 몸을 분별할 수 없고(고전 11:29을 보라), 따라서 주의 만찬이 지닌 참된 의미를 분별할 수도 없다.

복음은 교회를 구성하고 그 신념을 제공하며 그 실천을 통제하는, 이야기를 통해 구축된 사회적 상상과 개연성 구조의 주제이자 절정이다. 기독교의 복음만큼 인종과 종교와 계급의 구별을 철저하게 전복하는 사회적 상상은 없다. 그리스도를 자신의 주와 구원자로 믿는 모든 사람이 한 몸의 지체이기 때문에, "유대인이나 헬라인이나 종이나 자유인이나 남자나 여자나 다 그리스도 예수 안에서 하나"다(갈 3:28). 나라가 나라에 맞서 국경을 봉쇄하고 나라 안에서 민족 집단들이 충돌하는 시대에, 교회가 실천하는 그리스도 안에서의 다인종적인 사귐은—물론 이를 실제로 실천한다면—도드라져 보인다.

◊

교회는 기준으로 삼고 살아야 할 자신만의 이야기—예수 그리스도의 복음—를 가지고 있다. 신학을 교회가 기준으로 삼고 살아가며 삶으로 실천하는 이야기들에 대한 비판적인 성찰로 이해하라. 이런 이야기들이 성경적일 때도 있지만 안타깝게도 비성경적일 때도 있다. 따라서 신학의 책임은 무엇이 문화의 이야기일 뿐이며 무엇이 참으로 복음의 이야기인지 가려내는 것이다. 교회가 사람들을 제자로 삼으려고 한다면, 사람들이 매디슨가(뉴욕시에 광고 회사들이 모여 있는 구역이다—옮긴이)의 고급 승용차 광고나 할리우드가 교묘하게 만들어 낸 금지된 사랑의 신화가 아니라 복음을 따를 수 있도록 돕기 위해 신학을 해야 한다(벧후 1:16을 보라).

성경의 구원 이야기를 육신적인 구원(salus)이라는 거짓 복음과 혼동해서는 안 된다. 목회자는 신앙의 정통적인 진술뿐만 아니라 교인들의 상상력을 방어하기 위해서 깨어 있어야 한다. 그러므로 다음 장에서는 목회자가 시대의 징조(와 사회적 상상)를 분별하도록 돕기 위해 사례 연구를 수행할 것이다. 잠자는 이들이여, 깨어나라!

들음과 행함

북미의 사회적 상상 이해하기

복음은 하나밖에 없지만 복음에 관한 네 개의 공인된 이야기가 존재한다. 네 가지 방식으로 상상되어 있지만 예수의 이야기는 참이며, 그 덕분에 교회는 더 풍성해졌다. 신약의 나머지 부분은 복음과 그 함의에 대한 사도들의 성찰이다. 여기에는 바울 서신도 포함되며, 리처드 헤이즈(Richard Hays)는 이 바울 서신 전부를 "서사적 하부 구조"라고 부른다.[1] 바울의 신학은 예수께서 주님이시라는 복음적인 상상에 모든 것을 빚지고 있다.

바울이 그의 서신서 대부분에서 하려는 바를 한 문장으로 요약해야 한다면, 나는 그가 예수 그리스도 안에서 시작된 새로운 현실에 기초한 새로운 상상을 제시하고, 교인들에게 그 현실에 따라 살라고 요구하고 있다고 말하겠다. 다른 복음은 없다. 왜냐하면 다른 현실, 의미와 진리, 구원, 영생 그리고 하나님과의 사귐에 이르는 믿을 만한 다른 길은 없기 때문이다.

그러나 바울은 초대교회가 그토록 빨리 예수 그리스도의 복음을 버리고 있다는 사실에 놀랐다(갈 1:6). 이는 이스라엘이 주 하나님과의 언약을 배반한 것만큼 충격적이다. 정신이 번쩍 들게 하는 질문은, 오늘날의 교회 역시 복음을 버리려는 유혹을 느끼고 있는 것은 아닌가 하는 물음이다. 갈라디아서 1:6-7을 풀어 쓴 유진 피터슨(Eugene Peterson)의 말은 마치 바울이 어제 그 글을 쓴 것처럼 들린다. "나는 여러분의 변덕이 믿기지 않습니다. 그리스도의 은혜로 여러분을 불러 주신 그분을 그렇게도 쉽게 배반하고 다른 메시지를 받아들이다니요! 그것은 완전히 다른 메시지, 이질적인 메시지, 메시지라고 할 수도 없는 것, 하나님에 관한 거짓말이기 때문입니다."[2] "메시지라고 할 수도 없는 것"이란 다른 사회적 상상, 곧 그리스도를 향하게 하는 대신 그분으로부터 멀어지게 하는, 선한 삶과 교회에 관한 일군의 그림과 이야기들을 의미한다.

오직 하나의 복음—예수 그리스도의 기쁜 소식—만 있다. 그러나 불행히도 가짜 뉴스, 곧 좋은 삶에 관한 가짜 메시지와 거짓 복음이 넘쳐난다. 신학은 이 거짓말—교인들까지도 사로잡는 경우가 많은 거짓된 사회적 상상—을 폭로하고(부정적이고 비판적인 책무), 그들이 다시 예수 그리스도라는 길과 진리와 생명을 향하게 함으로써(긍정적이고 지시적인 책무) 교회가 제자 삼는 일을 돕는다.

제자를 삼기 위해서는 제자를 깨워야 한다. 곧 그들로 하여금 세속 문화가 능숙하게 전달하고 있는 은유와 신화를 깨닫게 해야 한다. 이번 장에서는 이미 충분하게 입증된 신체 건강에 대한 북미인들의 집착을 살펴본다. 신체에 큰 가치를 부여하는 이러한 사회적 상상은 그리스도의 몸의 건강에 대한, 그리고 하나님께 영광을 돌리기 위해 교인 자신의 신체로 행하는 일이 지닌 중요성에 대한 만연한 무관심과 충격적인 대조를 이룬다.

교회를 그리스도의 몸으로 보는 것은 예수께서 직접 암시하신 잘 알려진 성경적 은유다. 이것만으로 이에 관해 진지하게 생각해 보아야 할 이유가 있다. 예수께서는 비유, 곧 서사로 확장된 은유로 가르치셨다. 비유에서는 다른 곳에서 가져온 이미지로 하나님의 나라를 묘사한다. "하나님의 나라는 ~와 같으니." 놓치지 말아야 할 핵심은, 예수께서도 제자 삼는 일에서 은유와 이야기(사회적 상상과 연관된 것)가 지닌 힘을 이해하셨다는 사실이다. 리처드 헤이즈는 신약의 윤리가 대체로 상상적인 이야기들에 의해 형성된 도덕적 전망을 소유하는 문제라고 말한다. 헤이즈는 성경적으로 사고하기 위해서는 "은유를 만들고 상상적으로 우리 공동체의 삶을 본문이 제시하는 세계 안에 배치해야" 한다고 생각한다.[3]

제자를 삼기 위해서는 프로그램화(우리가 기준으로 삼고 살아가는 그림과 이야기들을 폭로하고 비판하고 수정하는 과정)와 재프로그램화(이전 삶의 방식을 뒷받침하던 '옛 자아'와 사회적 사상을 성경과 복음이 만들어 낸 사회적 상상으로 대체하는 과정)가 모두 필요하다. 따라서 나는 먼저 우리 시대에 있는 가장 중요하고 강력한 문화적 신화들 가운데 일부를 폭로하려고 한다. 몇몇 신화는 그리스도인들까지도 사로잡고 있다. 이것은 모든 생각과 사회적 상상을 사로잡아 그리스도께 복종하게 하는 첫 번째 단계다(고후 10:5).

제자 삼는 일을 시작하기 위해 우리는 오늘날 사회적 상상력과 심지어는 일부 교회들까지 지배하고 있는 그림을 명확히 인식해야 한다. 따라서 이번 장에서는 몸에 대한 우리의 이미지와 관련해 문화적인 줄을 이루는 세 가지 가닥, 곧 의료와 식단과 건강이라는 가닥을 분석하려고 한다.

의료와 보건: 건강한 몸 만들기

"빨리 건강해지기를 바라"(Get well soon). 전에는 그저 카드 메시지였던 구절이 이제는 삶의 철학이 되었다. 과거에 사람들은 아플 때에 의사나 병원을 찾아갔다. 요즘에는 아프지 않을 때에도 '건강'(wellness)을 추구하는 사람들이 많다(예를 들어, 스파에서 주말을 보냄으로써). 물론 모두가 건강하기를 바란다. 영어를 외국어로 배우는 학생들이 가장 먼저 배우는 말은 "어떻게 지내세요?"다. 성경 안에서도 이런 관심을 확인할 수 있다.

삼촌의 집을 찾아간 야곱이 도착해서 처음 한 말은 "그가 평안하냐"(창 29:6)였다. "평안"에 해당하는 히브리어 단어는 구약에서 가장 풍성하며 중요한 단어 가운데 하나인 샬롬(שׁלוֹם)이다. 이 단어는 200번 이상 등장한다. 이 말은 개인과 집단 모두에 적용될 수 있으며, 평화와 건강, 조화, 완전함이라는 의미를 담고 있다. '평화'란 단순히 갈등이 없는 상태를 말하는 것이 아니라 훨씬 더 긍정적인 무엇, 곧 온전함을 의미한다. 누군가에게 평안을 빈다는 것은 그 사람의 전반적인 행복에 대한 관심을 표현하는 것이다. 궁극적으로 하나님만이 참된 샬롬의 원천이시다.

구약의 헬라어 번역본인 70인역에서는 샬롬을 번역하기 위해 εἰρήνη라는 말을 자주 사용한다. 따라서 에베소서 2:14에 기록된 바울의 주장은 더욱더 인상적이다. 그는 그리스도의 피를 언급한 다음에 "그는 우리의 화평이신지라"라고 선언한다. 또한 예수께서 "잘 지내느냐?"라고 물으시는 대신에 "평강이 있을지어다"(눅 24:36) 혹은 "평안히 가라"(눅 8:48)라고 말씀하시는 것도 놀랍다. 신약에서는 건강해지는 것에 관해서도 언급한다. 12년 동안 혈루증을 앓았던 여인은 "그 겉옷만 만져도 구원을 받겠다"(마 9:21, 다수의 영어 번역본에서는 "낫겠다"라고 번역했다—옮긴이)라고 혼잣말을 했다. 그리고 그녀는 정말로 나았다. 이 맥락에서 마태가 사용한 용어는 "구원하다"를 의미하기도 하는 σῴζω다. 앞에서 살펴본 라틴어 salus는 "건강"을 의미하며, 구원을 의미하는 영어 단어 salvation의 어원이기도 하다. 신약에서는 맥락을 고려함으로써 이 단어가 어떤 의미나 의미들을 염두에 두었는지, 곧 육체적인 의미로 사용되었는지 아니면 영적인 의미로 사용되었는지, 혹은 둘 다로 사용되었는지 가려낼 수 있다. 하지만 영적인 차원과 예수 그리스도의 필수 불가결함을 놓치지 않는 것이 중요하다. "그는 우리의 화평이신지라"(엡 2:14).

우리는 현대 문화 안에서 건강이 차지하는 역할을 분석해 봄으로써 우리가 성경적인 그림으로부터 얼마나 멀어져 있는지 알 수 있다. 현대 문화는 건강이라는 관념을 세속화하는 동시에 이교화하여, 샬롬이라는 개념을 육체적이며 개인적인 차원으로 축소하거나 영적이며 우주적인 차원으로 확장했다. 건강이 무엇을 의미하는지에 관련한 사회적 상상의 변화는 좋은 삶에 대한 우리의 관념뿐만 아니라 우리가 예수 그리스도의 복음을 이해하는 방식에도 영향을 미친다.

21세기에 건강은 전국적인 강박 관념이자 거대한 산업이 되고 말았다. 여러 학자들이 건강에 대한 추구가 우리 시대를 규정하며, '운동의 윤리'(workout ethic)가 개신교의 '노동 윤리'(work ethic)를 대체해 버렸다고 주장한다.[4] "예방적인 건강에 관해 공공 부문과 민간 부문을 교육함으로써 전 세계적으로 건강을 증진하는 것"을[5] 사명으로 삼고 있는 비영리 기구인 세계 건강 연구소(GWI, Global Wellness Institute)를 생각해 보라. 그들의 전망은 전 세계 사람들이 최적의 건강을 누릴 수 있게 하기 위해 노력하는 기업과 단체들을 위한 "공인된 전 지구적 건강단체"가 되는 것이다. "우리 행성과 그 시민들의 전반적인 행복"에 이바지하기 원한다는 그들의 야심에 박수를 보내야 한다. 그들이 시작한 사업 가운데 하나는 '웰니스 문샷'(Wellness Moonshot), 곧 "건강 산업을 연합함으로써 전 세계적인 차원에서 만성적이며 예방 가능한 질병을 근절하는" 일에 헌신하는 건강 지도자들의 국제 조직이다. 세계 건강 연구소에서는 2007년부터 '세계 건강 경제 보고서 2017'과 같은 건강에 관한 연구를 의뢰하기도 했다.

"건강의 역사"라는 제목이 붙은 세계 건강 연구소의 웹사이트를 방문해 볼 것을 권한다.[6] 이 웹사이트는 단순히 정보를 전달할 뿐만 아니라 무엇인가를 깨닫게 해줄 것이다. 예를 들어, 건강(wellness)이라는 영어 단어가 처음에는 질병(illness)의 반대를 의미했으며, 1650년대부터 사용되기 시작했음을 알게 될 것이다. 그들은 건강이라는 개념이 고대

들음과 행함

적인 기원을 가지고 있음을 인정하면서도, 20세기 후반 존 트래비스 (John Travis)의 『웰니스 워크북』(The Wellness Workbook)과 같은 책들이 출간된 후에 이 단어가 널리 사용되기 시작했다고 지적한다. 그러나 건강은 21세기가 되어서야 비로소 사회적인 어휘와 집단적인 무의식에 진입한다. 일부 미국 대학에서는 신입생들이 입학할 때 그들에게 '건강 계약서'에 서명할 것을 권장한다.

무엇이 현재의 사회적 사상을 부추기는지 알고 싶다면 돈을 따라가 보라. 세계 건강 연구소에서는 전 지구적으로 건강 분야가 3조 7천억 달러의 경제 규모를 이룬다고 추정한다, 이는 전 세계 의학 산업의 세 배 이상에 해당하는 규모다(미용과 노화 방지 프로그램과 상품만 거의 1조 달러에 이른다). 이 부문에는 스파 산업, 건강 여행, 노화 방지, 직장 내 건강, 대안 의학 등이 포함된다. 대안 의학은 침술, 향 요법, 생체 자기 제어(biofeedback, 특수 기기를 이용해 심신 반응을 측정하고 이 정보를 환자에게 알려 주어 환자가 자신의 이완이나 긴장 상태를 스스로 조절할 수 있도록 훈련하는 방법이다—옮긴이), 척추 지압 치료, 마사지, 명상, 태극권, 요가와 같은 건강 시술을 포함한다. 이런 것들은 건강을 세계 보건 기구 (World Health Organization)가 내린 정의, 곧 "완전한 육체적, 정신적, 사회적 행복의 상태"로[7] 이해하는 세속적인 사회적 상상을 지닌 사람들에게 정상적으로 보이는 일상적인 실천이다.

호텔이 다양한 건강 관련 서비스를 제공한 지가 꽤 되었지만, 이제는 건강 때문에 여행하는 사람들이 점점 늘고 있다. 세계 건강 연구소에 따르면, 이른바 건강 여행객들이 2015년에만 6억 9천 1백만 건의 '건강 여행'을 하면서 5천억 달러 이상을 소비했다. 예를 들어, 태국 푸켓의 한 리조트에서는 장 청소와 집중력 강화를 비롯해 네 가지 집중 건강 프로그램을 제공한다. 여행하는 동안 건강을 유지하는 정도가 아니라 건강이 여행의 목적이자 목적지가 되었다.

건강에 대한 사람들의 욕망을 이용해 돈을 벌고 싶다면, 전 지구적인 건강 추세에 관한 세계 건강 연구소의 웹사이트를 확인해 보라. 그곳에서 향후 대기업으로 성장할 건강 관련 프로그램의 목록을 발견할 것이다. 한 가지 새로운 경향은 '바이오해킹'(표어: "생물학을 통해 더 나은 당신을 만들라")과 '개인의 한계를 초월하기 위한 이정표'를 얻기 위한 유전자 정보/생체 지표 시험과 같은 첨단 기술을 활용한 극단적인 건강의 추구다. 이것은 건강함보다 더 나은 상태에 이를 수 있다고 약속하는 여러 신체 강화 기술의 한 예일 뿐이다.

디팩 초프라(Deepak Chopra)는 한 걸음 더 나아간다. 그는 한 사람이 "완전한 건강", 곧 "질병으로부터 자유로우며, 절대로 고통을 느끼지 않고, 나이가 들거나 죽지도 않는" 상태에 이를 수 있다고 믿는다.[8] 초프라의 탁월한 전략은 뉴 에이지 신비주의와 양자 역학을 결합해 (진짜 물리학자들은 경악을 금치 못하겠지만) "양자 치유"를 주창하고, "우리는 자신을 바라보는 우주의 눈이다"라는 식의 불가사의하고 논박할 수 없는 문장을 구사한다는 점이다.[9]

물론 건강 운동에 대해 비판하는 사람들이 있다. 하지만 눈에 띄는 점은 이 비판자들 가운데 목회자와 신학자들이 없다는 것이다. 이것은 문제가 있다. 건강은 미국의 사회적 상상을 구성하는 필수 요소가 되었

들음과 행함

기 때문이다. 건강 운동의 '복음'은 무엇인가? 당신이 이런저런 프로그램을 따름으로써 스스로 건강해질 수 있다는, 곧 자신을 구원할 수 있다는 것이다. 이것이 사람들의 희망과 삶의 방향을 결정하고 자기 계발을 통해 구원을 부추기는 이상적인 그림이 되었다. 따라서 건강은 미국의 우상과 거짓 복음이 되었다.[10] 목회자는 이를 비판하는 사람들의 목소리에 귀를 기울임으로써 현재 미국의 사회적 상상을 더 잘 이해할 수 있을 것이다.

가장 저명한 비판자는 아마도 바버라 에런라이크(Barbara Ehrenreich)일 것이다. 그녀는 자신의 책 『건강의 배신』(*Natural Causes*)에 "건강이라는 전염병"이라는 부제를 달았다.[11] 이 책은 부분적으로 문화사적이며 부분적으로 사회 비판적이다. 그녀의 목표는 미국인의 상상력을 감염시켜 의료 기술과 예방 의학으로 우리가 질병과 죽음의 파괴적인 영향력을 극복할 수 있다는 환상을 믿게 만든 독소를 밝혀내는 것이다. 이 책에서는 우리가 어느 정도까지 건강을 추구하고 있는지를 자세히 묘사하며, 건강 산업과 유전자 조작을 통해 불멸을 약속하는 '바이오해킹'을 예리하게 비판한다. 에런라이크의 설명에 따르면, 미국인들은 건강과 영생을 약속하는 모든 유행을 따르고 그것에 대해 돈을 지불하는 양떼와 같다. 그녀는 너무나도 많은 미국인들이 이러한 건강 문화에 보조를 맞추면서 시험과 치료를 받고 자기 향상을 위한 섭생을 힘겹게 따라가고 있다는 사실에 대해 경악한다.

왜 이것이 문제일까? 간단한 답은 바로 생물학이다. 세포 면역학 박사인 그녀의 의학 지식은 우리가 궁극적으로 우리 몸을 통제할 수 없다는 자신의 상식적인 확신을 강화했다. 우리가 스스로 작정한다고 해서 결코 키가 더 크거나 더 오래 살 수는 없다. 흡연과 같은 나쁜 선택 때문에 우리의 수명이 단축될 수는 있지만, 좋은 선택을 하는 사람들조차도 결국 자연적인 원인으로 인해 죽게 될 것이다. 에런라이크는 1950년에 질병을 막는 실천을 장려하겠다는 목표로 「예방」(Prevention)을 창간한 제롬 로데일(Jerome Rodale)의 사례를 인용한다. 로데일은 72세에 심장마비로 죽기 2분 전에 "나는 100살까지 살기로 결심했어"라며 의기양양하게 말했다.[12] 에런라이크의 견해에 따르면, 건강 산업은 자아도취에 빠질 여유가 있는 부자들의 욕구를 충족하려고 한다. 두렵게도 그녀는 너무 낙관적인 태도를 지니고 있는 것처럼 보인다. 점점 더 많은 중산층 미국인들이 어떤 대가를 치르더라도 몸에 대한 숭배와 건강 문화를 받아들이고 있기 때문이다.

건강의 복음을 따르는 이들은 현실, 곧 자기 몸의 한계와 피할 수 없는 죽음을 부인하는 위험에 처해 있다. 에런라이크는 자신의 책에서 우리가 우리 자신의 몸과 우리의 운명을 통제할 수 있다는 관념이 거짓임을 폭로한다. 또한 그녀는 건강을 추구하는 자신들의 실천에 참여하지 않는 이들에 대해 자기 의에 기반한 우월 의식을 드러내는 건강 바리새인들을 비판한다. 에런라이크는 그저 자신의 삶을 연장하려고 노력하는 데 점점 더 많은 삶을 소비하는 것이 근본적으로 잘못된 것이라고 생각한다. 삶의 의미는 삶을 연장하는 것 이상을 포함해야 한다. 이것이 에런라이크가 현대 의학에 대해 회의적인 태도를 지니게 된 한 가지 이유다.

들음과 행함

그녀만 이렇게 생각하는 게 아니다. 『미국의 병』(An American Sickness)을 저술한 엘리자베스 로젠탈(Elisabeth Rosenthal)은 보건 의료 체계가 너무나 심하게 망가져서, 이 체계의 경제적 규칙들이 "평생 치료를 받는 편이 치료약보다 더 낫다"라는 말과 같은 상식적인 격언에 대해 도전할 지경이라고 생각한다. 그녀는 "지난 25년 동안 미국의 의료 체계는 더 이상 건강에, 심지어는 과학에도 초점을 맞추지 않았다. 그 대신 한결같이 자신의 이익에만 관심을 기울이고 있다."[13]

비판적인 목소리를 내는 또 다른 사람은 생명 윤리학자이자 『건강 이상의 건강』(Better than Well)의 저자인 칼 엘리엇(Carl Elliott)이다. 표면적으로 그의 책은 신체 증강 기술을 다룬다. 하지만 서론에서 분명히 밝히고 있듯이, 근본적인 문제는 정체성의 본질과 관련이 있다. "간단히 말해, 우리는 신체 증강 기술과 지금 우리가 살아가는 방식, 그리고 우리가 어떤 종류의 사람들이 되었는가라는 문제 사이에 있는 복잡한 관계를 이해할 필요가 있다."[14] 엘리엇은 근대가 개인들에게 자신의 이야기의 주인공이 되어 그들이 자라 온 사회적으로 체화된 전통과 단절하고, 무엇이든 자신이 꿈꾸는 이미지(대개는 유명인의 이미지)에 따라 자유롭게 자신을 개조하라고 부추겨 왔다고 우려한다. 우리는 기술을 믿는다. 예를 들어, 운동선수에게 '건강 이상의 건강'을 약속하는 스테로이드와 같은 신체 증강 약품에 대해 생각해 보라. 또 다른 예로는 미용적인 신체 증강(성형 수술, 보톡스, 가슴 성형 등)이 있다.[15] 이런 변화를 위한 신체적인 필요성은 존재하지 않으며, 심리적인 행복에 대한 욕망만 존재할 뿐이다. "오늘날 신체 증강 기술은 단순히 자기 향상이나 심지어는 자기 변형을 위한 도구가 아니다. 그것은 영혼에 영향을 미치기 위한 도구다."[16]

부디 오해하지 말라. 나는 새로운 의학적 발견을 환영하며, 오늘날 현대 의학이 할 수 있는 바에 대해 놀라워하고 있다. 그러나 나는 세속화와 의료화(medicalization, 인간의 상태나 행위를 의학적으로 치료해야 할 문제로 바라보는 태도이다—옮긴이)가 건강이 무엇인지에 관한 우리의 관념에 미치는 영향에 대해 우려한다. 의사이자 하버드 의학대학원의 교수인 아툴 가완디(Atul Gawande)는 베스트셀러에 오른 자신의 책 『어떻게 죽을 것인가』(Being Mortal)에서 이런 비판에 대해 잘 설명하고 있다. 가완디는 주류 의학계가 죽음과 죽어 가는 과정에 관해 어떻게 해야 할지 모르고 있다고 비판한다. 죽음에 대한 치료법은 존재하지 않는다. 그럼에도 불구하고 그들은 죽음을 의료적인 경험으로 만들기를 중단하지 않는다. "우리는 어떻게 사람들이 죽을 때까지 성공적으로 살수 있는지에 관한 일관적인 관점을 지니고 있지 않기 때문에, 우리의 운명이 의학과 기술과 낯선 이들의 명령에 의해 통제되도록 내버려 두고 있다."[17]

가완디의 책은 현재의 사회적 상상이 지닌 건강관을 구성하는 또 다른 요소, 곧 독립에 관해서도 다룬다. 널리 인정받는 의료적인 지혜에 따르면, '일상생활의 여덟 가지 독립적인 활동', 곧 장보기, 청소하기, 요리하기, 세탁하기, 약 먹기, 전화하기, 여행하기, 스스로 금융 업무 보기를 제대로 하지 못하면, 당신은 요양원으로 들어가야 한다. 건강은 독립적인 삶을 의미하지만, 우리는 건강을 떠받들면서도 삶 속에서 실제 삶

들음과 행함

의 현실은 고려하지 않는다. 어느 시점에선가 우리 모두가 더 이상 독립적일 수 없을 것이며, 이는 어려운 질문을 제기한다. "만약 독립이 우리 삶의 목적이라면, 독립을 더 이상 유지할 수 없을 때 우리는 어떻게 해야 하는가?"[18] 현대 의학 덕분에 우리는 생물학적인 변화(우리 대부분은 더 오래 산다)뿐만 아니라 우리가 좋은 삶을 바라보는 방식과 연관된 문화적 변화도 경험하고 있다.

의존적이면서 건강한 삶을 사는 것이 가능할까? 기존 의학계와 사회 전반 모두가(또한 이에 관해서는 교회 역시도) 지금까지는 좋은 답을 내놓지 못했다.[19] 가완디의 책은 표면적으로 죽음을 다루지만, 이 책의 도덕적인 교훈은 죽음뿐만 아니라 다른 문제와도 연관이 있다. "의료 전문가들은 영혼을 살리는 것이 아니라 건강을 회복시키는 데 집중한다."[20] 전에는 근본적인 문제였던 것(삶의 의미와 죽을 수밖에 없는 인간의 운명)을 의료화하는 문화에는 영적인 진공이 존재한다. 문화처럼 의료에서도 진공을 혐오한다. 따라서 온갖 건강의 복음들이 팔리고 있다.

지금은 누구든지 건강이 무엇을 의미하는지 규정할 수 있다. 첫 번째 문화적인 가닥에 관한 논의를 마무리하면서, 우리가 살펴본 건강에 대한 세속적인 관점과 가이오를 위한 요한의 포괄적인 기도를 대조해 보자. "사랑하는 자여, 네 영혼이 잘됨같이 네가 범사에 잘되고 강건하기를 내가 간구하노라"(요삼 1:2). 요한이 가이오에게 이처럼 따뜻한 말을 전하는 것은 가이오가 "진리 안에서 행한다"(요삼 1:3)는 소식을 들었기 때문이다. 나는 이것이 건강의 신학적인 의미라고 주장한다. 곧, 예수 그리스도에 관한 참된 교리와 일치하는 삶을 사는 것이다. 예수 그리스도의 이야기, 그분의 십자가와 부활, 승천, 하늘에 앉아 계심을 아는 것이 우리가 죽을 수밖에 없는 존재로서 건강하게 살고 있는지를 판단하기 위한 적절한 맥락이다. 호레이쇼 스패퍼드(Horatio Spafford)는 1876년에 찬송가 「내 평생에 가는 길」(새찬송가 413장)의 가사를 쓰면서 아마도 요한삼서 1:2을 염두에 두고 있었을 것이다. 이 찬송가의 1절 가사는 잘 알려져 있다.

> 내 평생에 가는 길 순탄하여
> 늘 잔잔한 강 같든지
> 큰 풍파로 무섭고 어렵든지
> 나의 영혼은 늘 편하다.
> 내 영혼 평안해.
> 내 영혼 내 영혼 평안해.

덜 알려진 사실은 스패퍼드가 난파 사고로 네 딸을 다 잃었던 장소를 지나면서 이 가사를 썼다는 점이다.

죽음을 앞둔 사람에게 "빨리 나으세요"라는 말은 공허하게 들릴 뿐이다. 하지만 그리스도인에게 '잘 죽는다'(dying well)라는 생각은 형용모순이 아니다. 그와 반대로 청교도와 여러 다른 그리스도인들은 『아르스 모리엔디』(ars moriendi), 곧 '죽는 법'에 관한 지침서를 만들었다. 사실 제자들이 예수께 배워야 하는 가장 중요한 것 가운데 하나가 잘 죽는 법이다.[21] 바울은 자기의 십자가를 진 모범적인 예수의 제자였다. 그

들음과 행함

렇기 때문에 그는 "나는 날마다 죽노라"(고전 15:31)라고 선언할 수 있었다. 또 다른 진술에 비추어 볼 때 비로소 이 말을 이해할 수 있다. "이는 내게 사는 것이 그리스도니 죽는 것도 유익함이라"(빌 1:21). 제자도는 사람들을 건강하게 만드는 과정이지만, 복음적인 건강(영혼과 부활한 몸의 건강)은 오늘날 건강 문화의 사제들이 제공하는 것과는 전혀 다르다.

이제 건강으로부터 현대의 사회적 상상의 두 번째 가닥인 식단으로, 그리고 몸에 대한 숭배로부터 음식에 대한 숭배로 초점을 전환해 보자.

식단과 영양: 몸매 가꾸기

"사람이 떡으로만 살 것이 아니요"(마 4:4). 탄수화물 섭취를 줄이는 앳킨스 다이어트(Atkins diet)를 주장하는 이들이 "아멘!"이라고 말한다. 오래전에 심장병 전문의이며 영양학자인 로버트 앳킨스(Robert Atkins)를 따르는 수천 명의 제자가 있었다. 2002년에 「타임」(Time)지에서는 그를 가장 영향력 있는 인물 가운데 하나로 꼽았다. 같은 해에 그에게 심장 마비가 찾아왔고 그는 이듬해 사망했다. 2005년에 앳킨스 영양(Atkins Nutritionals)은 파산 신청을 했다. 오늘날 앳킨스 계획은 '유행했던 다이어트'로 분류된다. 처음부터 마케팅은 대단했지만 그 배후에 있는 과학은 그렇지 못했다. 앳킨스가 지닌 근본 전제는 탄수화물을 제한하는 것이 체중 감량에 필수적이라는 점이었다. 하지만 슬프게도, 다른 어떤 이름을 가진 칼로리 역시 지방으로 변환된다.

우리는 이런 이야기를 너무나 자주 듣는다. 수많은 다이어트 책이 끝도 없이 쏟아진다(전 12:12 참조). 아마도 베스트셀러 작가가 되는 최선의 방법은 『10주 만에 10킬로그램을 쉽게 빼는 열 가지 방법』이라는 제목으로 다이어트 책을 쓰는 것일지도 모른다. 중요한 목표에 도달하는 쉬운 방법을 누가 마다하겠는가? 비만을 극복한 후에 성공적인 다이어트 비법을 팔려는 점쟁이들이 넘친다. 작가인 이디스 와튼(Edith Wharton)은 엉터리 고안자의 이름을 따서 '플레처라이징'(Fletcherizing)이라고 불렸던 위험한 다이어트 프로그램을 고수하다가 건강이 악화된 헨리 제임스(Henry James)에 관해 이야기한다. 호레이스 플레처(Horace Fletcher)는 20세기 최초의 건강 음식 광신자 가운데 한 사람이었다. 이 다이어트의 배후에 자리 잡은 핵심 사상은 단순성 자체였다. 음식을 100번 씹은 다음 뱉으라. 이렇게 함으로써 음식을 많이 먹지 않고도 영양을 얻을 수 있다는 것이다. 헨리 제임스뿐만 아니라 (한동안은) 업튼 싱클레어(Upton Sinclair)와 존 록펠러(John D. Rockefeller) 역시 (플레처의 별명이었던) "위대한 저작(咀嚼)가"를 추종하는 제자들이었다. 이 다이어트가 제임스에게 미친 영향에 관해 와튼은 이렇게 말한다. "그는 이 다이어트 체계 때문에 장 기능이 퇴화되었다. 마침내 의사가 정상적인 식단으로 돌아오라고 그를 설득했을 때는 더 이상 소화하지 못하는 상태였으며, 수년 간의 영양 부족으로 그의 신경 체계는 이미 약화되어 있었다."[22]

사람들은 "당신이 먹는 바가 바로 당신이다"라고 말해 왔다. 하지만 우리는 이렇게 덧붙일 수도 있다. "당신이 따르는 식단이 바로 당신이

들음과 행함

다." 예수께서는 그리스도인들을 그릇된 길로 인도하려는 거짓 예언자와 거짓 그리스도들에 관해 제자들에게 경고하셨다(막 13:21-22). 제임스는 음식 숭배에 헌신적인 신자, 곧 무엇이 좋은 식단인지에 관한 특정한 교리를 추종하는 제자였다. 제임스의 운명은 신학뿐만 아니라 식단에 있어서도 거짓 교리가 존재한다는 사실을 우리에게 상기시킨다. 또한 이 분야에서 거짓 교리의 결과는 죽음이라는 사실을 상기시킨다.

『음식 숭배』(Food Cults)의 편집자인 키마 카길(Kima Cargill)은 다이어트와 영양에 관한 믿음이 "몸의 건강뿐만 아니라……주체 의식과 자기 돌봄에 대한 자신감을 비롯해 수많은 심리적 기능에도 영향을 미친다"고 주장한다.[23] 음식 숭배에 속함으로써 심리적인 혜택을 얻을 수도 있다. 첫째, 그것은 집단적인 정체성과 결속을 위한 매개를 제공하며, 둘째, 세속적인 서양 문화 속에서 종교의 대체재 기능을 한다. "음식 숭배는……음식에 관한 규칙과 의례를 규정함으로써, 한때 종교가 했던 기능을 대체한다고 말할 수 있다. 종교처럼 혼란스러운 상황 속에서 의미를 부여하며, 우리에게 도덕적인 지침과 위로를 제공한다."[24] 우리가 그들에 관해 무슨 말을 하고 싶어 하든지 상관없이, 음식 숭배에 참여하는 이들은 들을 뿐 아니라 행하는 사람들이다. 하지만 그들이 행하는 바가 실제로 그들에게 좋은 것인지는 그들이 따르는 교리의 건전성에 달려 있다.

다이어트와 영양은 의료와 보건처럼 거대한 산업이 되었다. 먹거리를 기르고 준비하는 일 역시 마찬가지다. 날씬해지기 위한 계획과 약, 건강식품과 음료, 다이어트 책을 위한 시장이 폭발적인 성장을 이루었다. 어떤 평론가는 다음과 같이 지적한다. "다이어트 산업은 착취와 이윤에만 전적으로 초점을 맞추고 있다. 지금 우리가 구할 수 있는 살 빼는 약은 상상이 만들어 냈고 많은 경우 가짜뿐인 수많은 다이어트 용품 가운데 최신품일 뿐이다."[25] 거짓 예언자들이 거대한 이윤을 남긴다.

경쟁하는 목소리들로 시끄러운 가운데 우리는 누구를 믿어야 하는가? 석류 주스가 노화를 막아 내는 힘으로 죽음을 속일 수 있다는 말이 참일까?[26] 무엇이 좋은 식단인지에 관한 미국의 사회적 상상은 수십 년 동안 이리저리 흔들렸으며, 영양에 관해 어떤 교리를 따라야 하는지에 관해 여전히 불안해하는 사람들이 존재한다. 이런 불안감을 잘 보여주는 책으로는 힐렐 슈워츠(Hillel Schwartz)의 『다이어트와 환상과 지방의 역사』(Never Satisfied),[27] 하비 리벤스테인(Harvey Levenstein)의 『음식 그 두려움의 역사』(Fear of Food),[28] 수전 예거(Susan Yager)의 『100년 다이어트』(The Hundred Year Diet)[29] 등이 있다. 우위를 차지하려는 싸움은 음식으로 돈을 벌려고 하는 기업들의 문제일 뿐만 아니라 정책의 문제이기도 하다. 섭취 규정에 관해 누구의 말이 중요하게 취급되며 그것은 누구의 이익에 기여하는가?[30]

상충하는 여러 해석이 존재하는 시대에 21세기의 많은 서양인들은 과학을 신뢰한다. 음식을 연구하는 과학자들은 예언자처럼 행동하면서 사회를 향해 건강한 식습관으로 돌아오라고 촉구한다. (『무엇을 먹을 것인가』[The China Study]의 부제에 따르면) "지금까지 이루어진 영양에 관한 가장 포괄적인 연구"를 수행한 의사들은 우리가 우리의 젊은이들을 점점 더 이른 시기에 질병에 걸리게 만드는 위험한 식단으로 이끌고 있다고 주장한다. "자신의 건강을 향상하기 위해 무엇을 해야 하는지 알고 있는 사람은 거의 없다."[31] 그들은 세 가지 문제를 지적한다. 바로 아침과 점심과 저녁이다. 근본적인 문제는 우리가 정크푸드 광고에 포위된 패스트푸드의 나라이며, 우리가 먹는 음식이 어디에서 온 것인지 알지 못한다는 점이다. 이 책에 부치는 서문에서 존 로빈스(John Robbins)는 "사과를 찾기보다는 스니커즈나 빅맥 혹은 코카콜라를 찾기가 더 쉽다"고 말한다.[32] 과학자들조차 전도자처럼 말한다. "27년간의 실험 프로그램을 통해 얻은 자료를 비롯하여 내가 40년 동안 행한 생물 의학 연구에서 얻은 도발적인 결과는……올바른 식생활이 당신의 목숨을 구할 수 있음을 입증한다."[33] 핵심 주장은 이것이다. "동물성 식품을 가장 많이 먹은 사람들이 만성적인 질병에 가장 많이 걸렸다."[34] 그러나 모든 다이어트에 대해 비판자가 존재하며, 이 역시 예외가 아니다.[35]

다이어트와 제자도 사이에 있는 밀접한 관계를 보여주는 최근의 또 다른 사례는 발터 롱고(Valter Longo)가 저술한 『단식 모방 다이어트』(The Longevity Diet)이다.[36] 이 책의 제목은 세속 시대에 살고 있는 사람들이 바랄 수 있는 모든 것을 약속한다. 뿐만 아니라, 과학의 뒷받침과 권위를 통해 이를 약속한다. 롱고는 쥐에게 장수 식단을 제공하는 실험을 해서 40퍼센트까지 더 오래 살게 했다고 주장하는 (노화의 생물학을 연구하는) 노화학자다. "무엇을 먹을 것인가는 당신이 60세, 80세, 100세 혹은 110세까지 살 수 있을지에 영향을 미치는 가장 일차적인 선택이다."[37] 목표는 오래 사는 것이며, 이 목표는 내가 마주친 가장 반어적인 완곡어법 가운데 하나인 "건강하게 죽기"로 이어진다.[38] 그는 『무엇을 먹을 것인가』의 저자들과 비슷한 충고를 한다. 100퍼센트 식물과 생선에 기초한 음식에 근접한 식단을 추구하라는 것이다. 물론 이 식단이 효과를 발휘하기 위해서는 그저 듣는 사람에 머물러서는 안 되고 행하는 사람이 되어야 한다. 정보만으로는 사람을 변화시킬 수 없다. 제자도 없는 식단은 아무런 효과를 발휘할 수 없다.

그렇다. 그것이 문제다. 다이어트가 효과를 발휘하려면 실제로 따라서 실천해야 한다. 그렇기 때문에 나는 『마요네즈 클리닉 다이어트』(The Mayo Clinic Diet)를 선호한다. (내가 두 번째로 좋아하는 다이어트 책인)『철학자의 다이어트』(The Philosopher's Diet)를 쓴 리처드 왓슨(Richard Watson)처럼 이 책의 저자들은 체중 감량이 유행하는 경향을 따르는 것의 문제가 아니라 특정한 종류의 사람이 되는 것의 문제임을 알고 있다. 첫째로 당신은 무엇이 당신에게 좋은지 알아야 하며, 둘째로 꾸준히 그 활동을 지속해야 한다. "체중을 10킬로그램 이상 감량하고 이를 유지하려면 당신의 삶을 바꿔야 한다."[39] 따라서 『마요네즈 클리닉 다이어트』는 두 부분으로 이루어져 있다. 제1부는 "빼라!"이며 제2부는 "그렇게 살라!"이다.

사람들이 줄여야 하는 것은 체중이 아니라 특정한 습관이다. 『마요네즈 클리닉 다이어트』에서는 이렇게 재치 있게 표현한다. "체중 감량에서 가장 중요한 요소는 당신이 식탁으로 가져오는 것—성공하고자 하는 당신의 개인적인 추진력—이다."[40] 이 책에서 가장 유익한 장들 가운데 하나를 쓴 사람은 행동 심리학자다. 그는 유혹에 관한 마르틴 루터(Martin Luther)의 글을 인용하면서 이렇게 말한다. "[먹고 싶은] 충동을 느끼는 건 괜찮다. 그 충동에 굴복하는 게 문제다."⁴¹ 그 "충동"이 고 작 20분 정도밖에 지속되지 않는다는 사실을 아는 것이 도움이 된다.

앞에서 인용한 예수의 유명한 말씀은 신명기 8:3을 인용하신 말씀이 다. 이 구절은 이스라엘에 대한 모세의 '대위임'이라고 부를 법한 긴 설 교의 한 부분이다. 40년 동안 광야에서 방황한 후 그들은 이제 약속의 땅 문턱에 당도했다. 7장에서 모세는 이스라엘 백성에게 다른 나라와 비슷하게 되는 것에 관해 경고한다. 모세는 이스라엘의 건강이 특별한 다이어트, 곧 주의 명령을 지키는 일에 달려 있다고 생각했다. "사람이 떡으로만 사는 것이 아니요 여호와의 입에서 나오는 모든 말씀으로 사 는 줄을 네가 알게 하려 하심이니라"(신 8:3).

이는 교회가 처한 현재의 상황과 놀라울 정도로 유사하다. 그리스도 인들은 누구의 말에 따라 자기 삶의 방향을 정하려고 하는가? 영어 단 어 diet는 "삶의 방식"을 의미하는 헬라어 δίαιτα에서 왔다. 다이어트란 특정한 신념과 전제(교리)에 기초한—그 신념과 전제는 체중 감량과 같 은 구체적인 좋은 목표를 달성하기 위한 수단에 관한 것이다—통제되 고 질서 잡힌 삶의 방식이다. 히포크라테스 역시 그리스인들에 관해 말 할 때 다이어트와 규율 사이의 관계를 이해하고 있었다. "인간은 어느 정도의 운동 없이는 음식만으로 건강하게 살 수 없다."⁴² 자기 규율은— 올바른 길을 택한다면—큰 효과를 발휘한다. 450년 전에 루이지 코르 나로(Luigi Cornaro)도 역사상 가장 성공적인 다이어트 책 가운데 하나 인 『오래 사는 법』(*The Art of Living Long*)에서 비슷하게 주장했다. 코르 나로의 첫 번째 규칙은 이것이다. "자기 절제를 되찾으라"(그 자신도 전에는 폭식을 했으나 그 문제를 해결했다).

예수 그리스도의 제자는 하나님의 입에서 나오는 모든 말씀에 따라, 그리고 건전한 교리라는 다이어트에 따라(이 주제는 7장에서 더 자세히 다룰 것이다) 살아야 한다. 다이어트(육체적인 건강)에서든 제자도(영적인 건강)에서든 지름길은 없다. 교회는 패스트푸드의 방식으로 거룩한 나라가 되려는 유혹에 대해 저항해야 한다. 육체적인 비만은 그와 연관된 대죄인 폭식(빌 3:19)처럼 건강에 관한 문제이지만, 잘못된 교리의 다이어트는 그보다 훨씬 더 위험하다.

그리스도의 몸에 속한 지체들은 자신에게 두 가지 질문을 던져야 한다. 삶의 방식이라는 의미에서 우리는 누구의 다이어트를 따라야 하며, 우리는 어떻게 정말로 그것을 따르는 사람들이 될 수 있을까? 바로 이 지점에서 나는 『철학자의 다이어트』와 그 책이 지닌 전제에 반대한다. 이 책에서는 마치 우리가 의지의 힘으로 좋은 몸매를 가질 수 있는 것처럼, 철학의 다이어트를 따르기 위해서는, 곧 선한 삶을 추구하기 위해서는 이성과 의지를 사용하기만 하면 된다고 전제한다. 그와는 대조적으로 예수께서는 이렇게 말씀하신다. "나의 양식은 나를 보내신 이의 뜻을 행하며 그의 일을 온전히 이루는 이것이니라"(요 4:34). 여기에서 다이어트는 순종이지만 의지력만으로는 그 길에 머물 수 없다. 예수 그리스도의 제자들에게는 그리스도의 은혜와 우리를 그분의 생명과 연합시키는 내주하시는 성령이 필요하다.

들음과 행함

운동과 훈련: 건강해지기

오늘날 좋은 삶을 추구하고 건강한 몸을 얻기 위한 방법에 관해서 사람들이 생각하는 바에 영향을 미치는 세 번째 양상은 운동이나 훈련과 연관이 있다. 앞으로 살펴보겠지만, 성경에는 현대 문화의 이 가닥에 관해서도 중요한 가르침이 담겨 있다.

당신이 어떤 그림을 위해 기꺼이 수십 억 달러를 쓰려고 한다면, 그 그림이 분명 당신을 사로잡고 있을 것이다. 오늘날 수백만 명의 미국인들은 체육관과 헬스클럽 회원권에 수십 억 달러를 쓴다. 여유가 있는 사람들은 전담 트레이너를 두기도 한다. 『미국 내 건강 문화의 출현』(*Getting Physical*)의 저자인 쉘리 머켄지(Shelly McKenzie)는 "운동 문화의 역사적인 기초를 이해하면 건강과 그것이 우리 삶에서 차지하는 역할도 이해할 수 있다"라고 말한다.[43] 그는 건강을 추구하는 모든 행위를 가치 있게 여기는 의료화된 시대에 운동도 예외가 아니라고 주장한다. 달걀이나 유제품까지 거부하는 엄격한 채식주의자들처럼, 조깅을 하는 사람들 가운데 일부는 자신이 규칙적으로 운동하기 때문에 운동하지 않는 사람들보다 더 우월하다고 생각한다. "현대에는 건강을 개인적인 성취로 여기는 경우가 많다."[44] 말하자면 '운동에 의한 칭의'(justification by workouts, 이행칭의[justification by works]에 빗댄 언어유희이다―옮긴이)이다. 과거와는 전혀 다르게 오늘날에는 운동 자체를 목적으로 삼는 것처럼 보이는 경우가 많다. 건강-산업 복합체에서는 건강한 몸이 "새로운 형태의 신체 자본이 되었다."[45]

체육관의 역사를 다룬 에릭 챌라인(Eric Chaline)의 책『완전함의 신전』(The Temple of Perfection)은 책의 내용과 꼭 맞는 제목이 붙어 있다. 체육관은 사람들이 인간의 몸을 조각해 이상적인 형태에 가깝게 만들기 위해서 가는 곳이기 때문이다. 챌라인은 기성 종교와 체육관 사이에 있는 유사성을 지적한다. 교회와 체육관의 신자들은 모두 특별한 건물로 가서 특별한 음식을 먹고 공유된 의례에 참여한다. 체육관은 "신체적인 실천, 구체적으로 상이한 형태의 운동을 통해서 몸이 변형되는 공간"이다.[46] 교회도 마찬가지다.

더 광범위한 문화에서, 20세기 초에 대량으로 판매할 수 있는 카메라가 발명되어 사람들이 다른 이들이 그들을 바라보는 것처럼 자신을 바라볼 수 있게 된 후에야 운동과 건강이 사회적 상상 안에서 비로소 두드러지게 되었다. 사람들은 군사적인 준비 태세를 갖추기 위해서가 아니라 심미적인 혹은 심리 요법적인 목적을 위해서, 곧 더 나아 보이거나 더 낫다고 느끼기 위해서 체육관에 가기 시작했다. 일부 문화사가들은 이런 변화를 근대적인 개인주의 및 자아도취와 연결한다. 곧, 건강과 외모를 향상하는 것이 이제 개인의 자기실현 추구의 필수 요소가 되었다. 다른 이들은 육체적인 건강에 대한 집착을 실재를 (이상적인) 이미지의 모사로 만들려는 후기 근대적 욕망과 연결한다.[47] 흥미로운 점은, 그저 체육관과 헬스클럽이 수십 억 달러 규모의 산업이 되었다는 사실이 아니라, 우리의 몸이 우리가 의지력을 행사할 수 있는 캔버스라는 관념이다. "너희는 너희 자신의 것이 아니라"(고전 6:19)라는 바울의 말과 정면으로 배치됨에도 불구하고, 우리 몸이 우리 자신의 것이며 그

들음과 행함

몸으로 우리가 욕망하는 바를 행할 수 있다는 생각은 현대의 사회적 상상의 중요한 부분이 되었다. 운동은 또 다른 형태의 소비주의가 되었고, 우리는 운동을 통해 자신을 아름다운 무엇으로 개조할 수 있다는 생각을 받아들이고 있다.

체중 감량 프로그램은 20세기 중반부터 점점 더 인기를 얻게 되었다. 마케터와 잡지와 영화는 사회적 상상 안에 자리 잡기 시작한 몸의 이미지를 제시했다. 1960년대에 베이비붐 세대는 날씬한 몸매가 최신 유행임을 깨닫고 "날씬함이 이제 아메리칸드림의 일부가 되었다"고 생각하게 되었다.[48] 우리는 문화가 아름다움에 대한 우리의 관념을 형성하는 힘을 가지고 있음을 이해해야 한다. 1960년대 미국 문화가 날씬함을 신분과 스타일 그리고 성적인 매력과 연관시켰다는 사실은 새로운 건강 산업을 만들어 내는 데 중요한 기여를 했다. 이 산업이 성공한 것은 "정부의 홍보 때문이 아니라 소비문화 때문이었다."[49] 물론 소비주의는 양날의 검이다. "피자 가게나 더 현대적인 식당인 팬케이크 하우스 때문에 미국인의 허리선에 얼마나 많은 초과 체중이 더해졌는지를 가늠할 수 없다"라고 『과체중 사회』(The Overweight Society)의 저자인 피터 와이든(Peter Wyden)은 불평한다.[50]

믿기 어려울지 모르지만, 건강과 관련한 운동의 유익이 널리 인정받게 된 것은 비교적 최근의 일이다. 중요한 이정표는, 비슷한 사회 계급의 남성들 사이에서 육체적인 활동의 양에 따라 심장 마비가 일어날 확률에 의미 있는 차이가 존재한다는 사실을 보여주는 1949년의 연구였다. 이 연구에서는 버스 운전사와 버스 안내원들을 비교했으며, 후자의 심장 질환 발병률이 더 낮다는 것을 밝혀냈다. 그 원인이 운전사들은 앉아 있기만 하는 반면에, 안내원들은 계속해서 움직여야 하기 때문이라는 것이다.[51] 텔레비전 역시 사회적 상상을 식민화하는 데 기여했다. 스타가 나와서 시청자들에게 자신과 함께 운동하자고 권하는 텔레비전 프로그램인 「잭 라랜 쇼」(Jack LaLanne Show, 그는 시청자들을 '앉아 있는 이들'과 '행하는 이들'로 나눴다!)는 1959년부터 1985년까지 무려 35년 동안 방영되었다. 그럼에도 불구하고, 사회적으로 운동을 어떻게 정의하고 처방할 것인지에 관한 합의에 도달하는 것이 어려웠으며, 이는 건강 일반에 관해서도 마찬가지였다.

과학에서도 운동이 단순히 미적인(외모를 위한) 유익뿐만 아니라 치료적인(건강을 위한) 유익을 지니고 있다는 의견을 내놓았다. 흡연과 음주, 스트레스 그리고 신체 활동에 관한 연구가 생활 방식이 건강에 미치는 영향력을 논증했다. 책상에 앉은 상태에서만 일하는 부유한 최고 경영자들 사이에서 흔히 발병하는 심장 질환에 대응하기 위해 '임원 건강'이라는 분야가 의학의 세부 전공으로 등장했다. 1960년대에는 ('달리기'라고 부르기도 하는) 조깅이 유행하기 시작했으며, 이는 어디에서든, 누구든, 언제든 조깅할 수 있기 때문이었다. 1980년에 달리기는 문화적(cultural)일 뿐 아니라 제의적인(cultic) 의례가 되었고, 일부에서는 달리기를 일종의 영적 예배로 만들었다.[52] 몸과 음식의 제의에 건강의 제의를 추가하라.

1980년대가 건강의 시대였다면, 헬스클럽은 완전함의 신전, 곧 "인간의 몸이 완벽해질 수 있는 가능성에 바쳐진 현대의 성전"이었다.[53] 헬

들음과 행함

스클럽은 몸의 제의를 위한 건강 문화의 신성한 공간으로 묘사되어 왔다. "건강한 몸은 대단히 매력적이지만, 선사 시대의 자연 상태에서는 존재할 수 없었던, 전적으로 제조된 인공물이다."[54] 또한 1980년대에는 피트니스 센터가 사회화하고 공동체를 형성하는 최초의 '제3의 공간'이 되었다. 그러나 세기 전환기에 발표된 "미국의 몸매"라는 제목의 「타임」지 기사에서는 "다듬어졌고(trim) 팽팽하며(taut) 온전하게 조율된(toned)" 몸이라는 "새로운 복된 삼위일체"에도 불구하고, 미국인의 8, 90퍼센트가 여전히 충분한 운동을 하지 않고 있다는 정부의 발표를 보도했다.[55] 한 사회사가가 냉소적으로 지적했듯이, "이는 건강이라는 관념이 실제로 운동을 하는 습관보다 더 대중적이었음을 암시한다."[56]

근본적인 역설은 이것이다. 문화는 형성적이며, 우리는 건강 문화 속에서 살고 있다. 그러나 대부분의 사람들은 (아마도) 건강하지 않다. 지금까지 내가 주장했듯이 문화가 그토록 강력한 형성적 힘이라면 왜 그래야 하는가? 나의 대답은 이렇다. 문화가 형성하는 것은 일차적으로 우리의 몸이 아니라 우리의 정신과 마음이다. 우리의 건강 문화가 투사한 건강한 몸의 이미지는 정말로 사회적 상상을 사로잡았으며, 이 이미지가 행사하는 힘은 몸과 건강에 관한 우리의 생각을 정말로 조건화했다. 하지만 몸 자체를 조건화하거나 우리가 운동을 하도록 만들지는 않는다. 이를 위해서는 선택해야 하고 행동을 취해야 한다. 문제는 지금 시장에는 건강에 이르는 지름길이 너무 많이 판매되고 있다는 점이다. 이를 "값싼 은혜"라고 부르자. 현실주의 없는 건강의 선포, 훈련 없는 다이어트, 운동 없는 건강.

건강해지는 것에 대한 가장 중대한 도전은 건강이 무엇인지를 정의하는 일과 관계가 있다. 왜냐하면 그것이 무엇을 의미하는지에 관해 합의된 의견이 전혀 없기 때문이다. 하지만 그런 시도가 없었기 때문은 아니다. 1950년대에 의사인 한스 크라우스(Hans Kraus)와 소냐 웨버(Sonja Weber)는 성인 요통의 원인을 조사하기 위해 아동을 대상으로 일련의 건강 시험을 실시했다. 그 결과는 충격적이었다. 이 시험을 통과하지 못한 유럽의 아동은 8퍼센트에 불과한 반면, 미국의 아동 중에서는 무려 56퍼센트가 통과하지 못했다. 이런 음울한 결과에 자극을 받아 아이젠하워 대통령은 대통령 직속 청소년 건강 협의회(Council on Youth Fitness)를 세웠으며, 이 조직의 후신으로 존 F. 케네디 대통령은 신체 건강 협의회(Council on Physical Fitness)를 설립했다. 대통령들은 전후의 번영이 안락하며 자동화된 교외 중산층의 생활 방식을 만들어 냈고, 이로 인해 아동들이 유약하고 게으르게 자라게 되었다고 우려했다. 당시에 한 상원의원은 "강력한 로마가 육체적인 건강을 잃어버렸을 때 무너지고 말았다. 육체적으로 유약한 나라는 정신적, 영적으로도 유약한 나라가 되고 만다"라고 말했다.[57] 이 말의 숨겨진 의미는 다음과 같다. "미국의 베이비붐 세대는 우리를 보호할 수 있을 정도로 건강하지 않을지도 모른다!"

이 협의회의 주요한 목표 가운데 하나는 건강에 관한 생각을 대중에게 파는 것이었다. 「스포츠 일러스트레이티드」(Sports Illustrated)에 실린 한 기사에서는 이 과업이 지닌 어려움을 이렇게 설명했다. "전문가들은 건강하다는 의미가 일상생활을 편안하게 수행하고 비상 상황을

들음과 행함

위해 에너지와 힘을 남겨 두는 것이라고 말할 수 있을 뿐이다. 이런 말이 우리에게는 큰 의미가 없다. 왜냐하면 그들이 누구의 일상생활에 관해 말하는 것인지, 모두가 가져야 하는 최소한의 건강이 무엇인지 알 수 없기 때문이다."[58]

많은 분야에서 그렇듯이, 고대 그리스도인들은 우리보다 훨씬 먼저 "건강이란 무엇인가?"라는 물음을 검토했다. 첫 번째 체육관이 세워진 때는 예수의 탄생보다 수세기 앞선, 최초의 올림픽 경기가 열린 시점으로 거슬러 올라간다. 이 고대의 운동 시합들은 원래 군사 훈련의 일부였다(예를 들어, 레슬링과 창던지기, 달리기와 전차 경주를 생각해 보라). 물론 사람들은 고대 그리스 시대보다 훨씬 더 앞선 시대에도 훈련했다. "또 용사 칠천 명과 장인과 대장장이 천 명 곧 용감하여 싸움을 할 만한 모든 자들을 바벨론 왕이 바벨론으로 사로잡아 가고"(왕하 24:16).[59] 하지만 그것이 다는 아니다. 주전 5세기에 그리스의 몇몇 주요 도시에는 체육관이 있었으며, 체육관은 운동선수와 군인을 훈련할 뿐만 아니라 시민들을 교육하여 그들이 아레테(덕)를 습득하도록 돕는 역할을 했다.[60]

미군 역시 건강이 단순히 육체적인 것이 아니라는 점에 동의한다. (국방부가 2009년에 처음으로 도입한 총체적 병력 건강[Total Force Fitness, TFF]이라는 개념을 주창하는) 「군사 의료」(Military Medicine)지의 중요한 특별 호에서 합참 의장이었던 마이클 멀린(Michael Mullen) 해군 대장은 그 전망과 목적 그리고 논리적 근거를 이렇게 제시한다. "나는 총체적인 건강을 준비 태세와 행복의 균형점으로 이해한다.……총체적 건강을 달성한 총체적 병력은 건강하며 준비가 되어 있고 빨리 회복한다. 또한 도전에 대응하고 위협을 이겨 낼 수 있다."[61] 건강을 위해서는 전 인격체의 지속적인 수행과 회복과 복원력이 필요하다. 총체적 건강은 정신과 육체를 아우르는 여덟 가지 영역, 곧 신체적, 의료적, 영양적, 환경적, 심리적, 행동적, 사회적, 영적 영역을 다룬다. TFF는 "1년에 두 번 시험에 대비해 성취해야 하는 무엇이 아니다."[62] TFF의 목표는 4중적이다. 건강을 유지하고, 수행 능력을 강화하며, 위험을 줄이고, 회복 능력을 향상하라. 이 프로그램에서는 육체적인 건강을 "건강을 유지하고 부상을 당하지 않으면서 임무의 여러 양상을 육체적으로 완수하는 능력"으로 정의한다. 이것은 목적에 합당한 건강함이라고 부를 수 있으며, 여기서 목적은 임무를 수행하는 능력이다.

2013년에 랜드 주식회사(Rand Corporation)는 미군의 새로운 통전적 접근 방식의 일환으로써 미국 공군의 의뢰를 통해 이루어진, 건강과 회복 능력에 관한 연구 내용을 담은 일련의 책들을 출간했다. 공군에서는 영적인 건강을 "끈질긴 태도로 성공적으로 임무를 완수하기 위해 필요한 신념과 원칙 그리고 가치를 고수할 수 있는 능력"으로 정의한다.[63] 여기서는 반드시 하나님이나 초자연적인 대상은 아니더라도, 궁극적인 의미나 목적에 대한 신념을 반영하는 핵심적인 개인적 가치에 초점을 맞춘다. 이 연구를 촉발한 요인 가운데 하나는 장병들 사이에서 자살률이 높아진 상황이었다. 영적인 건강이 자살을 막을 수 있다는 증거가 존재한다. 영적 건강은 공군에서 "스트레스 요인과 변화하는 요구에 직면하여 버티거나 회복하거나 성장할 수 있는 능력"으로 정의한 회

들음과 행함

복 능력에도 분명히 도움이 된다. 건강이 무엇인지에 관한 현대의 사회적 상상(정신과 육체의 일체론)이 국방부에도 영향을 미쳤다는 점이 매우 흥미롭다.

일종의 정신과 육체의 통전적인 건강을 지향하는 이런 경향은, 이전 시기에는 힘과 지구력을 강조했던 것에 대비하여 최근에는 정신과 균형 그리고 유연성을 강조하게 된 상황을 이해할 수 있게 해준다. 고강도의 단속적 운동(interval training)을 전문으로 하는 크로스핏(CrossFit)은 등록 상표를 보유한 건강 프로그램으로서, 미국 전역에서 1만 3천 개의 체육관이 이 프로그램에 가입해 있다. 이 회사의 웹사이트에서 창립자이자 최고 경영자인 그렉 글래스먼(Greg Glassman)은 건강을 "광범위한 시간과 양태의 영역에 적용되는 향상된 업무 능력"이라는 관점에서 정의한다.[64] "모든 양태의 영역에서"(across······modal domains)라는 구절이 크로스핏이라는 명칭을 설명한다. 이 프로그램은 수많은 운동과 활동에 고루 적용되는(across) 건강을 목표로 삼는다. 건강이 왜 중요하며 무엇을 위한 것인지에 관해 크로스핏의 웹사이트에서는 이렇게 말한다. "[이 프로그램은] 모든 신체적인 비상 상황에 대비해 훈련 대상자를 준비시킨다." 제2부에서 살펴보겠지만, 어떤 상황에서든 요구되는 바에 즉흥적으로 대응할 수 있는 능력에 관해 이야기할 필요가 있다. 이것이 제자도, 곧 어떤 상황에서든 예수를 따르는 법을 아는 것이다.

그 업무가 병역이든 영업이든 수술이든, 운동(육체적인 건강과 전반적인 건강에 기여하는 모든 신체 활동)은 "한 사람이 업무를 수행할 수 있도록 준비를 갖추게 하는 방식"이다.[65] 더 나아가, 현대의 건강 문화는 "국가적인 육체 활동의 부족에 대한 해결책을 개인에게서 찾을 수 있다는 전제에 의존한다. 비록 앉아서 지내는 생활 방식이 사회 전체의 문제인 것처럼 보이지만 말이다.……오늘날 우리는 건강을 개인적인 성취로 이해한다."[66] 현재의 사회적 상상은 어떤 의미에서 비사회적인(asocial) 것으로 드러난다. 우리는 우리 가정의 행복이 아니라 개인의 행복에 관해 생각한다. 함께 식사하는 사람들의 다이어트가 아니라 우리 자신의 다이어트에 관해 생각한다. 건강을 더 광범위한 공동체 주기의 일부로 보지 않고 나의 개인적인 일상의 주기라는 관점에서 이해한다.

◊

건강한 몸이 답이라면 무엇이 질문인가? 고대 그리스에서 체육관은 "어떻게 젊은이들이 전사가 될 수 있도록 그들을 준비시킬 수 있을까?" 라는 물음에 대한 답이었다. 20세기 중엽 북미에서 생긴 뜨거운 질문은 남자들의 경우 "어떻게 내가 심장병을 예방할 수 있을까?"였으며, 여자들의 경우 "어떻게 내가 아름다움에 관한 문화적 규범에 부합할 수 있을까?"였다. 건강(fit)의 사전적인 정의는 "본성이나 기술에 의해 어떤 목적에 적합한 상태"이다(신학자로서 나는 "혹은 하나님의 계획에 의해"라는 말을 덧붙이고 싶다). 이것은 핵심적인 질문을 불러일으킨다. 우리는 어떤 목적을 위해 건강해지려고 애쓰는가? 오늘날 많은 사람들에게 우리의 몸은 우리의 정체성에 대한 가장 중요한 진술이며, 그것이 우리의 정치적, 종교적 소속감까지 대체하고 있다.

건강함은 유용함과 비슷하다. 건강해지려고 노력하는 목적은 무엇인가? 어떤 이들은 건강 자체가 보상이라고 말할지 모르지만, 실상은 자기실현이 자명한 목적이라고 말하는 셈이다. 그것은 실현되는 자아에 달려 있으며, 따라서 우리는 까다로운 질문을 던질 수밖에 없다. 우리는 어떤 종류의 사람이 되기 원하며 왜 그런 사람이 되기 원하는가? 훨씬 더 어려운 질문은 "삶의 의미란 무엇인가?"이다. 목회자-신학자를 입력하라. 그러면 대안적인 사회적 상상을 얻을 것이다.

이번 장에서 우리는 현대 문화가 지닌 세 가지 형성적인 측면, 곧 건강과 좋은 식단과 튼튼한 몸이라는 지배적인 이미지들을 살펴보았다. 목회자는 우리가 그리스도와 올바른 관계를 맺을 때만 궁극적으로 평안할 수 있음(well)을 알고 있지만, 그들 역시 건강(wellness)에 관심을 기울여야 한다. 목회자 역시 회중이 행하는 다이어트에 관심을 기울여야 하며, 특히 이 용어를 확장해 교인들이 어떤 종류의 책과 오락을 규칙적으로 흡수하고 있는지 관심을 기울여야 한다. 또한 목회자는 교회가 체육관처럼 훈련이라는 목적을 위해, 특히 건강한 몸(지역의 회중)을 훈련하기 위해 존재한다는 사실을 알아야 한다(딤후 3:16).

교회를 독특하게 만드는 것은 우리가 염두에 둔 건강함의 종류와 이를 달성하기 위해 사용하는 수단이다. 반드시 기억하라. 제자 삼는 일에 헌신하는 교회는 하나의 건강 문화가 되어야 한다.

모든 것은 제자가 어떤 목적에 적합한 사람이 되어야 하는지를 분명히 파악하고 있는 목회자에게 달려 있다. 우리는 이제 이 질문에 초점을 맞추려고 한다.

목적에 적합한 제자 삼기의 첫 단계

앞 장에서는 사회적 상상이 행하는 형성적인 역할을 이해하기 위한 방법으로 현대의 건강 문화를 살펴보았다. 건강과 영양에 관한 특정한 그림이 수십 억 달러의 산업을 만들어 내는 동시에, 우리가 사회로서 살아가는 방식에 많은 부분 영향을 미친다. 그 이유는 그것이 우리가 기준으로 삼고 살아가는 그림과 우리 마음의 욕망을 많은 부분 규정하기 때문이다.

교회는 그 자체의 건강 문화를 지닌 체육관이다. 이것은 내 생각이 아니라 바울의 생각이다. 그는 목회자인 디모데를 가리켜 "믿음의 말씀과……좋은 교훈으로 양육을 받"은 사람이라고 말한다(딤전 4:6). "양육을 받은"(헬라어 ἐντρέφω는 "양육하다" 혹은 "훈련하다"라는 의미다)이라는 말은 다음 사실을 강조한다. 곧, 디모데는 성경과 교리에 꾸준히 노출됨으로써 제자로 양육을 받았다.

그다음으로 바울은 다른 사회적 상상("망령되고 허탄한 신화")과는 어

들음과 행함

떤 관계도 맺지 말고, 대신에 "경건에 이르도록 네 자신을 연단하라"
고 디모데에게 권면한다(딤전 4:7). "연단하라"에 해당하는 헬라어는
γυμνάζω다. 바로 이것이다. 교회는 경건의 훈련을 위한 체육관이다. 제
자들은 훈련에 필요한 영양을 얻기 위해 성경과 교리로 이루어진 다이
어트를 시행해야 한다. 그리고 "정행(바른 행동) 없이는 정통(바른 믿음)
이 위선에 불과하기 때문에"[1] 훈련이 필수적이다. 이것이 큰 그림이다.
목회자는 경건의 목적에 적합하도록 사람들을 훈련함으로써 그들을 제
자 삼는다.

이 그림을 채워 가기 전에, 목회자가 사람들을 제자로 '삼을'(곧, 훈련
할) 수 있지만 그들을 '깨우는'(곧, 만드는) 분은 하나님뿐이심을 기억하
는 것이 중요하다. 제자도의 핵심은 우리가 그리스도 안에 있는 존재가
되는 것이며, 이는 전적으로 하나님의 일이다. "그런즉 누구든지 그리
스도 안에 있으면 새로운 피조물이라"(고후 5:17). 예수께서는 무로부터
(ex nihilo) 그분의 제자들을 불러내신다. 우리가 결단해서 태어나지 않
는 것처럼, 결단해서 제자가 되지는 않는다. 왜냐하면 제자가 되는 것은
육신으로부터 태어나는 것이 아니라 거듭나는 것, 곧 위로부터 태어나
는 것이기 때문이다(요 3:3-7, 또한 행 11:16 참조).

회심과 회개는 근원적인 방향 전환과 갱신을 수반하며, 삼위일체 하
나님의 일하심에 비추어 볼 때만 이를 이해할 수 있다. 그러므로 제자
도는 단순히 교회 프로그램의 한 기능이 아니다. "교회와 교회의 사명
에 관해 이야기할 때 우리가 계속해서 하나님에 관해 이야기하기 위해
서는" 우리에게 제자도의 신학이 필요하다.[2] 모든 것은 은혜로우신 하

나님의 주도권과 사람들을 모아 그분의 백성과 거룩한 나라가 되게 하시는 하나님의 부르심으로부터 시작한다. 이를 더 전문적인 신학 용어로 표현하자면, 기독교 제자도는 우리가 그것이 하나님의 은혜의 경륜(곧, 역사적인 성취)의 한 부분임을 기억할 때만 바르게 이해되고 바르게 실천된다.[3] 하지만 여전히 제자들이 행해야 할 중요한 무엇이 있으며, 교회를 부르시고 모으신 하나님도 특정한 사람들을 불러서서 제자들이 은혜의 경륜과 그것이 그들에게 행하도록 명령하는 바를 이해하도록 돕게 하신다. 바울은 부활하시고 승천하신 그리스도께서 "사람들에게 선물을 주셨다"(엡 4:8)라고 말한다. 곧, "어떤 사람은 사도로, 어떤 사람은 선지자로, 어떤 사람은 복음 전하는 자로, 어떤 사람은 목사와 교사로 삼으셨으니 이는 성도를 온전하게 하여 봉사의 일을 하게 하며 그리스도의 몸을 세우려 하심이라"(엡 4:11-12)라고 말한다. 성경과 교리라는 선물도 그와 마찬가지로 그리스도의 몸을 세우는 목적에 기여한다.

들음과 행함: 권위와 진리, 순종과 자유에 관하여

『천일야화』(*Arabian Nights*)에 나오는 가장 유명한 이야기에서, 요술 램프를 발견한 알라딘이 램프를 문지를 때마다 요정이 나타나 "소원을 말씀하시면 분부로 알고 그대로 받들겠습니다"라고 말한다. 이것은 종이 상전에게 하는 전형적인 대답이다. "들으면 그대로 순종하겠습니다." 그러나 실제 삶에서는 들음과 순종 사이에 간격이 존재하는 경우가 많으며, 때로는 큰 격차가 존재하기도 한다. 모두가 알라딘처럼 운이 좋지

들음과 행함

는 않다. 때로는 종이 듣고 나서 마지못해 행하기도 한다. 듣고 나서 전혀 행하지 않는 경우도 있다. 예수께서도 들음과 행함 사이의 매우 중요한 차이를 설명하기 위해 이야기를 들려주셨다.

마가복음에서는 예수를 청중을 깜짝 놀라게 했던 교사로 소개한다. "그가 가르치시는 것이 권위 있는 자와 같고 서기관들과 같지 아니함일러라"(막 1:22). 그는 회당에서 가르치셨으며, 나중에는 바닷가에서 무료 강연을 하셨다(막 2:13, 4:1). 예수의 가르침에서는 형식이 중요하다. "이에 예수께서 여러 가지를 비유로 가르치시니 그 가르치시는 중에 그들에게 이르시되"(막 4:2). 비유는 확장된 은유("하나님의 나라는 ~와 같으니")이며 은유적인 서사(어떤 특별한 일이 일어나서 사람들이 사물에 관해 생각하는 일상적인 방식을 전복하는 이야기)다. 마가가 들려주는 첫 번째 이야기는 씨 뿌리는 자의 비유다. 이 비유는 하나님의 말씀이라는 씨앗이 떨어지는 서로 다른 종류의 토양으로 상징되는, 여러 종류의 듣는 이들에 관한 이야기이다. 예수께서 마지막에 "들을 귀 있는 자는 들으라"(막 4:9)라고 말씀하시면서 명백한 암시를 주셨음에도 불구하고, 제자들조차 처음에는 이 비유를 이해하지 못했다. 그들이 들어야 하는 비유 자체가 하나님의 말씀을 들음에 관한 이야기다. 특히 이 비유는 예수께서 어떤 종류의 들음을 원하시는지 설명한다. 그분은 하나님의 말씀이 독특하고 놀라운 방식으로 뿌리를 내리는 들음을 원하신다. 비유의 특별한 요소는 바로 이것이다. 곧, 말씀(씨앗)이 자라서 100배로 열매를 맺을 수 있다는 점이다.

이것은 하나님 나라에 대한 비유이기도 하다. 예수께서는 왕국을 칼과 군사로 세울 수 있는 무엇이라고 생각했던 청중의 인습적인 이미지를 전복하신다. 예수께서는 군사적인 정복이 아니라 복음을 바르게 수용하는 일(바른 종류의 들음)을 통해 세워지는 왕국을 선포하신다. 하나님 나라에 관한 예수의 비유는 고대 로마의 제국주의이든 오늘날의 지정학이든, 권력에 대한 지배적인 사회적 상상에 도전한다. 예수께서는 기준으로 삼고 살아야 할 새로운 그림을 선포하심으로써 권위 있게 가르치셨다. 바르게 듣는다는 것은 예수께서 가르치신 내용, 곧 하나님의 나라라는 이상하고 새로운 세계를 바르게 이해하는 것이다.

예수의 제자가 되기 위한 하나의 자격 요건은 예수의 이야기를 따를 수 있는 능력이다. 하지만 이해와 표면적인 동의가 수반되더라도 듣는 것으로는 충분하지 않다.[4] 예수께서는 그분의 긴 가르침인 산상 설교의 마지막 부분에 이르러서 들음과 행함을 명시적으로 대조하신다. "그러므로 누구든지 나의 이 말을 듣고 행하는 자는 그 집을 반석 위에 지은 지혜로운 사람 같으리니……나의 이 말을 듣고 행하지 아니하는 자는 그 집을 모래 위에 지은 어리석은 사람 같으리니"(마 7:24-26). 참된 제자는 예수의 말씀을 듣고 행하는 자가 되어야 한다. 집을 짓는 토대가 되는 반석을 의미하는 헬라어 단어는 나중에 마태복음 16:18에서 다시 등장하는데, 그때 예수께서는 "이 반석 위에" 그분의 교회를 세울 것이라고 말씀하신다. 다시 말해, 모래가 아니라 반석 위에 예수의 교회를 세우려는 사람은 교회를 예수의 말씀이라는 반석 위에 세워야 한다.[5] 예수께서 씨 뿌리는 자의 비유를 말씀하신 직후에 "내 어머니와 내 동생들은 곧 하나님의 말씀을 듣고 행하는 이 사람들이라"(눅 8:21)라고

들음과 행함

하신 말씀도 이 점을 확증한다.

랍비 혹은 주로서 예수께서는 자신을 따르는 이들이 자신의 교훈을 듣고 나서도 전과 똑같이 살아가기를 원하지 않으셨다. 듣고 행하지 않는다는 것은 예수의 말씀의 권위를 멸시하고 스스로 주인 행세를 하는 것이다. 게다가, 듣고 행하지 않는다는 것은 순종의 반대일 뿐 아니라 배움의 반대이기도 하다. 지침서를 읽기만 함으로써 수영하는 법이나 자전거 타는 법을 배우는 사람은 없다. 예수께서는 자신을 따르는 이들이 듣고 배우기를 바라신다.

예수께서는 들음과 행함에 관해 말씀하실 때 권위와 지혜와 자유를 염두에 두셨다. 지혜로운 사람은 사물의 본질에 따라 행동하며, 이는 하나님이 말씀하신 바에 따라 행동한다는 의미다. 이것은 자유의 길이기도 하다. 지혜롭게 산다는 것은 창조 질서의 결에 따라 사는 것을 의미하기 때문이다. 물론 예수께서는 우리의 주님이시다. 하지만 그분은 우리에게 자유로워지라고 명령하신다. "그리스도께서 우리를 자유롭게 하려고 자유를 주셨으니"(갈 5:1). 그렇기 때문에 예수께서는 자신의 멍에가 쉽고 자신의 짐이 가볍다고 말씀하신다(마 11:30). 예수를 따른다는 것은 자유의 길을 나서는 것이다. 하지만 이 주장을 풀어서 설명하기 전에, 들음과 행함 그리고 제자도를 연관시키는 두 가지 중요한 본문을 생각해 보자.

로마서 2장에서 바울은, 자신이 유대인이라는 사실에, 특히 모세의 율법을 소유하고 있다는 사실에 지나치게 의존하는 유대인들에 관해 이야기한다. "하나님 앞에서는 율법을 듣는 자가 의인이 아니요 오직 율법을 행하는 자라야 의롭다 하심을 얻으리니"(롬 2:13). 여기서 바울이 율법을 행함으로써 칭의를 얻을 수 있다고 말하지 않는다는 점을 이해하는 것이 대단히 중요하다. 이것은 바울이 로마서와 갈라디아서에서 논박하는, 행위에 의한 의다. 그저 율법을 듣거나 육신에 따라 그것을 지키려고 노력하는 것으로는 충분하지 않다. 왜냐하면 모두가 죄를 범했으며, 하나님의 영광과 율법의 요구에 이르지 못했기 때문이다(롬 3:23). 여기서 "행하는 자"란 예수를 믿고 이신칭의를 통해 "율법의 요구가 이루어지게" 하며(롬 8:4), 그 결과로 그리스도 안에서 그들에게 주어진 생명의 성령의 법 때문에 율법을 행하는 사람이다(롬 8:2). 듣는 사람은 반드시 행하는 사람이어야 하지만, 이 행함은 자유로운 순종이며, 그들이 듣고 신뢰하고 믿는 바의 진리에 따라 사는 삶이다. 두 번째 본문에서는 이 점을 훨씬 더 명확하게 제시한다.

야고보서 1:22-25은 반석이나 모래 위에 집을 짓는 것에 관한 예수의 비유와 매우 유사하다. 말씀을 듣고도 행하지 않는 사람은 어리석다. 자기기만에 굴복했기 때문이다(약 1:22). 야고보는 말씀이 우리의 참된 자아를 들여다볼 수 있는 거울이라고 말한다. 이 말씀을 듣고도 행하지 않는 것은 당신의 얼굴, 곧 당신의 참된 정체성을 잊어버리는 것이다. 하나님의 말씀과 거울 사이에 무슨 연관이 있는가? 그 연관성은 이러하다. 하나님의 말씀(그분의 백성을 노예 상태에서 건져 내시는 하나님에 관한 신구약의 이야기)을 들여다보는 사람들은 자신이 실제로 '그리스도 안에' 있다는 사실을 알게 된다. 야고보는 성경이라는 거울을 "자유롭게 하는 온전한 율법"(약 1:25)이라고 부른다. 복음은 해방에 관한 이야

들음과 행함

기이기 때문이다. 성경 본문 앞에서 자신을 이해하는 이들은 자신이 그리스도 안에서만 건강(salus)과 자유를 누리는 사람임을 깨닫는다. 예수께서 말씀하셨듯이, "진리를 알지니 진리가 너희를 자유롭게 하리라"(요 8:32).

해방되었음을 듣고도 자유롭게 행동하지 못하는 이들은 자신을 속이고 있을 뿐이다. 행위 없는 믿음은 공허하다. 이와는 대조적으로, 참된 제자도는 그리스도 안에 있는 자유를 듣고 행하는 꾸준한 실천이다. 갈라디아인들에게 상기시켰듯이, 이것이 바울 복음의 핵심이었다(갈 5:1). 베드로도 비슷하게 말한다. "너희는 자유가 있으나……오직 하나님의 종과 같이 하라"(벧전 2:16). 하지만 야고보가 이를 설명하는 방식에서 놀라운 점은, 그가 말씀 안에서 자신을 보라고 강조한다는 것이다. 이는 곧 사회적 상상이 작동하는 방식이다. 사회적 상상은 "마음의 눈"(엡 1:18), 곧 일상적인 삶의 근원(잠 4:23)을 사로잡는 통제 이야기를 우리 안에 심는 방식으로 작동한다.

복음의 이야기, 곧 생명의 법을 듣고 행하는 것은 도덕적인 법을 듣고 행하는 것과는 전혀 다르다. "이는 그리스도 예수 안에 있는 생명의 성령의 법이 죄와 사망의 법에서 너를 해방하였음이라"(롬 8:2). 스스로 하나님께 인정받을 자격을 얻을 수 있을 정도로 올바른 사람이 되기 위해서 육신의 힘으로 도덕적인 삶을 살려고 노력할 때, 거기에는 자유가 전혀 없다. 야고보가 우리에게 듣고 행하라고 당부하는 말씀은 우리의 행함을 요구하기는 하지만 또한 우리를 해방시키는 말씀이다. 어떻게 그럴 수 있을까? 간단히 답하자면, 제자의 행함은 육신의 일이 아니라 성령의 일이다. "주는 영이시니 주의 영이 계신 곳에는 자유가 있느니라(고후 3:17). 말씀의 거울인 복음은 우리가 그리스도 안에서 해방되었음을 보여준다. "자유는……자신이 어떤 존재인지를 깨닫는 능력이다."[6] 그리스도인의 자유는 그리스도 안에서 자신이 어떤 존재인지를 깨닫는 능력이다. "복음적인 자유는 내가 '죄와 사망의 법'(롬 8:2)에서 해방되었다는 사실을 행동으로 실천하는 삶의 형식이다."[7] 제자도는 본질적으로 예수 그리스도 안에 있는 진리를 듣고(권위) 믿고(신뢰) 행하는(자유) 문제다.

불행히도 많은 사람들이 그들의 정체성을 보증하겠다고 약속하는 또 다른 말에 귀를 기울이거나 복음의 말에 충분히 주의를 기울이지 못하고 있다. 야고보는 듣고 행하는 사람을 "거울로 자기의 생긴 얼굴을 보는 사람과 같"다고 묘사한다(약 1:23). 여기서 요구되는 것은 무심코 쳐다보는 것이 아니라 그리스도 안에 있는 새로운 자아에 대한 성경의 묘사를 주의 깊게 고찰하고 계속해서 주의를 기울이는 것(κατανοέω)이다. 우리가 성경 본문이라는 거울 속에서 보는 것은 인간의 모습 안에 계신, 보이지 않는 하나님의 형상이신 예수이시다. 바로 이 예수께서 말하자면 살아 있는 거울로 빌라도 앞에 서 계셨다. 예수께서는 빌라도에게 "무릇 진리에 속한 자는 내 음성을 듣느니라"(요 18:37)라고 말씀하신다. 그러나 빌라도는 절반만 귀를 기울이며 "진리가 무엇이냐"(38절)라고 묻는다.

예수께서는 진리를 참되게 증언하신다. 사실 예수 자신이 하나님과 인간에 관한 하나님의 진리 주장이시다. 마찬가지로, 복음은 그리스도

들음과 행함

안에 있는 새로운 생명에 대해 참되게 증언하며, 그리스도 안에 있는 실존에 관한 진리를 말한다. 그러나 이는 명백한 진리가 아니며, 그렇기 때문에 교회는 제자를 삼으려고 할 때 끈질기게 이 진리에 주의를 기울여야 한다. 빌라도가 자신 앞에 서 있는 진리에 주의를 기울이지 못하고 그 결과 이를 기각한 것은 들음과 행함의 철저한 실패였다. 빌라도는 예수를 따르지 않고 그분을 버리고 떠난다. 그렇게 함으로써 그는 자신을 정죄했다. 진리, 곧 모든 진리의 근원이신 하나님의 권위를 인정하기를 거부했기 때문이다. 예수에 대해 바르게 판결하지 못함으로써, 빌라도는 총독으로서 자신의 일차적인 소명을 충실히 이행하지 못했다. 빌라도가 "재판석에 앉았을 때에"(마 27:19) 예수를 의롭다고 선언하는 아내의 말을 듣고도 이를 무시한 것은 특별한 역설이었다.

빌라도는 그릇된 판결을 내렸다. 로마의 사회적 상상이 그가 자신 앞에 서 있는 진리를 보지 못하게 했다. 오늘날 우리는 어떤 길이 영원한 젊음이나 건강 혹은 번영으로 우리를 이끄는지에 관해 그 어느 때보다 더 많은 주장들을 직면하고 있다. 빌라도의 시대나 우리의 시대나 권위의 문제는 "진리를 분별하고 검증하기 위한, 곧 진리를 '듣고' '행하기' 위한 기준을 확립하는 것에 관한 문제다."[8] 진리에 관한 물음을 허공에 매단 채로 내버려 둔 빌라도와 대조적으로, 제자들은 예수 안에 있는 진리, 곧 예수이신 진리(하나님과 인간과 그 둘 사이의 관계에 관한)를 듣고 행함으로써 그분께 바르게 반응한다.

예수의 참된 제자는 예수의 권위 있는 말씀을 듣는 사람인 동시에 행하는 사람이어야 한다. 예수의 말씀을 듣고 그 말씀에 순종한다는 것은 자유 안에서 진리에 반응하는 것이다. 이는 거대한 개념들이며(권위, 진리, 순종, 자유), 따라서 이를 올바르게 해석하는 일이 중요하다. '진리를 행함'이라는 성경의 두드러진 사상이 이 개념들의 문법을 해명하는 데에 도움이 된다. 목회자는 문법적으로 올바른 방식으로(곧, 성경에 따라) 말함으로써, '권위'와 '순종'을 시대에 뒤쳐져 있거나 억압적인 삶의 방식으로 이해하는 세속적인 사회적 상상으로부터 자신의 회중을 해방해야 한다. 우리는 제자들이 예수를 따를 때 육신에 대한 속박을 떠나서, 순종이 좌절이 아니라 번영으로 이어지는 성령의 자유 안으로 들어간다고 말해 주어야 한다.

오늘날 사람들은 진리를 발견하거나 선포하거나 진리에 대해 논쟁하지만, 성경이 그러는 것처럼 진리를 행함에 관해 말하는 사람은 거의 없다. "진리를 따르는 자는 빛으로 오나니"(요 3:21). 진리는 믿을 뿐만 아니라 순종해야 할 무엇이다(롬 2:8, 갈 5:7). 더 나아가 "만일 우리가 하나님과 사귐이 있다 하고 어둠에 행하면 거짓말을 하고 진리를 행하지 아니함"이다(요일 1:6). 특히 제자들은 복음의 진리를 행하거나 삶으로 실천해야 한다(야고보가 말했던 거울에 비친 얼굴을 떠올려 보라). 여기서 말하는 행함이란 의미 없이 바쁘게 일하거나 도덕적인 삶을 추구하는 것이 아니며, 심지어는 사랑의 행위도 아니다. 행함이란 처음부터 끝까지 그리스도 안에 있는 바에 대해 응답하는 것, 곧 복음의 진리에 따라 사는 것의 문제다.

우리는 복음을 선포하는 것이 무엇을 의미하는지 알고 있다. 하지만 복음의 진리를 어떻게 '행할' 수 있는가? 한편으로 복음은 일회적이며

들음과 행함

절대로 반복되지 않는 사건에 대해 선언한다. 곧, 하나님이 보배처럼 귀하게 여기는 소유물로 입양하신 하나님의 백성(입양된 자녀)과 더불어, 성부께서 성령의 능력으로 성자를 죽은 자 가운데서 다시 일으키셨다는 기쁜 소식이다. 엄밀히 말해, 우리는 복음을 '행하지' 않고 선포한다. 하지만 또 다른 의미에서 우리는 복음을 행한다. "너희가 이 떡을 먹으며 이 잔을 마실 때마다 주의 죽으심을 그가 오실 때까지 전하는 것이니라"(고전 11:26). 어쩌면 이 땅에 속한 것(옛 자아)을 죽이고 새로운 자아를 입기 위해 행하는 모든 것을 통해서, 우리는 예수의 죽음과 부활을 선포하고 이로써 복음의 빛 안에서 살아간다(골 3:1-10).

제자들은 현실을 묘사하는 (하나님 나라에 관한) 예수의 새로운 말씀을 따름으로써, 궁극적으로는 이 새로운 현실의 구체적인 예시이신 부활하신 그리스도를 따름으로써 진리를 행한다. 제자들은 철학이나 도덕규범, 정의, 포용성, 심지어는 정통을 따르도록 부르심을 받지 않았고 대신 예수 그리스도를 따르도록 부르심을 받았다. 그분은 육신이 되신 하나님의 말씀이시며 참 하나님의 형상이시고, 따라서 참 인간 됨의 본보기이시다. 그 어떤 대체물도 받아들이지 말라! 디트리히 본회퍼의 말처럼, 제자도에서는 "예수께서 유일한 주제이시다."[9] 따라서 제자들은 그분의 길을 따르고 그분의 삶을 따라 살아감으로써 진리를 행한다. "이제는 내가 사는 것이 아니요 오직 내 안에 그리스도께서 사시는 것이라"(갈 2:20). 복음이라는 거울을 의도적으로 들여다볼 때 제자가 보아야 하는 진리는 예수 그리스도의 형상 안에서 갱신된 새로운 자아라는 현실이다(고후 3:18). 하나님이 사랑하시는 아들의 나라 안에 있는 자유라는 이 새로운 현실(골 1:13)이 곧 그리스도인의 왕적 상상의 촉매제다. 제자가 된다는 것은 우리가 성경이라는 거울 안에서 본 것, 곧 예수 그리스도의 주 되심을 듣고 행하고 흠모하는 것이다.

깨어남과 걸음: 제자도의 길을 시작하고 그 안에 머물기

성경에서는 들음과 행함뿐만 아니라 깨어남과 걸음이라는 관점에서도 제자도를 설명한다. 네 가지 용어 모두 모든 계급과 문화에 속한 사람들에게 익숙하다. 따라서 예수의 사회, 곧 교회의 사회적 상상을 개혁하려고 할 때, 이 강력한 성경적 은유에 다시 한 번 주목해야 한다.

깨어남

제자는 따르는 사람이다. 우리는 사람뿐만 아니라 지시와 주장과 이야기를 따르는 것에 관해서도 말한다. 본문을 문자적으로 해석하는 일은 '말(words)이 가는 길을 따르는 것'의 문제다. 하지만 우리는 누구의 말─누구의 이야기와 누구의 사회적 상상─을 따르고 있는가?

나는 오늘날 많은 그리스도인들을 포함해 수많은 사람들이 그들을 해방하기보다는 노예로 만드는 이야기들을 따르고 있다고, 곧 그 이야기대로 살고 있다고 확신한다. 우리는 누군가의 말이 하나님에게서 온 것인지 아니면 거짓 예언자에게서 온 것인지 알아보기 위해 그 말 배후에 있는 영을 시험해 보지 않은 채 그 말을 받아들인다(요일 4:1). 우리는 모두 문화에 길들여진 양처럼 길을 잃고 방황한다. 우리는 대중적인 지혜와 정치적인 올바름을 따른다. 우리는 오프라나 초프라(혹은 둘 다)에게 무릎을 꿇었다. 나는 우리가 몽유병자처럼 살아가고 있으며, 우리가 누구의 이야기대로 살아가는지에 관해서는 그다지 주의를 기울이지 않고 이를테면 잠든 채로 실존의 운전대를 잡고 있는 것은 아닌지 걱정한다. 우리는 현실의 세계(월급과 세금, 집수리, 정치)에 관여하고 있다고 생각할지 모르지만, 사실은 C. S. 루이스가 그림자나라(shadowlands)라고 부른 것에 사로잡혀 있다. 의식이 영화라면 대부분의 시간에 어떤 영화가 상영되고 있는가? 아마도 특정한 순간에 우리의 마음속에 펼쳐지고 있는 것은 세계 뉴스나 가정의 위기, 바로 우리 앞에 있는 어떤 것, 장기적인 계획 혹은 유튜브(YouTube) 영상일 것이다.

루이스는 자신이 그리스도께로 회심한 사건을 각성으로 묘사한다. 제자도를 사람들이 전적으로 깨어나고 계속 깨어 있도록 도우려는 기획으로 설명할 수 있다. 이것은 그리스도인의 삶에서 마주하는 기회와 위험에 대해 주의를 기울이는 것을 의미한다. 예수의 제자들은 예수의 이야기에서 가장 극적인 장면을 목격하면서도 깨어 있기 힘들어했다. 예수께서는 겟세마네 동산에서 잡히시기 직전에 베드로와 다른 두 제자를 데리고 기도하러 가셨다. 하지만 그들은 잠들고 말았다. 예수께서 그들에게 이렇게 말씀하신다. "시험에 들지 않게 깨어 기도하라"(마 26:41). 그분은 다시 기도하기 위해―그분의 존재를 다 바쳐 가장 현실적인 것, 곧 하나님의 뜻에 집중하기 위해―떠나셨지만, 그분이 돌아오셨을 때 그들은 또 다시 잠들어 있었다.

참된 제자들은 세상에서 벌어지는 일과 정말로 현실적인 것, 곧 예수 그리스도의 '실재적 임재'에 대해 깨어 있으며 그것에 대해 주의를 기울인다. 성경에서 서술된 세상의 참 이야기는 하나님의 임재와 활동을 주제로 삼는다. 그러나 사회적 상상은 실제로 벌어지는 일을 서술하는 다른 이야기들로 우리를 사로잡으려 한다. 루이스는 『은의자』(*The Silver Chair*)의 한 장면에서 실재에 대해 깨어 있는 일의 중요성을 탁월하게 예증한다. 지하 세계의 여왕은 질과 유스터스와 퍼들글럼을 사로잡고 있으며, 자신의 굴 외부에 다른 세계는 존재하지 않는다고 확신하게 하려고 노력한다(플라톤의 『국가』[*Republic*]에 등장하는 동굴의 신화를 떠올려 보라). 여왕은 졸린 상태를 유도하는 조건(부드러운 음악, 희미한 조명, 기분 좋은 냄새)을 조성하고, 거짓말로 세상에 관한 거짓 이야기를 만든다. "나니아라는 나라는 존재하지 않아.……나의 세상 말고 다른 세상은 결코 존재한 적이 없어." 갑자기 퍼들글럼이 그리스도인 제자들을 자랑스럽게 만들 만한 무엇인가를 행한다. 곧 그는 발로 불을 짓밟았다. 이로써 그는 각성하게 되었고 머리가 맑아졌다. 그는 깨어났으며 마녀의 거짓말을 경계하게 되었다.

이와 비슷하게, 예수 그리스도의 제자도 갑자기 깨어난 사람들이다. 그들은 발을 불에 집어넣음으로써가 아니라, 새로운 탄생과 성령의 선물을 동반하는 위로부터 내려온 혀처럼 갈라지는 불에 의해 깨어났다(행 2:3, 또한 마 3:11 참조). 성령께서는 우리를 깨워 그리스도 안에 있는 새로운 현실의 삶, 곧 삼위일체 하나님이 무엇을 행하셨고 행하시며 행하실 것인지에 관한 이야기에 대해 각성하게 하신다. 바로 이 이야기가 엠마오로 향하는 길 위에 있는 두 제자들의 마음처럼 우리의 발이 아니

들음과 행함

라 우리의 마음을 태운다. "[부활하신 그리스도께서] 길에서 우리에게 말씀하시고 우리에게 성경을 풀어 주실 때에 우리 속에서 마음이 뜨겁지 아니하더냐"(눅 24:32).

이런 불태움이 단순한 들음(수동적인 정보 수용)과 행함으로 이어지는 들음 사이의 차이다. 신학을 하기 위해서는 올바른 교리적 입장을 분별하고 거기에 만족하는 것 이상이 필요하다. 그저 정통적인 사람이 되기 위해 무엇을 생각해야 하는지 말해 준 다음 그들이 제자가 되기를 기대하는 것은 마치 건강해지기 위해 무엇을 먹어야 하는지 말해 준 다음 그들의 체중이 감량될 거라고 기대하는 것과 같다. 마요네즈 클리닉 다이어트가 더 현실적이다. "체중 감량에 성공하기 위해서 당신은 무엇이 당신에게 성공하려는 지속적이며 불타는 듯한 욕망을 줄 수 있는지 알아내야 한다."[10] 여기서 중요한 용어는 욕망이다. 제임스 스미스(James K. A. Smith)는 그의 문화적 예전 시리즈의 첫 번째 책 『하나님 나라를 욕망하라』(Desiring the Kingdom)의 제목에 이 용어를 사용함으로써 이 점을 분명히 한다. 스미스는 특히 아우구스티누스를 따르면서, 교회(와 기독교 대학)를 향해 제자도에서 지성에 초점을 맞추기를 중단하고 마음에—그리고 무엇이 그것을 욕망으로 불타오르게 하는지에—더 주의를 기울이라고 촉구한다.

스미스는 테일러의 사회적 상상에 관해 잘 알고 있으며, (그의 주장에 따르면) 아우구스티누스 역시 그러하다. "우리의 궁극적인 사랑은 우리가 생각하는 잘 사는 삶에 대한 그림에 의해 방향이 정해지며 그 그림을 지향한다."[11] 스미스는 단순히 생각과 세계관을 바꿈으로써 제자를 길러 낼 수는 없다는(혹은 체중을 감량할 수 없다는) 것을 바르게 이해한다. 그는 사람들을 사회화하여 그들이 교회의 육체적인 삶 속으로, 또한 대안적인 사회적 상상 속으로 들어가게 함으로써 행동 양식을 바꾸기 원한다. 나도 이를 원한다. 우리는 상상력이 제자 삼는 일의 핵심 요소라는 점에 동의한다. 그러나 우리는 단지 기독교의 예전적 실천에 참여함으로써가 아니라 성경의 정경적 실천과 기독교 교리에 참여함으로써, 곧 그 안에서 살고 그것을 행동으로 옮김으로써 제자가 된다(딤전 4:16을 보라).

상상력은 인지적인 능력(일종의 사유)이며, 그렇기 때문에 예수께서는 이야기를 들려주심으로써 가르치셨다. 마찬가지로, 성경과 신학을 배우기 위해서도 상상력이 필요하다. 나는 상상력을 경향을 파악하고 부분을 그것에 의미를 부여하는 전체와 연결하는 능력으로 정의한다.[12] 우리가 이야기를 의미가 있으면서 동시에 강력한 것으로 경험하게 해 주는 것은 바로 상상력이다. 제자들이 배워야 하는 것은 그저 개별적인 예전적 실천이 아니라 성경을 통일된 이야기, 곧 우리의 상상력(우리의 폭넓은 사유와 우리 마음의 욕망)을 사로잡는 이야기, 따라서 우리가 그 안에서 살기를 원하는 이야기로 읽을 수 있게 하는 정경적 습관이다.[13] 성경을 신학적으로 상상력을 통해 하나님이 그리스도 안에서 성령을 통해 무엇을 행하시는지에 관한 이야기로 읽을 때, 비로소 우리는 그 거울 안에서 우리의 참 자아를 보고 느낄 수 있게 된다. 우리가 참으로 어떤 존재인지(은혜에 의하여 그리스도 안에 있는 하나님의 가정으로 입양되었으며, 그리스도와 함께 공동 상속자가 되었음을[롬 8:17]) 깨달을 때, 비로소 우리의 참된 정체성(하나님의 자녀와 작은 그리스도들)에 부합하는 존

들음과 행함

재가 되고 싶은 불타는 욕망이 생겨난다.

걸음

하나님이 "우리를 흑암의 권세에서 건져 내사 그의 사랑의 아들의 나라로 옮기셨"음을(골 1:13) 깨닫기 위해서는 상상력이 필요하다. 이 나라가 예수와 함께 임했으며, 그리스도 안에 있는 모든 사람은 그분의 왕국과 통치의 일부다. 제자들은 이 왕국의 현실에 대해 각성해야 하며, 계속해서 깨어 있어야 하고, 그런 다음 그 안에서 걷기 시작해야 한다. 이는 첫째로 그들이 그리스도와 연합되어 있으며 그들이 '그리스도 안에' 있다는 현실에 대해 깨어 있음을 의미한다. 실제적인 의미에서 예수께서는 그분의 부르심의 실체이시다. 예수 안에서 제자들은 세상으로 침입한 하나님의 나라, 곧 그리스도 안에서 도래한 하나님의 통치를 경험했다. 하나님에 의해 부르심 혹은 택하심을 받았다는 것은 왕국의 목적을 위해 선택받았다는 의미다. "그것은 운동에 참여하라는 명령이다. 이 운동은 예수 안에서 이미 진행 중인 더 큰 하나님의 운동, 곧 하나님의 오심이라는 운동과 연결된 운동이다."[14]

제자가 되기 위해서는 운동해야 한다. 제자들이 운동할 수 있는 것은 그보다 선행하는 부르심과 각성에 의해서라는 점을 잊지 않는 것이 중요하다. 존 웹스터(John Webster)는 이렇게 설명한다. 예수를 따른다는 것은 "새로운 운동을 시작하는 것이 아니라, 우리보다 선행하며 우리를 사로잡아 그 안으로 끌어들이는 운동에 참여하는 것이다."[15] 이 "운동" 이란 우리의 삶을 통해 예수의 삶을 뒤따라가는 것이다. 이를 위해서는 믿음과 행동, 곧 신체적인 움직임이 필요하다. 한마디로 말해 걷기가 필요하다. 들은 후에 행하듯이 깨어난 후에 걷는다. 예수께서는 제자들에게 침상을 들고 걸어가라고(요 5:8) 말씀하시지 않고 침대에서 나와 걸으라고 말씀하신다. 바울은 에베소인들에게 그들이 하나님이 만드신 작품이며 "그리스도 예수 안에서 선한 일을 위하여 지으심을 받은 자니 이 일은 하나님이 전에 예비하사 우리로 그 가운데서 행하게 하려 하심이니라"(엡 2:10)라고 말한다. 제자는 평생 예수를 뒤따라 걷는 학습자다.

사도행전에서 여섯 번 사용된, 기독교 공동체를 지칭하는 이름 가운데 하나는 "도"(행 9:2, 19:9; 23, 22:4, 24:14; 22)이다. 그 배경은 아마도 두 길, 곧 어리석은 "악인들의 길"과 지혜로운 "의인들의 길"을 대조하는 구약의 말씀일 것이다(시 1:6). 신약에서는 바울도 삶과 죽음(롬 6:4), 지혜로움과 어리석음(고전 1:18-31), 빛과 어둠(엡 5:8), 믿음과 봄(고후 5:7), 선한 일과 죄(엡 2:1-2, 10)처럼 대조적인 길이라는 관점에서 그리스도인의 삶을 묘사한다. 예수 그리스도를 따른다는 것은 "하나님의 의"(롬 3:21)이신 그분의 도에 속해 있다는 것이다. 물론 그 도 안에서 걷지 않으면서 그 도에 속할 수는 없다. 걷기는 문화를 초월한 인간의 실존이며, 개인적인 삶의 방식(삶의 궤적이라는 표현을 생각해 보라)과 사람 사이에 있는 상호 작용(길이나 순례의 동반자라는 말을 떠올려 보라)을 묘사하려고 할 때 성경이 사용하는 핵심 이미지 가운데 하나다. 한 사람의 '걸음'은 그 사람이 사는 방식을 가리킨다. 하나님은 그분의 백성에게 "내 앞에서 행하여 완전하라"(창 17:1, 또한 시 119:1 참조)라고 요구하신다. 이스라엘의 비극은 기록된 하나님의 길, 곧 율법을 가지고 있

들음과 행함

었음에도 불구하고 그 나라의 왕 대부분이 이전 왕들의 길을 걸어 악을 행했다는 것이다(예를 들어, 왕상 15:3을 보라).

예수께서는 자신을 따르는 이들에게 어둠이 아니라 빛 안에서 걸으라고 말씀하신다(요 8:12). 예수께서는 빛이시며(요 9:5), 따라서 "그의 안에 산다고 하는 자는 그가 행하시는 대로 자기도 행"해야 한다(요일 2:6). 예수께서는 "주의 빛과 주의 진리를 보내시어 나를 인도하시고"(시 43:3)라는 시편 기자의 간구에 대한 응답이시다. 예수께서는 "길이요 진리요 생명"(요 14:6)이시기 때문이다. 사도 요한은 "택하심을 받은 부녀와 그의 자녀들"(요이 1:1)—지역 교회와 그 교회의 교인들—에게 보내는 편지에서 절묘한 표현을 사용하면서, 이 교인들이 진리 안에서 행한다는 소식을 듣고 기뻐하고 있다고 두 번이나 말한다(요이 1:4, 요삼 1:4). 진리 안에서 행한다는 것은 복음의 진리, 곧 그리스도의 위격과 사역 안에서, 그리고 그것을 통해 시작된 새로운 현실이라는 진리와 부합하는 방식으로 사는 것을 의미한다. 이 진리는 모든 교인이 "양자의 영"(롬 8:15)과 "그리스도의 영"(롬 8:9)을 받은 하나님의 자녀이며, 따라서 그리스도의 몸의 지체들을 분열시키는 윤리적, 계급적 구분은 더 이상 존재하지 않는다는 것이다(갈 3:28). "만일 우리가 성령으로 살면 또한 성령으로 행할지니"(갈 5:25). 진리 안에서 걷는다는 것은 성령의 능력으로 이 진리에 대한 지식에 비추어 살아가는 것이다.

미국의 보건 복지부(Department of Health and Human Services)에 따르면 신체 활동은 "국가의 건강을 향상하기 위한 핵심 요소다."[16] 2008년에 보건 복지부에서는 "미국인을 위한 신체 활동 지침"을 발표하면서,

1주일에 150분 이상 활기차게 걷는 것과 같은 적당한 강도의 활동을 추천했다. 요즘에 유행하는 '하루에 1만 걸음 걷기'를 지지하지는 않지만 그것과 일맥상통한다. 신체적인 걷기가 그러하듯이, 한 사람의 '걷기'는 그가 내리는 수백, 수천 개의 선택으로 이루어져 있다. "너희가 섬길 자를 오늘 택하라"(수 24:15). 우리가 걷는 모든 걸음은 우리 자신의 길을 따르든, 예수 그리스도의 도를 따르든 결정의 결과이다. 그리스도인의 제자도는 그리스도와 함께하는 여정이다. 기독교의 도는 긴 거리를 걷는 사람의 길, 곧 같은 방향을 향한 오랜 순종(a long obedience in the same direction, 유진 피터슨이 쓴 『한 길 가는 순례자』의 원제이기도 하다―옮긴이)이다. 이 길에서 우리는 날마다 우리가 내딛는 발걸음마다 예수를 따르며 진리(그분 안에 있는 우리의 새로운 생명)와 부합하는 길 안에서 살기로 결단한다.

제자 삼기란 사람들이 예수 그리스도의 도를 걷도록 돕는 단계적인 과정이다. 이를 위해서는 그 도에 다가가고, 그다음에 그 도를 걷기 시작해야 한다. 성경과 교리는 그 도 위에 머물기 위해 필요한 소중한 도로 표지판이자 가드레일이다. 성경과 교리는 복음적인 상상이라고 부를 만한 것, 곧 복음에 의해 생성되고 통제된, 현실에 관해 사유하는 방식을 형성하도록 도와준다. 제자들이 복음적인 상상을 놓칠 때 잘못 디딜 위험에 빠지고 만다. 이처럼 잘못 내디딘 걸음의 어처구니없는 예로는, '할례당'(예루살렘에서 온 유대주의자들)이 안디옥에 나타났을 때 베드로가 이방인들과 함께 식사하기를 거부함으로써 "복음의 진리를 따라 바르게 행하지"(갈 2:14) 않았던 경우를 들 수 있다. 복음의 진리는 유대인도 헬라인도 없다는 것이지만(갈 3:28), 베드로는 자신의 행동으로 이 진리를 부인했다. 그가 진리를 행하지 못했던 까닭은, 적어도 한동안은 그의 상상력이 복음에 의해 통제되지 않은, 하나님과 세상에 관한 이야기에 사로잡혔기 때문이다. 예수께서 만드시기 위해 죽으셨던 새로운 현실을 부인하는 방식으로 산다는 것은 결코 사소한 문제가 아니다. 베드로가 걸음을 잘못 내디뎠을 때 이는 위선, 곧 제자도의 실천 없는 신앙 고백으로 이어졌다. 바울은 정면으로 베드로에게 맞섰고, 그런 다음 성경과 교리를 통해 그를 바로잡았다(갈 2:15-21).

◊

이제 우리는 이 책의 제목과 표지 그림을 더 잘 이해할 수 있게 되었다. 여기서 중요한 것은 "과"(and)라는 접속사와 오르막길이다. 행함에는 걷기가 포함되며, 걷기에는 오르기가 포함된다. 나는 8년 동안 에든버러 대학교에서 가르치면서 걸어서 출근했다. 나는 출근길에, 특히 미들 메도우 워크(Middle Meadow Walk)라는 긴 비탈길을 오를 때에 절대로 다른 보행자를 추월하지 않는 것을 철칙으로 삼았다. 그때처럼 건강한 적이 없었다. 에든버러는 언덕이 많은 도시지만 지금 나는 중서부의 평원 지대에서 살고 있다.

나처럼 평지에 사는 사람들을 위해 1983년부터 '계단 오르기 운동 기구'를 만들어 온 스테어마스터(StairMaster)라는 운동 장비 회사가 있다. 스테어마스터를 사용하면 걸을 뿐만 아니라 비탈길을 오를 수도 있다. 이 회사는 수많은 제품을 내놓고 있는데, 그중에서 내가 가장 좋아하는 제품은 여덟 계단이 계속 회전하는 기구로서 말하자면 계단을 올라가는 전동 운동 기구다. 이 제품에 포함된 LCD 창에는 명소 도전 프로그램이 들어 있으며, 이를 사용해 사용자는 자유의 여신상과 에펠 탑, 타지마할 등 세계 곳곳의 유명 구조물 꼭대기까지 올라갈 수 있다.

걷기는 특정한 길을 따르기 위해 우리가 해야 하는 활동일 뿐만 아니라 그 자체로 운동의 한 형식이기도 하다. 사도 바울도 이 점에 동의한다. "푯대를 향하여 그리스도 예수 안에서 하나님이 위에서 부르신 부름의 상을 위하여 달려가노라"(빌 3:14). 이것이 바로 바울이 불타는 욕망을 가지고 있던 "한 일", 곧 그의 활동에 동기를 부여한 바로 그것이었다. 그러므로 그는 "내 주 그리스도 예수를 아는 지식이 가장 고상하"다고 말한다(빌 3:8). 제자도의 움직임은 '위를 향한' 움직임이다. 왜냐하면 하나님이 "그리스도 안에서 하늘에 속한 모든 신령한 복을 우리에게 주"셨기 때문이다(엡 1:3).

제자도는 더 높은 실존의 자리에 이르기까지 '위를 향해' 걷는 일이지만, 이 자리는 이 땅보다 더 높은 곳에 있지 않다. 결국 예수께서도 이 땅에서 걸으셨으며, 하나님의 뜻이 "하늘에서 이루어진 것같이 땅에서도 이루어지이다"(마 6:10)라고 기도하라고 제자들을 가르치셨다. 하나님의 뜻이 하늘에서 이루어진 것처럼 땅에서 그분의 뜻을 행한다는 의미는 이 땅이 마치 하늘인 것처럼, 곧 하나님께서 임재하시는 공간이자 하나님이 다스리시는 영역인 것처럼 이 땅 위에서 걷는다는 말이다. 우리는 "성령을 따라"(갈 5:16) 행해야 하며, 그 성령이 계신 곳에 자유가

들음과 행함

있다. 예수께서는 한때 인기 있었던 "예수라면 어떻게 하실까?"(What would Jesus do?, WWJD) 팔찌가 보여주듯 우리의 도덕적인 본보기가 아니라 자신과 같은 종류의 인류의 시초, 곧 우리가 그 안에서 새로운 자아를 발견하는(엡 4:24, 골 3:10) "새사람"(엡 2:15)의 시초이시다. 위로 올라가는 계단은 제자도의 종말론적인 본질을 시각적으로 설명하려는 시도이며, 다음 장에서 이 주제를 다룰 것이다. 여기서는 진리 안에서 걷는다는 것이 더 높은 차원에서 사는 일을 의미한다고 말하는 것으로 충분하다. 왜냐하면 우리는 "함께 하늘의 부르심을 받"았기 때문이다(히 3:1). 나는 교회의 공동체적인 삶 자체가 하나님 나라의 비유라고 생각한다. 우리는 그리스도와 함께 하늘에 앉아 있기 때문에(엡 2:6) 땅에서 그분처럼 걸을 수 있다.

교회는 몸이며 제자들은 걸어야 한다. 그러나 제자들은 신체적인 건강 이상의 어떤 것, 더 나아가 건강 프로그램과 연관된 전인적인 건강 이상의 무엇인가를 추구한다. 지금까지 살펴보았듯이, 건강이라는 그림이 우리의 건강 문화를 사로잡고 있다. 역설적인 것은 우리가 신체적인 건강에 몰두하기 때문에 교회가 몸으로서 건강을 잃어버리고 있다는 사실을 간과하게 되었다는 점이다. 육신의 몸에 훈련이 부족할 때 그 몸의 상태가 나빠지고 만다. 그리스도의 몸인 교회 역시 마찬가지다. 교회에 훈련이 부족할 때 그리스도의 몸은 거룩함을 잃어버리고 만다. 곧, 목적에 대해 부적합하게(unfit) 되고 사명을 완수할 수 없게 된다.

『들음과 행함』은 교인들 개개인과 교인들의 공동체를 향해 몸을 만들라고 촉구한다.

제자도를 위한 교리

언제나 영적인 형성이 이루어지고 있다. 문화와 사회는 그리스도 안에 있는 삶이 아니라, 문화적인 조건에 따라 만들어진 건강에 관한 그림이 규정한 다양한 생활 방식을 따르는 제자들을 길러 내는 일에 몰두하고 있다. 그러나 앞에서 살펴보았듯이, 건강 자체를 정의하는 일이 너무나도 어려우며, 그렇기 때문에 미군에서는 목적에 합당한 건강함에 관해 이야기한다. 군대의 상황에서 목적은 전쟁이었다. 총체적 병력 건강이라는 개념이 더 전인적이기는 하지만, 기본 훈련의 배후에 자리 잡고 있는 기본적인 사상은 군인들을 다양한 차원에서 훈련해 임무를 효율적으로 최대한 안전하게 수행할 수 있는 사람으로 만드는 것이다.

신학은 목적에 합당하게 건강한 제자를 길러 내는 일에 기여함으로써 교회를 섬긴다. 그러나 그 목적은 엄밀히 말해 군사적인 목적이 아니다. 베드로는 로마 군인들이 예수를 체포하러 왔을 때 좋은 전투 본능을 보였다. 그러나 예수께서는 그에게 "칼을 칼집에 꽂으라"

들음과 행함

(요 18:11)라고 말씀하셨으며, 나중에 빌라도에게 "내 나라가 이 세상에
속한 것이었더라면 내 종들이 싸"웠을 것이라고 말씀하신다(요 18:36).
그분의 나라는 이 세상에 속해 있지 않다. 오해하지 말라. 예수께서도
목적에 합당한 건강함이라는 관점에서 제자도를 바라보셨다. 제자도가
주제인 누가복음 9장에서 예수께서는 그분을 따르는 사람이 되고 싶
다고 말하는 세 사람을 만나신다. 마침 그들이 걸어가는 사이에 대화가
이루어진다. 걷기는 제자도의 핵심 개념이다. 예수께서는 그들 모두에
게 제자도에 관한 짧은 교훈을 주시지만, 현재의 논의와 가장 연관성이
높은 것은 세 번째 사람에게 주신 교훈이다. "손에 쟁기를 잡고 뒤를 돌
아보는 자는 하나님의 나라에 합당하지 아니하니라"(눅 9:62). 손에 쟁
기를 잡는다는 것은 농부가 일을 시작한다는 말이지만, 뒤를 돌아본다
는 것은 주의가 산만해져서 일에 집중하지 못한다는 사실을 의미하며,
아마 그 결과로 밭고랑이 굽게 될 것이다.

바로 이 점이다. 예수의 제자들은 하나님 나라의 전령과 대표자로 행
동할 수 있을 때 목적에 합당하게 건강하다고 말할 수 있다. 인간은 원
래 이 땅에서 하나님의 부왕(副王)이자 대표자가 되도록 그분의 형상으
로 창조되었으며, 피조물을 가꿀 책임을 부여받았다. 그와 비슷하게, 제
자들은 하나님의 형상이신 분, 곧 예수 그리스도의 형상으로 재창조되
었다(거듭났다). 하나님의 나라를 세우려는 목적에 합당하게 건강하기
위해서 제자들은 그들의 왕을 닮아 가야 한다. 하나님의 나라를 대표하
는 목적에 합당하게 건강하다는 말은 그리스도를 닮아 가는 것을 의미
하며, 앞에서 살펴보았듯이 이는 다시 천상의 영역에 앉아 계신 그리스

도 안에 있는 새로운 피조물을 이 땅에서 구현할 수 있음을 의미한다. 제자들은 하나님 나라의 도래를 위해 싸울 수 있을 때가 아니라 자신의 존재 전체로 그 나라가 이미 임했음을 증언할 수 있을 때 왕국의 목적에 합당하게 건강하다고 말할 수 있다.

건강의 함양과 시민의 시민화

제자도는 모든 곳에서, 모든 사람 앞에서, 그리고 언제든지 예수를 따르라는 부르심, 곧 소명이다. 우리가 내딛는 모든 발걸음이 걷기의 일부이며, 우리가 걷는 방식이 우리가 누구인지를 규정한다. 신학은 교회가 예수를 따라 걸으며 그분과 그분의 나라를 대표하는 목적에 합당하게 건강한 제자들을 길러 내도록 도움으로써 교회를 섬긴다. 제자도에는 개인적인 차원과 공동체적인 차원이 존재한다. 제자들은 목적에 합당하도록, 거룩함에 합당하도록, 복음 안에 있는 시민권에 합당하도록, 그리고 그리스도의 몸인 교회를 세우기에 합당하도록 건강해야 한다. "너희도 산 돌같이 신령한 집으로 세워지고"(벧전 2:5). 아우구스티누스는 이 신령한 집을 하나님의 도성에 비유한 일로 유명하다. 하나님의 도성이란 지상 도성의 시민들을 특징짓는 자기애가 아니라 하나님에 대한 사랑에 의해 구별되는 천상의 도성이다.

바울은 "우리의 시민권은 하늘에 있는지라"(빌 3:20)라고 말하며, 이는 이 논의의 핵심 주장으로 이어진다. 곧, 제자 삼기는 궁극적으로 개인을 복음의 시민으로 살도록 준비시키는 것에 관한 문제다(빌 1:27,

또한 엡 2:19 참조). 고대 그리스에서 "체육관의 공식적인 목적은 폴리스의 목적에 합당하게 건강한 시민과 군인을 길러 내는 것이었다."[1] 아리스토텔레스(Aristoteles)는 시민의 의무가 공동선을 위해 일하는 것이라고 보았으며, 일상의 삶을 아우름으로써 사적인 삶을 공적인 삶으로부터 분리할 수 없게 해야 한다고 생각했다.[2] 오늘날 우리는 시민을 폴리스(도시)의 일원일 뿐만 아니라, 한 사람이 그 안에서 권리를 누리고 책임을 맡은 국가의 구성원이기도 하다고 이해한다.

좋은 시민이 되기 위해서는 법을 지키는 것과 같이 공동선을 위한 책임을 적극적으로 이행해야 한다. 고대 그리스와 로마에서 시민권은 엘리트 집단을 위한 것이었지만, 근대 민주주의 국가에서는 거의 모두가 시민이 될 수 있다. 여러 해 전 E. D. 허쉬(Hirsch)는 『문화를 이해하는 능력』(Cultural Literacy)이라는 책을 썼다. 이 책의 제목은 "무엇을 위해 알아야 하는가?"라는 물음을 불러일으킨다. 허쉬는 이렇게 답한다. "문화를 이해한다는 것은 현대 세계 안에서 번영하기 위해 필요한 기본 정보를 습득하는 것이다."[3] 문화를 이해하는 능력의 핵심은 미국의 실험, 곧 미국의 민주주의라는 사회적 실험에 참여하는 유능한 참여자가 되기 위해 알아야 하는 바를 배우는 것이다. 허쉬는 미국인들이 미국 사회에서 제 역할을 하기 위해서 알아야 하는 것들("핵심 지식")이 있다고 주장한다.

나는 아리스토텔레스와 허쉬의 통찰을 결합해 이를 제자 삼는 일의 책무에 적용할 것을 제안한다. 목회자-신학자는 성경을 읽고 교리를 공식화하면서 유능한 복음의 시민들을 형성하며, 따라서 어떤 의미에서 그들을 '시민화'한다(civilize, 이 단어는 "시민과 관계가 있는"이라는 뜻을 지닌 라틴어 civilis에서 왔다). 우리가 추구하는 것은 정경적이고 신학적인 이해력, 한마디로 교리 교육(catechesis)이다. 신학자는 교리 교사이며, 교리문답은 창조와 타락으로부터 십자가와 완성에 이르기까지 성경의 이야기를 요약하고 설명하는 훈련 지침이다. 그렇게 함으로써 교리문답은 제자들에게 그들이 효과적인 복음의 시민이 되기 위해 알아야 하는 바(핵심적인 기독교 지식)를 알려 준다. 달리 말하면, 우리는 제자들에게 성경과 교리를 가르침으로써 그들이 예수를 따르는 법을 배우도록 돕는다. 참된 제자는 목적에 합당하도록 건강해지기 위해, 곧 폴리스를 위하고 좋은 복음의 시민이 되기 위해, 그리고 그들이 속한 거룩한 나라의 가치를 구현하고 그 아름다운 덕을 선포하기에 합당한 사람이 되기 위해 배운다(벧전 2:9).

다른 신학자들도 교리가 제자를 삼는 일에 기여한다는, 교리 교육에 관한 핵심적인 통찰에 관해 지적해 왔다. 이런 주제를 다룬 책 가운데 하나는 매우 적절한 제목을 가지고 있는 키스 존슨(Keith Johnson)의 『제자도로서의 신학』(*Theology as Discipleship*)이다. 이 책에서 그는 핵심적인 기독교 교리를 배우는 일이 "우리가 삼위일체 하나님의 삶에 참여하는 방법 가운데 하나"라고 주장한다.[4] 이 책에서는 몇 가지 교리를 살펴보면서, 각각의 경우 신학을 배우는 일이 어떻게 제자도를 풍성하게 하며, 그리스도에 대한 신실한 순종이 어떻게 신학에 대한 배움을 가능하게 하는지를 보여준다. 이 관점에서는 신학 자체가 예수를 따르는 방식이며 제자도의 한 형식이다. 그는 사회적 상상이라는 용어를 사용하지는 않지만, 큰 그림과 제자의 상상력을 사로잡는 일의 중요성을 잘 알고 있다. "성경은 우리가 피조물의 현실과 역사의 참된 본질을 이해할 수 있게 해준다. 우리의 핵심 과제 가운데 하나는 본문이 서술하는 역사 안에서 우리의 자리를 발견함으로써 올바르게 현실에 참여하는 법을 알아내는 것이다."[5] 6장에서 나는 비슷하게 주장하면서, 교리가 구속의 드라마에 참여하기 위한 지침이라고 설명할 것이다. 마지막으로 존슨은 제자들이 그리스도를 배울 수 있도록 돕는 한에서만 신학이 가치가 있다고 올바르게 주장한다. "제자의 핵심적인 책무 가운데 하나는 예수의 빛 안에서 모든 것—하나님의 영원한 존재의 본질로부터 창조 질서 전체와 우리 자신의 삶에 이르기까지—을 이해하려고 노력하는 것이다. 왜냐하면 '그 안에는 지혜와 지식의 모든 보화가 감추어져 있'기 때문이다(골 2:3)."[6]

트레빈 왁스(Trevin K. Wax)의 책 『종말론적 제자도』(*Eschatological Discipleship*) 역시 신학을 제자 삼는 수단으로 이해하지만, 그는 특히 하나의 교리, 곧 종말론에 초점을 맞춘다. 종말론은 마지막 때를 다룬다. 제자도의 과제 가운데 하나가 오늘 예수 그리스도를 따른다는 것이 무엇을 의미하는지 깨닫는 것이라면, 지금이 어떤 때인지를 아는 것이 중요해진다. "제자도는 성경에 기록된, 세상과 세상이 어디로 가고 있는지에 관한 더 큰 이야기에 근거를 두고 있다."[7] 실제적인 의미에서 역사의 종말(장차 올 하나님의 나라)이 이미 예수의 부활을 통해 역사 안으로 파고들어 왔다. 따라서 그리스도인들은 "그 미래에 속한 백성"이다.[8] 예수께서는 바리새인들이 지금이 어떤 때인지 알지 못한다고 책망하셨다. "하나님의 나라는 너희 안에 있느니라"(눅 17:21).

『종말론적 제자도』에서는 하나의 특정한 교리를 사용해서 오늘날 예수 그리스도를 따른다는 것이 무엇을 의미하는지에 관해 두터운 설명을 이끌어 낸다. 우리가 살고 있는 시대를 이해하려고 할 때, 우리는 시간과 역사 그리고 진보에 관한 경쟁적인 이야기와 관념들에 대조를 이루는 성경의 이야기에 주의를 기울인다. 오해해서는 안 된다. 모든 사회적 상상—진보의 신화, 신다윈주의, 마르크스주의, 트랜스휴머니즘(transhumanism), 소비주의(그들의 이름은 군대다)—에는 종말론, 곧 인간의 이야기가 어떻게 끝날 것이며 종말과 관련해 우리가 어디에 와 있는지에 관한 의식이 포함되어 있다.[9] 따라서 그리스도를 따르는 이들은 교회가 어떤 역사의 일부이며 그 역사 안에서 우리가 어디에 있는지 이해해야 한다. 바울은 로마에 있는 교회에 보내는 권면의 편지를 마무리하면서 종말론적인 제자도의 대헌장이라고 할 수 있는 글을 남겼다. "또한 너희가 이 시기를 알거니와 자다가 깰 때가 벌써 되었으니 이는 이제 우리의 구원이 처음 믿을 때보다 가까웠음이라"(롬 13:11). 자신이 성경의 이야기 안에서 어디에 있는지 알게 된 제자들은 미래에 대해 설박한 생각을 가지고 있지만 불안해하지는 않을 것이다.

나는 신학이 성경을 잘 읽고 교리가 설명하는 새로운 현실(그리스도 안에 있음) 속으로 들어가 그 안에서 살아갈 수 있는 제자들을 길러 냄으로써 교회를 섬길 수 있음을 보여주려는 모든 시도를 환영한다. 제자들은 자신이 그리스도 안에 있음을 이해해야 할 뿐만 아니라 그리스도의 마음을 가져야 한다(고전 2:16, 또한 빌 2:5 참조). "만약 그리스도를 통해 하나님을 알고 있다면……우리는 겸손과 다른 이들에 대한 자기희생적인 사랑의 행위를 실천함으로써 그리스도처럼 살아야 한다."[10] 다시 말해, 우리는 우리가 복음의 시민이라는 사실을 삶으로 보여주어야 하며, 이를 위해서 하나님을 알지 못하는 사람들, 곧 "그들의 총명이 어두워지고 그들 가운데 있는 무지함과 그들의 마음이 굳어짐으로 말미암아 하나님의 생명에서 떠나 있"는 사람들(엡 4:18)과 다르게 살아야 한다. 뿐만 아니라, 이 어둠의 시민들은 "자신을 방탕에 방임하여 모든 더러운 것을 욕심으로 행"한다(19절). 그러나 바울은 "너희는 그리스도를 그같이 배우지 아니하였느니라"(20절)라고 말한다.

제자는 그리스도를 배우고 있는 사람이다. 이것은 천문학과 역사, 물리학 그리고 철학을 다 합친 것보다 더 야심찬 주제다. 왜냐하면 그리스도는 하나님의 계획의 정점이며, 하늘과 땅의 모든 것을 모으는 장소로서 하나님의 지혜의 완성이시기 때문이다(엡 1:10). 따라서 그리스도를 배우기 위해서는 성경이 어떻게 그분 안에서 통일되며 그분께 초점을 맞추고 있는지 알아야 한다. 제자도를 위해서는 성경 해석이 필요하며, 성경 해석은 제자도의 한 형식이다(곧, 성경의 핵심이 하나님의 말씀이신 그리스도라는 사실을 알아 가는 것이다). 그리스도를 배운다는 것은 성경을 그분의 위격과 사역에 대한 증언으로 읽는 법을 배우는 것이다. 바르게 읽기 위해서는 사도적인 전통의 보고인 교리를 배워야 한다(살후 2:15). 또한 바르게 읽기 위해서는 현재의 맥락에서 그분을 따른다는 것이 무엇을 의미하는지 배워야 한다. 성경과 교리를 통해 제자를 삼는 것의 핵심은, 예수 그리스도의 복음의 시민권에 합당한 삶을 살기

위해 그리스도께로 인도하는 말씀을 따르는 것이다.[11]

젊은이와 장년을 위한 신학적 코어 운동: 복음의 시민을 위한 성경 이해력

예수께서는 수많은 비유를 사용해 하나님 나라를 설명하셨다. 나는 그저 그분의 발자취를 따라 수많은 현대의 은유, 곧 신체적(몸 만들기), 의료적(건강), 정치적(시민권) 은유를 사용해 제자 삼는 과정을 설명하고 있다. 이 세 가지 이미지 모두 성경적인 근거를 가지고 있다고 주장할 수 있다. 이 연속성은 제자 삼는 일에서 상상력을 변화시키는 것의 중요성을 보여준다. 듣는 사람을 행하는 사람으로 만들기 위해서는 지성뿐만 아니라 상상력에도 호소해야 한다. 제자를 삼기 위해서 목회자-신학자는 "모든 생각을 사로잡아"야 하며(고후 10:5), 여기에는 회중의 사회적 상상을 사로잡는 일이 반드시 포함되어야 한다.

나는 이 책에서 은유를 계속해서 사용할 것이다. 이것은 듣는 이들을 격려하여 행하는 이들이 되게 하는 한 방법이다. 특히 나는 여러 가지 은유를 사용해서 너무나도 자주 그리스도인의 삶에 아무런 기여도 하지 못한다고 비난받는—그리하여 이제는 진부하게 느껴지는, 신학교[seminary]와 공동묘지[cemetery]에 대한 말장난이 생겨났다—신학의 책무와 공헌에 대해 논할 것이다. 제2부에서는 주로 성경을 신학적으로 읽는 것이 제자를 삼는 일에서 어떤 역할을 하는지에 초점을 맞출 것이다. 결국 성경은 교회의 상상력을 사로잡아야 하는 이야기일 뿐만 아니

들음과 행함

라 그리스도인의 자유를 통제하는 권위 있는 헌법이기도 하다. 제자를 삼는다는 것은 사람들에게 성경을 이해하는 법을 가르쳐 그들이 복음적인 시민권이라는 목적에 부합하는, 하나님의 도성의 효과적인 주민과 대표자가 될 수 있게 하는 것이다. 따라서 이 책은 성경을 바르게 듣고 읽기 위한 지침일 뿐 아니라 성경을 바르게 행하기 위한 훈련 교범이다. 이 훈련의 목표는 제자들을 훈련해서 현재의 익숙하고 오래된 세상 안에서 사는 동안에도 성경의 낯설고 새로운 세상 안에서 걸어 다닐 수 있게 하는 것이다. 이것은 듣는 이들과 행하는 이들, 그리고 신실하게 예수 그리스도를 따르는 이들과 그분의 도 안에서 우리를 인도하는 말씀의 신실한 해석자들을 훈련하는 목회자의 지침서다.

성경을 이해하는 능력: 모든 그리스도인 시민이 알아야 할 것

성경을 바르게 읽는다는 것은 어제와 오늘의 하나님의 백성들과 더불어 그들을 위해 성경을 하나님의 말씀으로 읽는 것을 의미한다. 이것은 얼핏 듣기보다 훨씬 더 급진적이다. 200년 이상 성경은 학계에서 대학의 문서, 곧 다른 어떤 역사적 자료에 접근할 때와 같은 방식으로 연구할 수 있는 문서로 취급되어 왔다. 다시 말해, 교회의 성경은 죽었고 (마이클 러개스피[Michael Legaspi]의 도발적인 표현을 사용하자면) 그 대신 학계의 성경이 등장했다.[12]

현대 학계에서 성경 연구는 '성경학'으로 알려진 대체로 세속적인 학문이 되고 말았다. 성경학자들은 성경 연구에 대해 고백적이기보다는 비판적인 접근 방식을 취하며, 후대의 신학 사상을 본문에 부과하지 않으려고 매우 조심한다. 목표는 원래의 역사적 저자와 독자를 위한 의미를 확인하는 것이며, 적어도 구약과 관련해 이것은 예수 그리스도를 논의에서 배제하는 일을 의미한다. 물론, 성경학에 참여하는 개별 학자는 그리스도인일 수도 있다. 그러나 대체로 그들은 세속적인 학자들과 동일한 도구를 사용해 자신의 보수적인 입장을 주장해야 한다.

이런 상황이 반작용, 말하자면 "내 백성이 믿음을 세우는 방식으로 성경을 읽도록 하라"라는 식의 운동(근대의 비판적인 연구로부터의 '출애굽')을 촉발했다. 성경을 하나님의 백성과 더불어 그들을 위해 신학적으로 읽는다는 것은, 본문 배후에 있는 역사적 저자들이 하나님에 관해 무엇을 생각했는지를 발견하려는 학자의 관심이 아니라, 하나님의 말씀을 듣고, 그분을 믿으며, 그분이 말씀하시는 바를 행하고, 이로써 그분을 더 닮으려는 성도의 관심을 가지고 성경을 읽는 것을 의미한다. 한마디로 말해, 성경을 신학적으로 읽는다는 것은 학문 분과라기보다는 교회 제자도의 한 과목이다. 성경을 신학적으로 읽는 목적은 복음의 시민과 목적에 합당하게 건강한 제자, 곧 그리스도를 따르고 언제 어디에서 누구에게든 그분의 마음을 구현하는 사람으로서 효과적으로 기능하기 위해 필요한 핵심 지식을 갖추고 있는 사람을 길러 내는 것이다. 따라서 여기서는 성경을 신학적으로 읽는 것에 관해 일곱 가지 예비 논제를 제시하려고 한다.[13]

첫째, 성경을 인간 저자와 신적 저자 모두를 지닌 책으로, 따라서 그것을 살아서 역사하는 하나님의 말씀으로 보지 않는 한, 우리는 성경의 본질과 기능을 충분히 이해할 수 없다. 성경을 성경으로 대하는 사람들

들음과 행함

은 그 책의 궁극적인 저자인 성부와 그 책이 증언하는 성자, 그리고 그 책에 영감을 주셨으며 그 책을 조명하시는 성령으로부터 성경을 분리해서는 안 된다. 성경을 신학적으로 읽기 위해서는 인간 저자가 지닌 인간성을 전적으로 인정할 뿐만 아니라, 하나님이 소통하시는 행위가 지닌 우선성을 인정해야 한다. 성경이 (1) 당시 독자들을 향한 (2) 하나님의 말씀이라는 명제는, 초기 그리스도인 모두가 암묵적으로 채택했던 가장 중요한 두 전제를 포착한다.

둘째, 성경의 신학적인 본질을 이해하기 위해서는 본문을 '자연적인 역사'만을 지닌 문서로 취급하는 방법론적 무신론을 거부해야 한다. 성경은 다른 책들과 비슷하기도 하고 다르기도 하다. 다른 책들과 같이 성경에는 저자들이 있다. 그러나 다른 책들과는 달리, 그 일차적인 저자는 하나님이시다. 성경을 참된 본질에 따라 인간의 말로 기록된 하나님의 말씀으로 읽기 원하는 사람들로서, 우리는 성경 본문을 삼위일체 하나님의 소통 행위로부터 분리하지 않도록 조심해야 한다. 성경을 읽는 것은 피조물로서 우리가 하나님과 맺은 언약적인 관계의 일부이며, 따라서 (죄와 거듭남, 성화, 종말론과 같은) 그 관계를 다루는 교리들도 읽는 행위에 영향을 미친다.

셋째, 신학적인 해석자들은 성경에 서술된 역사적인 사건을 삼위일체 하나님의 경륜에 의해 통제되는, 통일된 이야기를 구성하는 요소로 이해한다. 성경의 저자들은 성령의 영감을 받아서 궁극적으로 하나님이 저자이신 일련의 통일된 사건을 증언하는 증인이다. 인간의 역사에서 성자와 성령의 선교지에 속하지 않는 영역은 한 치도 없다.

넷째, 구약과 신약이 한분이신 참 하나님 및 동일한 구속의 이야기를 증언하기 때문에, 성경을 신학적으로 읽는다는 것은 정경적인 맥락에서 읽는 것을 의미한다. 성경은 '자연적인 역사'를 가지고 있지만, 동시에 신적 저자의 '완전한 작품'으로서 그 자체의 맥락을 이루고 있다. 신구약을 통일하는 하나님의 의도에 초점이 맞추어지는 것은 특히 정경의 차원에서다. 바로 이 정경의 차원에서 우리는 성경의 주제가 하나님의 언약적 신실하심의 역사임을 이해할 수 있다. 그것은 하나님이 어떻게 아담과 노아, 아브라함, 모세, 다윗 등에게 주신 약속을 지키시는지에 관한 이야기다.

다섯째, 성령이 교회를 모든 진리 가운데로 인도하실 것이라고 예수께서 제자들에게 약속하셨기 때문에, 오늘날 성경을 읽는 이들은 성경 읽기의 공교회적인 전통을 건전하게 존중하는 태도로 읽어야 한다. 성경을 신학적으로 읽는다는 것은 성도의 교제 속에서 읽는 것을 의미한다. 예를 들어, 우리는 신앙의 규칙을 개발하고 유지했던 성경 비평 이전의 독자들(교부와 개혁자들) 덕분에 신구약의 통일성에 관한 통찰을 얻게 되었다. 이러한 신앙의 규칙은 이전의 사건과 인물들을 이후에 나타날 그리스도의 위격과 사역의 양상에 대한 징조로 해석하는 예표론적 독해의 규칙을 만들어 냈다. 이 점에 관해서는 7장에서 자세히 다룰 것이다.

여섯째, 성경 해석의 목적은 단순한 소통(communication)—정보의 공유—이 아니라 교제(communion), 곧 하나님의 빛과 생명 그리고 사랑 안에서의 나눔이다. 하나님의 말씀은 업신여김을 받지 않는다. 우리

들음과 행함

는 그것을 통제할 수 있다고 생각할지도 모르지만, 그것은 "살아 있고 활력이 있어" 우리를 환히 비추고 우리 "마음의 생각과 뜻을 판단"한다 (히 4:12). 또한 우리 마음에 할례를 베풀고, 우리의 마음을 새롭게 하며, 우리를 변화시킨다(롬 12:2). 우리의 사명을 새롭게 하고 우리의 습관을 개혁하기 위해서는 성경 읽기의 실천을 회복해야 한다. 성경을 신학적으로 읽는다는 것은 독자가 본문을 이해하려고 노력하는 과정일 뿐만 아니라 영적인 형성의 문제이기도 하다. "하나님은 성경에 기록된 말들을 사용하셔서 그분의 소통과 임재의 도구로 삼으시며, 이 과정을 통해 성경의 말들이 거룩해진다. 그 목적과 본질적인 대상은 하나님이 거룩한 백성을 형성하시는 것이다."[14]

일곱째, 교회는 신학적인 해석의 좋은 습관이 가장 잘 형성되고 그 습관의 열매가 가장 잘 드러나는 공동체다. 성경의 목적은 하나님과의 사귐 및 서로와의 사귐을 촉진하는 것이다. 하나님은 교회에게 이를 촉진하는 공동체가 되라고 말씀하신다. 교회는 그 나름의 특이한 관심을 가지고 있는 또 하나의 해석 공동체가 아니라, 그 자체가 하나님이 그분의 말씀과 성령을 통해 새로운 생명을 나누어 주시는 하나님이 정하신 맥락이다. 엄밀히 말해, 성경이 그 삶과 생각과 실천을 다스리고 형성하는 공동체를 떠나서는 성경을 이해할 수 없다.

이 일곱 가지 논제는 제자들이 신학적으로(곧 하나님이 의도하신 대로, 하나님의 말씀을 의로 교육하기 위한 지침서로 삼는 방식으로[딤후 3:16]) 성경을 읽을 수 있도록 돕기 위해 목회자가 알아야 하는 바를 제시한다. 이제 훈련을 시작하자.

건강해지기

2006년의 어느 토요일 아침에 데이비드 레딩(David Redding)과 팀 휘트마이어(Tim Whitmire)는 남성들을 위한 최초의 엄격한 체력 훈련 프로그램을 개최했으며, 이를 통해 이제는 전국적인 단체가 된 F3(건강[Fitness], 사귐[Fellowship] 그리고 믿음[Faith])이 시작되었다. 어떤 의미에서 F3은 크로스핏(CrossFit)과 십자가(cross)를 결합했다고 말할 수도 있다. 물론 두 단체 모두 종교와 같은 열성으로 잘 알려져 있다. F3의 사명은 "남성의 공동체 리더십에 활력을 불어넣기 위해 남성들을 위한 작은 운동 모임을 세우고 자라게 하고 섬기는 것"이다.[15] 이른 아침에 열리는 운동 모임은 무료이며, 누구에게나 열려 있고, 꽤 강도가 높으며, 야외에서 이루어지고, 참가자들이 돌아가며 인도한다. 각 모임은 '신뢰의 고리'(Circle of Trust, 그들의 웹사이트에는 용어 해설 항목이 있다)가 되고, 각 회원은 '행동하는 남성'(Man of Action)이 되며, 함께 'F3 네이션'(F3 Nation)을 이룬다.

2장에서 우리는 얼마나 많은 미국인이 특정한 다이어트나 훈련 프로그램을 받아들이는 것을 대가로 몸의 이미지를 투시하며, 건강을 약속하는 건강 문화에 사로잡혀 있는지 살펴보았다. 또한 건강에 관한 관심이 "무슨 목적을 위한 건강인가?"라는 중요한 후속 질문을 촉발한다는 점도 살펴보았다. 이 물음에 답하는 방식이 삶의 의미와 근본적인 욕망에 대한 그 사람의 그림을 통제하는 사회적 상상에 관해 많은 것을 말한다. 마지막으로 우리는 이중적인 역설에 대해 살펴보았다. 한편으로, 상상력이 육체적인 건강의 이미지에 사로잡혀 있는 많은 사람들이 정작 스스로는 건강하지 않다. 다른 한편으로, 많은 그리스도인들은 그리스도의 몸(지역 교회들)의 건강을 위해 노력하기는커녕 관심조차 기울이지 않고 있다. 문제를 해결하는 방법은 건강하고 싶은 욕망 안에 있는 좋은 점을 인정하면서, 적절하게 기독교적인 목표(곧, 그리스도의 몸을 세우는 일을 포함하는, 목적에 맞게 건강한 제자를 길러 내려는 목표)로 방향을 다시 잡는 것이다. 이것은 제자들이 복음의 시민권을 삶으로 실천하는 한 방법이다.

들기만 하는 사람이 아니라 행하는 사람이 된다는 것은 우리의 몸이 계속 움직일 수 있어야 한다는 의미다. 수동적이거나 앉아 있으려고만 하거나 게으른 몸은 특정한 외부의 힘, 아마도 대중문화의 교리라는 압도적인 바람에 의해 움직일 위험이 있다. 교회는 그리스도의 몸이며, 그 핵심(제자들의 공동체와 믿음의 군대)이 특징적인 몸의 움직임, 곧 복음을 증언하고 복음의 하나님을 예배하며 몸의 건강을 유지하고 사랑의 일을 행하는 것을 가능하게 한다. 이런 운동을 수행하기 위해서, 그리고 그 힘이 작동하고 계속 움직이게 하기 위해서 교회는 그 핵심에 주의를 기울여야 한다. 한마디로 교회에는 신학적인 운동, 곧 거룩함의 훈련이 필요하다. 나는 다양한 방식으로 목회자-신학자를 설명하지만, 여기서 내가 제시하려는 은유는 영적 건강 훈련자(spiritual fitness trainer)라는 은유다. 제자를 삼는다는 것은 지역 교회가 (하나님 나라의 대사관이자 그리스도의 군대로서의 역할을 수행할 수 있게 하는) 특징적인 신체 운동을 수행할 수 있도록 남자와 여자들을 훈련하는 일을 의미한다.

목적에 합당한 제자들을 길러 내거나 훈련하기 위해서는 특정한 종류의 운동이 필요하다. 나는 육체적인 건강을 위한 신체 운동뿐만 아니라 피아노 연주를 위한 손가락 연습, 군사 훈련 그리고 교과서 각 장의 마지막에 실린 연습 문제처럼 특정한 기술을 향상하기 위한 모든 종류의 행동을 염두에 두고 있다. 이 책에서 다루는 특정한 기술이란, 모든 생각과 상상력이 그리스도께 사로잡혀 그리스도의 도를 걷고 그분을 더욱 닮아 가기 위해 성경을 신학적으로 읽는 것이다.

물론 그리스도인의 삶을 일련의 훈련으로 보는 일은 전혀 새롭지 않다. 가장 잘 알려진 예는 고전이 된 16세기의 책 『영신 수련』(*Spiritual Exercises*)이다. 이그나티우스 로욜라(Ignatius of Loyola)는 이 책에서 예수를 따르는 사람으로서 하나님과 관계를 맺으며 살아가는 일이 무엇을 의미하는지에 관한 기도와 묵상을 모아 놓았다. 이것은 신체적인 훈련이 아니라 내면적인 훈련이다. 이 훈련의 목적은 근육이 아니라 마음, 곧 사도 바울이 우리의 "속사람"(롬 7:22, 엡 3:16)이라고 부른 것을 강화하는 것이다. 한 사람이 지닌 영혼의 건강을 유지하고 향상하려고 할 때 추천하는 훈련이다. "우리는 모든 무질서한 집착을 제거하도록 영혼을 준비시키며 그렇게 각오하게 만들고……우리 삶에서 하나님의 뜻을 구하고 찾는 모든 방식을 영신 훈련이라고 부른다."[16] 궁극적인 목적은 마음을 하나님께 맞추고 모든 것 안에서 하나님을 찾는 것이다.

이 훈련에서 중요한 한 가지 부분은 자신의 '영', 곧 우리 행동의 내적인 동기를 분별하는 법을 배우는 일이다. 로마 가톨릭 신학자인 한스 우르스 폰 발타자르(Hans Urs von Balthasar)는 '선택'에 대한 강조가 이그나티우스 훈련의 핵심에 자리 잡고 있다고 믿는다. 이 훈련의 핵심은

들음과 행함

사람들이 하나님의 마음과 자신의 마음이 지향하는 방향을 분별하여, 기쁘게 순종하는 마음으로 자신을 위한 하나님의 선택을 택할 수 있도록 돕는 것이다.[17]

C. S. 루이스는 이그나티우스주의자는 아니지만 제자의 삶에서 '선택'이 핵심이라는 데에 관심을 기울였다. 이에 관해 조 리그니(Joe Rigney)는 이렇게 설명한다. "매일 매 순간 당신은 선택에 직면한다. 다시 말해, 하나님을 당신 삶의 중심으로 삼을 것인지 아니면 다른 무엇인가를 중심으로 삼을 것인지에 직면한다."[18] 현실(우리가 사는 세상, 존재하는 유일한 세상, 하나님이 창조하신 세상)은 언제 어디에서 누구에게나 피할 수 없는 양자택일의 선택을 요구한다. 한분이신 참 하나님(예수 그리스도의 아버지)이든, 돈이나 섹스, 명성, 권력 혹은 다른 무엇이든(그들의 이름은 군대다) "너희가 섬길 자를 오늘 택하라"(수 24:15). 제자도를 위해서는 선택이 존재한다는 사실을 깨달아야 하며, 올바르게 선택할 수 있을 정도로, 곧 순종하고 이로써 예수처럼 참 자유를 실천할 수 있을 정도로 예수 그리스도의 주 되심에 대해 깨닫고 그 깨달음을 유지해야 한다.[19]

이그나티우스의 수련은 결국 예수회 사제들을 위한 훈련의 핵심 요소가 되었다. 그러나 팀 멀둔(Tim Muldoon)은『이그나티우스 운동』(*The Ignatian Workout*)에서 영적인 건강이 성직자만을 위한 것이라고 생각하는 건 오해라고 지적한다. 이 책은 '영적 운동' 프로그램을 시작하기 원하는 21세기 로마 가톨릭 교인들을 위한 책이다. 저자가 서론에서 설명하듯이, "이 책은 육체적으로 건강해지는 것과 비슷한 방식으로 영성 실천을 이해한다. 우리는 신체적인 건강에 대한 이해로부터 '영적인 건강'에 관해 많은 것을 배울 수 있다."[20] 그가 제시하는 네 가지 근본 원리는 다음과 같다. 첫째, 찬양과 경외와 섬김 위에 당신의 삶을 세우라. 둘째, 당신의 영원한 행복에 초점을 맞추라. 셋째, 외적인 것에 대한 관심을 제쳐 두라. 넷째, 당신을 창조하신 목적에 부합하는 존재가 되기를 갈망하라. 이런 운동 가운데 하나는 '지도자 따르기'이며, 그 핵심은 왕이신 그리스도의 종인 동시에 그분의 형상으로서 우리의 소명을 이해하는 것이다. 또 다른 운동은 '그리스도와 함께 걷기'로서, 그 핵심은 십자가의 길을 따르는 것이다. 나는 F3에 관해 충분히 알지 못하기 때문에, 그 최종적인 결과가 제자들을 거룩한 나라로 만드는 것인지 확실히 말할 수는 없다.[21] 그러나 나는 크로스핏(곧, 십자가를 닮은) 제자들을 길러 내겠다는 비전은 훌륭하다고 생각한다. 교회가 건강에 관심을 기울이는 일이 중요한 까닭은 미적이거나 심리 치료적인 혹은 군사적인 이유 때문이 아니라 제자를 삼기 위해서다. 몸의 건강은 제자의 총체적인 건강의 일부이지만, 복음적인 시민권을 실천한다는 목적을 지향할 때만 그러하다. 나는 예수께서 그분의 제자들에게 날마다 자기 십자가를 지고 그분을 따르라고 하셨을 때(마 16:24, 눅 9:23), 무거운 통나무를 실제로 들어 올릴 수 있는지에 관해 말씀하셨다고 생각하지 않는다. 오히려, 그들의 삶 속에서 그분의 이야기를 실천하라고 권면하셨다고 생각한다. 그것을 행하는 일을 가리켜 나는 성경을 형성적인 기독교 성경으로 읽는 신학적 운동이라고 부른다.

들음과 행함의 다이어트

이 책에서는 제자 삼는 일의 가장 중요한 방법 가운데 하나가 그들이 떡으로만 사는 것이 아니라 "하나님의 입으로부터 나오는 모든 말씀으로"(마 4:4) 사는, 듣는 사람이자 행하는 사람으로서 성경을 바르게 읽도록 훈련하는 일이라고 주장한다. 예수께서는 베드로에게 "내 양을 먹이라"(요 21:17)라고 명령하시면서 아마도 제자도에 관해 말씀하셨을 것이다. 하나님의 말씀은 정말로 우리를 자라게 한다. "내가 주의 말씀을 얻어먹었사오니 주의 말씀은 내게 기쁨과 내 마음의 즐거움이오나"(렘 15:16, 또한 겔 3:1-3 참조). 하나님의 말씀을 먹는다는 것은 맛을 보거나 한 조각 먹어 보는 일 이상을 의미한다. 그것을 양식으로 삼고 그것을 소화하는 일을 의미한다. 유진 피터슨은 성경을 흡수하고 들이마셔서 그것이 우리의 모든 숨구멍으로 스며들게 하라고 그리스도인들에게 촉구한다. 성경이 우리가 기준으로 삼고 살아가는 이야기가 되기를 원한다면, 우리는 성경 안에 자신을 흠뻑 적셔야 한다. 피터슨은 영적인 읽기에 관심을 기울인다. "이것은……음식이 우리의 위장으로 들어가듯이 우리의 영혼으로 들어가고, 우리의 피를 통해 퍼지며, 거룩함과 사랑과 지혜가 되는 읽기다."[22] 내가 말하는 것도 그와 비슷하지만, 나는 그것이 하나님 중심적이라는 점을 강조하기 위해 신학적 읽기라고 부르는 편을 선호한다. 성경을 바르게 읽는 신학적 훈련의 핵심은 하나님의 백성이 듣고 행하는 이들로서 하나님의 말씀을 읽는 법을 배우는 것이다. 성경을 신학적으로 읽음으로써, 제자들은 (개인적으로) 하나님의 도성을 세우는 동시에 (공동체적으로) 하나님의 도성이 될 수 있다.

피터슨의 지적처럼 읽기를 묘사하는 성경의 가장 놀라운 은유는 책을 먹는 선견자 요한이다. "내가 천사의 손에서 작은 두루마리를 갖다 먹어 버리니"(계 10:10). 피터슨의 책 『이 책을 먹으라』(*Eat This Book*)의 제목은 이 본문에서 가져온 것이다. 이것은 읽기뿐만 아니라 종말론적인 제자도를 묘사하는 매혹적인 그림이다. 선견자 요한이 먹은(읽은) 것이 성경이며, 그것이 소화되었을 때 신진대사가 일어나, 하나님의 아들이 만유의 주로서 만물 안에 계시는 때에 관한 묵시론적 전망을 담은 계시록이 되었기 때문이다(고전 15:28 참조).

물론 목회자가 제자들에게 곧바로 계시록을 읽게 한다면 이는 지혜롭지 못한 일일 것이다. 거듭난 지 얼마 되지 않은 사람에게는 고기가 아니라 젖이 필요하다. "갓난아기들같이 순전하고 신령한 젖을 사모하라. 이는 그로 말미암아 너희로 구원에 이르도록 자라게 하려 함이라"(벧전 2:2). 젖, 곧 신학의 ABC를 배워야 할 자리가 있다. 하지만 바울은 고린도인들에게 더 심오한 교훈을 가르치기를 갈망했다. "내가 너희를 젖으로 먹이고 밥으로 아니하였노니 이는 너희가 감당하지 못하였음이거니와"(고전 3:2). 보통은 제자들이 더 성숙한 독자가 될 거라고 예상한다. 그러나 히브리서 저자는 자신의 독자들이 "듣는 것이 둔하"다고 말한다(히 5:11). 계속해서 그는 이렇게 말한다. "때가 오래되었으므로 너희가 마땅히 선생이 되었을 터인데 너희가 다시 하나님의 말씀의 초보에 대하여 누구에게서 가르침을 받아야 할 처지이니 단단한 음식은 못 먹고 젖이나 먹어야 할 자가 되었도다. 이는 젖을 먹는 자마다 어린아이니 의의 말씀을 경험하지 못한 자요. 단단한 음식은 장성한 자의 것이니 그들은 지각을 사용함으로 연단을 받아 선악을 분별하는 자들이니라"(히 5:12-14).

저자는 예수께서 "멜기세덱의 반차를 따른 대제사장이라"(히 5:10)라고 가르치는 맥락에서 이렇게 책망한다. 그는 독자들이 성경을 충분히 이해하지 못해서 이 교훈에 필수적인 (예표론적) 연관성을 파악하지 못할까 봐 두려워한다. 마치 도스토예프스키를 읽기 위해 「맥거피 독본」(McGuffey Readers, 19세기 중엽에서 20세기 중엽까지 널리 사용된 학년별 읽기 교과서 시리즈다)으로 되돌아가야 하는 것과 같다. 멜기세덱과 예수 사이의 연관성을 이해하기 위해 읽는 능력을 기른다는 것은 우리 상상력의 근육을 한계치까지 수축하는 일을 의미한다. 성경을 잘 읽는 사람은 일상생활과 복음을 연결하는 은유도 잘 활용할 수 있다.

이 책을 먹으라. 다른 다이어트와는 달리, 우리가 하루에 얼마나 많은 성경을 소화할 수 있는지에 관해서는 아무런 제한도 없다. 믿음의 사람들이 성경의 이야기를 자신이 기준으로 삼고 살아가는 이야기(그들의 사회적 상상과 개연성의 구조)로 만들기 위해서는 그들에게 신학적인 훈련이 필요하다. 내가 여기서 제안하는 신학적 성경 읽기 훈련은 다른 사람들이 말했던 바에 기초하며 그것을 아우른다. 특별히 나는 최근에 나온 세 권의 책을 언급하려고 한다.

성경 읽기 연구소(Institute for Bible Reading, IBR)는 전례 없이 많은 사람들이 성경 읽기를 포기하고 있음을 보여주는 여론 조사 결과와, 성경을 계속 읽고 있는 사람들도 그것을 의미 있게 이해하는 데 어려움을 겪고 있다는 인식에 대한 대응으로 설립되었다. IBR에 따르면, 교인의 87퍼센트가 "교회로부터 가장 필요로 하는 것은 성경을 깊이 이해하는 데 필요한 도움이다"라고 말한다.[23] IBR의 선임 이사인 글렌 파우(Glenn Paauw)는 『우리 자신에게서 성경을 구해 내라』(*Saving the Bible from Ourselves*)에서 이 문제를 요약하고 그 해결책을 제시한다. 그는 성경의 장절 구분(장과 절, 소제목 그리고 주석으로 나누어진 것)을 넌지시 지적하면서, 대부분의 사람들이 성경을 읽는 대부분의 시간 동안에 "작은 읽기가 큰 읽기를 압도하고 있다"고 걱정한다.[24] "작은 읽기"는 더 큰 서사적 맥락에서 떼어 낸 단편적인 조각에 대한 희미한 맛보기(고깃덩어리가 아니라 젖 한 모금)다. "성경 안에는 너무나도 많은 사람들이 그토록 바라지만 아직 발견하지 못한 영적인 음식이 있다."[25] 따라서 성경이 더 이상 문화를 형성하는 힘으로서 제구실을 하지 못하는 것도 놀랍지 않다. 특히 파우는 성경을 읽는 사람들 중에서 "성경이 찾아보면 답을 발견할 수 있는 간편한 인생 지침서라는 잘못된 개념을 받아들이는" 경우가 많다고 안타까워한다.[26]

파우에 따르면, 이 문제에 대한 해결은 성경 읽기가 어렵다는 점을 인정하는 일로부터 시작한다. 도서관을 들이마시기보다는 증거 본문을 삼키기가 더 쉽다. 하지만 성경은 도서관, 곧 여러 다른 종류의 책들로 이루어진 통일성 있는 장서다. 우리에게 필요한 것은 성경의 본질에 부합하는 읽기 습관이며, 이는 성경을 개별 구절로 이루어진 가공된 매너깃으로 받아들이는 대신 유기적으로(그 본래의 문학적인 형식에 따라) 읽는 것을 의미한다. 파우가 주창하는 "큰 읽기"에는 성경을 잘 읽고 잘 살아 내는 것이 포함되며, 이는 예수 그리스도의 이야기에 비추어 우리

들음과 행함

자신의 삶의 이야기를 이해하는 일이 포함된다. 이것은 제2부에서 다룰 훈련이다.

많은 사람들이 성경을 개인적으로 혼자서 읽는다. 파우는 이런 습관이 올바른 읽기가 개인적인 적용을 위한 것이라는 (잘못된) 전제를 부추긴다고 주장한다. "개인주의적으로 성경을 읽을 때, 새로운 공동체의 삶을 형성하려는 성경 전체의 지배적인 관심사를 무시하게 된다."[27] 우리는 "이 성경 본문이 우리의 공동체적인 삶에 어떤 의미가 있는가?"라고 물어야 한다.[28] 그리고 이 점은 내가 언급하려는 두 번째 책인 브라이언 라이트(Brian J. Wright)의 『예수 시대의 공동체적 읽기』(*Communal Reading in the Time of Jesus*)와 연결된다. 이 책은 초기 그리스도인들의 독서 습관에 대한 획기적인 연구서다.

고대 세계에서는 공동체적인 읽기가 이전에 학자들이 파악했던 것보다 훨씬 더 흔했던 것으로 보인다. "주후 1세기 로마 제국에서 공동체적인 읽기 행사는 널리 퍼져 있는 현상이었다."[29] 다양한 계층과 사회적인 계급 및 교육 수준에 있는 사람들이 본문이 낭독되는 것을 들음으로써 본문을 경험하고 본문에 참여했다. 성경 자체가 핵심적인 증거를 제공한다. "내가 이를 때까지 읽는 것과 권하는 것과 가르치는 것에 전념하라"(딤전 4:13). "이 편지를 너희에게서 읽은 후에 라오디게아인의 교회에서도 읽게 하고 또 라오디게아로부터 오는 편지를 너희도 읽으라"(골 4:16). "내가 주를 힘입어 너희를 명하노니 모든 형제에게 이 편지를 읽어 주라"(살전 5:27). 한 교회 안에서 교인의 99퍼센트가 문맹이더라도, 글을 읽을 수 있는 한 사람이 나머지를 위해 큰 소리로 낭독하기만 하면 되었다. 교부 테르툴리아누스(Tertullianus)의 말처럼 "우리는 하나님의 책을 읽기 위해 만난다."[30] 라이트는 그 도가 자라고 확대된 것은 대체로 이런 공동체적 읽기 행사를 통해서였다고 주장한다. "공동체적인 읽기가 이해를 도와주었기 때문에 강력한 제자도의 도구가 되었다."[31]

라이트에 따르면, 그리스도인들은 "자신이 다른 이들과 더불어 그리스도를 닮아 가기 위해서" 공동체적으로 성경을 읽었다.[32] 결국 주인을 닮아 가는 것이 제자도의 목적이며, 그렇기 때문에 바울은 빌립보인들에게 "너희 안에 이 마음을 품으라. 곧 그리스도 예수의 마음이니"(빌 2:5)라고 권면한다. 그리스도의 마음을 품는다는 것은 하나님이 세상을 새롭게 하기 위해 무엇을 행하시는지에 관한 이야기에 참여하려는 동일한 확신과 성향과 열심을 품는 일을 의미한다. 한마디로 그것은 기독교적인 지혜를 갖추는 것이다.

이 점은 내가 언급하려는 세 번째 책인 드 발 드라이든(J. de Waal Dryden)의 『지혜의 해석학』(A Hermeneutic of Wisdom)과 연결된다. 그는 성경을 잘 읽기 위해 성경이 무엇인지를 알아야 한다면, 성경이 "특정한 방식으로 하나님의 백성을 형성하기 위해, 곧 특정한 헌신과 신념, 욕망 그리고 행동을 길러 내기 위해", 혹은 지금 이 책에서 사용하는 용어로 표현하자면 제자를 삼기 위해 기록된 지혜 문헌임을 알아야 한다고 말한다.[33]

성경이 정말로 제자들을 지혜롭게 하여 구원에 이르게 하고 복음의 시민으로 살 수 있게 하는 책이라면, "현재 우리가 성경을 읽는 전략과

들음과 행함

비판적인 방법론이 역사적인 재구성을 위해서는 탁월하게 사용될 수 있지만, 지혜라는 목적 지향성을 무시하고 대체로 해체한다"는 진단은 그저 놀라울 뿐이다.[34] 아니, 충격적이다. 지혜를 형성하기 위한 방법은 잠언을 단편적으로 읽는 것이 아니다. 이런 전략은 여전히 본문을 파편화하기 때문이다. 대신, 제자의 성경적인 상상으로서 기능하며 경외와 사랑과 찬양 속에서 살아가는 삶의 방식을 만들어 내는 성경의 큰 그림(창조와 타락, 구속 그리고 완성이라는 전망)을 이해하는 것이다. 그러나 모든 것이 성경 해석으로부터 시작되며, 오랫동안 성경 해석학까지도 아는 사람과 알려지는 대상이라는 근대적인 이미지에 사로잡혀 있다.[35] 제자를 삼는 이들이 나아가야 할 방향은, 성경의 본질에 부합하는 읽기 전략을 추구하고 그것의 형성적인 의제를 인식하는 것, 곧 성경이 우리의 가장 심층적인 확신과 욕망과 실천을 복음과 일치되도록 개조하려는 목적을 지닌 하나님의 말씀임을 깨닫는 것이다.

◊

모든 사람은 다른 누군가의 제자다. 우리는 모두 플라톤(그리스 철학)으로부터 (포춘 쿠키 안에 들어 있는 문구처럼) 상투적인 말에 이르기까지 누군가의 말을 따르고 있다. 우리 모두가 건강에 대한 누군가의 전망과 이상 그리고 관념을 들이마시고 있다. 성경을 신학적으로, 곧 하나님께로 인도하는 하나님에 의한 하나님의 가르침으로써 읽는 것이 우리를 사로잡고 있는 그림들, 곧 소비주의, 인본주의, 트랜스휴머니즘, 허무주의, 실존주의, 도덕주의, 과학주의 등 마음과 정신의 모든 우상으로부터 해방될 수 있다는 최선의 소망이다. 성경을 신학적으로 읽는다는 것은 독자를 도덕적이며 영적이고 지혜롭게 하는 형성에 이르게 하는 방식으로 교회 안에서 함께 성경을 읽는 것을 의미한다.

성경을 신학적으로 읽는다는 것은 필요한 때에 필요한 장소에서 문화적인 흐름에 기꺼이 맞서려는 태도를 의미한다. 그것은 어려운 오르막길이지만, 올라가는 그 길에 기쁨이 있다. 지금까지 나는 제자도에 대한 하나의 전망, 곧 그것이 무엇을 의미하며 왜 중요한지에 관한 그림을 제시했다. 지금까지의 논의를 통해, 영적인 형성이 당신의 교인들에게 이미 일어나고 있으며, 그런 형성이 그들을 그리스도가 아닌 다른 어떤 이미지와 일치시키려는 노력임을 확신하게 되었기 바란다. 그러므로 제2부에서는 반격 계획, 곧 그리스도를 위해 제자의 상상력을 재탈환할 계획을 제시하려고 한다.

이어지는 장들에서는 성경이 무엇이며 무엇을 위한 것인지에 관한 전망을 제시함으로써 제자 삼는 법을 더 자세히 논할 것이다. 특히 하나님 중심적인 사회적 상상을 강화함으로써 교회의 영적 건강을 향상하기 위한 구체적인 제안을 내놓을 것이다. 나는 이런 구체적인 제안을 목적에 합당한 제자들을 길러 내기 위한 '코어 운동'이라고 부른다. 육체적인 건강을 위해서는 코어 운동이 대단히 중요하다. 지역 교회라는 몸도 마찬가지다. 이 운동은 신학적 성경 읽기의 특정한 측면이나 '핵심' 교리, 곧 제자들이 유능한 복음의 시민이 되기 위해 알아야 하는 바와 밀접한 관계가 있다. 구체적으로, 이 운동의 목적은 제자의 '핵심'과 그리스도의 몸인 교회의 '핵심'을 강화하는 것이다.

'코어'(core)란 사과나 배와 같은 어떤 것의 가장 안쪽에 자리 잡고 있는 부분을 지칭한다. 이 영어 단어는 아마도 "마음"을 의미하는 라틴어 cor나 프랑스어 coeur에서 유래했을 것이다. 핵물리학의 맥락에서 이 말은, 연료를 담고 있으며 반응이 일어나는 반응기의 내부를 가리킨다. 컴퓨터 하드웨어의 맥락에서 코어는 프로세서가 연결되어 하나의 통합된 작동 센터를 형성하는 곳을 의미한다. 육체적인 건강의 맥락에서 코어는 신체적인 움직임의 토대가 자리 잡고 있는 곳을 지칭한다. 마찬가지로, 제자나 교회라는 몸의 코어는 가장 중요한 내부 공간, 곧 기본적인 성향과 욕망을 담고 있으며 모든 행동의 근원이 되는 공간이다.

코어는 몸의 지원 구조의 핵심적인 부분이다. 그렇기 때문에 코어는 우리가 깨어 있는 시간의 대부분을 차지하는 일상적인 활동, 곧 서거나 앉거나 돌거나 걷거나 들어 올리거나 들고 가는 행동뿐만 아니라, 피아노를 치거나 음식을 요리하거나 수술을 집도하거나 고장 난 화로를 수리하는 것처럼 더 복잡한 활동을 수행하는 데 필요한 기본적인 움직임에도 필수적이다.

앉아서만 지내는 생활 방식은 활동적이지 않은 코어의 원인이 되며, 코어가 약해지면 일상적인 책무를 수행하기가 더 어려워진다. 코어는 골반과 복부와 등 근육이 다리와 팔을 움직이기 위한 축의 역할을 하는 척추를 떠받칠 수 있게 한다. 코어가 약해졌다는 경고 표시는 나쁜 자세다. 바울은 좋은 자세와 목적에 합당한 건강함이 지니는 중요성을 잘 알고 있었다. "그러므로 하나님의 전신 갑주를 취하라. 이는 악한 날에

너희가 능히 대적하고 모든 일을 행한 후에 서기 위함이라"(엡 6:13).

　사도 바울이 알고 있었듯이, 교회라는 몸은 많은 지체로 이루어져 있으며 우리에게는 모든 지체가 다 필요하다. "이와 같이 우리 많은 사람이 그리스도 안에서 한 몸이 되어 서로 지체가 되었느니라"(롬 12:5, 또한 엡 3:6; 4:25; 5:30, 골 3:15 참조). 하지만 바울은 움직임을 조율하고, 신체의 움직임을 가능하게 하기 위해 근육과 관절과 신경이 함께 일할 수 있게 하는 데에 코어가 얼마나 중요한 역할을 하는지는 알지 못했을지도 모른다. 움직이는 능력이 없다면 우리는 행동하는 능력도 잃어버리고 만다. 따라서 코어는 인간의(또한 교회의) 활동에 필수적이다.

　그러므로 이제부터 제안하는 핵심 운동은 벌하기 위한 것이 아니라 재생시키기(그리고 회복시키기) 위한 것이다. 이것은 단순히 에너지를 소비하는 것이 아니라 새롭게 하는 운동이다. 신학적인 운동이란 제자들이 그리스도를 더 닮아 가고, 복음의 시민으로서 살아갈 수 있으며, 하나님의 도성을 대표하고 세워 가는 목적에 합당하게 건강해지도록 만들기 위해 성경의 진리를 듣고 행하는 운동이다.

제2부 운동: 제자도는 어떻게 일어나는가

교회의 안과 의사이자 일반의인 목회자

『들음과 행함』의 목표는 목회자가 말씀의 사역자로서 자신의 소명을 회복하고 제자 삼는 수단인 성경과 교리를 되찾도록 권면하는 것이다. 하지만 제2부의 다른 장들과 달리 이번 장에서는 주로 목회자가 자신과 자신의 소명을 바라보는 방식에 대해 다룬다. 오늘날은 관리자, 심리 치료사, 유명 인사, 기금 모금자, 공동체 조직가 등 다양한 목회자 상을 선택할 수 있다. 목회자가 거울을 들여다볼 때 보는 이미지는 그들의 정체성과 사명에 대한 관점, 그리고 권위에 대한 관념에 영향을 미친다. "당신은 내가 누구라고 말합니까?"라고 묻는 목회자에게 우리는 무엇이라고 말하는가?

다른 책에서 나는 공공 신학자, 곧 논증이나 교과서가 아니라 사람들(복음을 듣고 실천하기 위해 모인 회중)과 더불어 신학을 하는 책무를 맡은 사람으로서 목회자에 관해 논한 적이 있다.[1] 교회 신학의 매체는 사람들이며, 말씀은 수단이고, 제자 삼기는 목적이다. 내가 여기서 덧붙이고 싶은 말은, 목회자는 사람들에게 말씀을 전하여 그들을 목적에 합당하게 건강하도록 만들려고 노력한다는 점이다. 이것이 개신교 종교개혁 시기에 활동했던 목회자-신학자들 사이에서 지배적인 이미지였다. 그들은 부활하시고 승천하신 그리스도께서 그분의 교회를 버리지 않으시고 성령을 보내셨으며, 목회자를 "성도를 온전하게 하여 봉사의 일을 하게 하며 그리스도의 몸을 세우"는 "목사와 교사"로 삼으셨음을 잘 알고 있었다(엡 4:11-12).

앞에서 우리는 거룩한 나라가 세속적인 나라들이 기준으로 삼고 살아가는 그림과 동일한 그림에 따라 살아갈 때 얼마나 쉽게 다른 나라들과 같아지는지 살펴보았다. 따라서 목회자가 그리스도의 몸을 세우는 한 가지 방법은 그 몸의 전망을 바로잡는 것이다. 그러나 목회자-신학자를 하나님의 말씀을 가르침으로써 그리스도의 몸의 건강을 돌보는 교회의 의사로 보는 종교개혁의 이미지는 다른 이미지들에 의해 약해지고 말았다. 따라서 제자 삼는 일에 대한 지침을 제공하기 전에, 우리는 먼저 말씀 사역의 중심성과 칼뱅이 회중에게 "믿음의 안경"이라고 부른 것, 곧 성경의 교정 렌즈를 맞추어 주는 안과 의사로서 목회자의 소명을 회복해야 한다.

오늘날 교회의 건강을 위해 우리는 종교개혁의 통찰을 되찾을 필요가 있다. 특히 나는 (개신교인들이 성경이 무엇을 의미하는지에 관해 동의하지 못하기 때문에) 흔히 개신교인들의 아킬레스건이라고 묘사하는 '오직 성경으로'의 교리를 회복해야 한다고 주장할 것이다. '오직 성경으로'라는 원리를 회복하는 것은 목회자의 생득권, 곧 말씀의 작은 피조물인

들음과 행함

제자들을 길러 내는 권리를 되찾는 한 가지 방법이다. 그렇다면 교회란 무엇이며 어떻게 개혁되어야 하는가? 또한 어떤 의미에서 목회자는 교회의 의사이자 제자들의 안과 의사인가?

교회의 초점 회복하기

"거룩한 공회와 성도가 서로 교통하는 것을 믿습니다." 사도신경의 모든 구절 중에서 21세기를 사는 많은 그리스도인들이 고백하기에 가장 어려운 구절은 아마도 이 구절일 것이다. 우리는 성부께서 예수를 죽은 자 가운데서 다시 살아나게 하셨다고 믿으며, 심지어 (삼위일체 교리를 이해할 수 있는 한) 삼위일체를 믿는다. 그러나 거룩한 공교회를 믿는다고 말하기는 쉽지 않다. 왜냐하면 이것은 신경 중에서 우리가 믿어야 하는 동시에 우리가 볼 수 있는 소수의 항목 가운데 하나이기 때문이다. 이것이 문제다. 우리는 분열을 목격하고 있으며, 때로는 강단에서 나오는 쓸데없는 소리를 듣고 있고, 충족되지 못한 필요로 인해 고통을 느끼고 있다. 교회의 삶이 더 광범위한 사회에 존재하는 것과 똑같은 종류의 깨어짐, 곧 깨어진 결혼과 개인적인 상처, 반목 그리고 내분을 그대로 되풀이하는 일을 너무나 자주 목격한다. 오호라, 나는 곤고한 평신도로다. 이 사망과 실망의 몸에서 누가 나를 건져 내랴!(롬 7:24을 참조하라)

교회는 왜 존재하는가? 마태복음 5:13-16에서 예수께서는 교회를 이 땅의 소금과 세상의 빛 그리고 하늘에 계신 아버지를 증언하고 이로써 그분을 영화롭게 하는 목적을 위해 언덕 위에 세워진 도시로 묘사하신다.[2] 또 다른 정답이자 여기서 내가 강조하고 싶은 답은, 교회가 제자 삼는 공간으로서 존재한다는 것이다. 물론 두 답은 연결되어 있다. 제자들은 말로 복음을 증언하는 법을 알고 있으며, 그렇게 함으로써 하나님께 영광을 돌리는 사람들이기 때문이다. 목회자처럼 교회는 하나님을 지향하는 동시에 인간을 지향한다. 교회는 하나님의 영광을 위한 하나님의 백성을 세우기 위해 존재한다. 이 두 지향성은 결국 신학, 곧 바른 교리(바르게 정돈된 생각)와 바른 실천(바르게 정돈된 몸의 실천), 그리고 바른 마음(바르게 정돈된 마음과 욕망)의 문제다.

교회는 주로 성경을 이해할 수 있도록 도움으로써 생각과 마음과 실천을 변화시키는 일차적인 공간이다. 바로 이런 이유 때문에 '오직 성경으로'라는 교리는 목회자의 소명과 밀접하게 연결되어 있다. 목회자는 다른 이야기가 아닌 오직 성경만이 회중의 본질적인 사회적 상상으로 기능할 수 있게 하기 위해 모든 노력을 다해야 한다.

이제 개신교가 존재한 지 500년이 되었다. 어떤 이들은 이를 역사의 우연이라고 말한다. 개혁자들은 자신이 속한 교회를 개혁하려고 했을 뿐 새로운 교회를 시작하려고 하지 않았다. 오늘날 어떤 이들은 종교개혁이 오히려 프랑켄슈타인과 같은 괴물을 만들어 냈다고 주장한다. 흔히 종교개혁이 낳은 또 다른 산물이라고 주장하는 교파주의가 이제 사멸하고 있는 듯 보이지만, 500년이 지난 후에도 계속해서 분열하고 있기 때문이다.[3]

최근에 교회와 관련한 많은 실험적인 운동이 등장했다. 이런 운동에

들음과 행함

는 '이머징', '선교적', '성육신적', '총체적', '연결된', '고대적-복음적', '센터', 심지어는 '느린'과 같은 흥미진진한 수식어가 붙는다. 그런데 여기서 눈에 띄는 점은 이런 수식어 중에서 '개신교'라는 말을 찾아볼 수 없다는 것이다. 3만 개의 교파를 만들어 냈다는 점을 고려할 때, 종교개혁은 끔찍하게 실패한 실험이 아닐까? 하지만 나는 종교개혁이 실패한 실험이 아니라 여전히 미완성인 실험이라고 생각한다.

계속 개혁한다는 것은 무엇을 의미할까? 두 가지 가능성을 제시해 보겠다. 첫째, 교회 안에 있는 개인들을 계속해서 개혁해야 할 필요성은 언제나 존재할 것이다. 회심은 근원적인 개혁, 곧 망가진 하나님의 형상을 재형성하는 일이다. 성화는 지속적인 개혁, 곧 불완전한 인간의 조각상 안에 있는 하나님의 형상을 다듬는 과정이다. 둘째, 교회는 언제나 개혁해야 한다. 왜냐하면 우리는 아직 거기에 이르지 못했기 때문이다. 여기서 "거기"란 우리의 목적지를 의미한다. 이것이 언제나 하나님의 백성을 위한 그분의 계획이었다. 곧, 그들을 기록되고 살아 있는 말씀, 심지어는 보이지 않는 하나님의 형상이신 예수 그리스도(골 1:15)와 같은 모습이 될 때까지 그들을 다시 만들고 개혁하는 것이다. 교회는 "그리스도의 장성한 분량이 충만한 데까지" 이르도록(엡 4:13) 언제나 개혁해야 한다.

중요한 의미에서 종교개혁은 성경 해석의 혁명이었으며, 교회를 바로잡으려는 목적으로 인간이 만든 전통이 아니라 원천으로 돌아가려는 운동이었다. 또 다른 의미에서 종교개혁은 제자들의 모임이 교회가 말씀의 피조물이라는 관념을 되찾으려는 운동이었다. 그리고 또 다른 의미에서—이제 나는 일차적으로 이신칭의를 염두에 두고 있다—종교개혁은 교회가 지닌 교리의 함의를 명확히 하려는 노력이었다. 이는 종교개혁을 통해 너무나도 순수한 형태의 교리를 이룩했기 때문에 더 이상 발전하기를 멈추었다는 의미가 아니다. 오히려 종교개혁 교회는 초대교회가 니케아에서 그랬듯이 항구적으로 타당한 신학적 통찰을 발견했다고 말할 수 있다. 그런 통찰 가운데 하나는 교회가 성경에 일치하도록 그 생각과 삶을 언제나 '개혁해야' 한다는 것이다. 특히 교회는 성경이 상상하는 세상을 상상하기 위해 언제나 개혁해야 한다. 이를 실천하는 한 가지 방법은 제2부에서 다루는 열두 가지 코어 운동을 하는 것이다.

개신교 종교개혁의 네 가지 원리

어떤 의미에서 종교개혁은 기독교 교리와 교회의 삶을 성경이라는 최고의 권위 아래 둘 것을 촉구하는 운동이었다. 『바벨 이후 성경의 권위』(*Biblical Authority after Babel*)에서 나는 종교개혁의 '오직', 곧 오직 은혜, 오직 믿음, 오직 성경이 개신교의 "정신"을 대표한다고 주장했다. 이 구절은 여전히 유익한 책인 로버트 매거피 브라운(Robert McAfee Brown)의 책에서 가져온 것이다.[4] 하지만 나는 여기서 세 가지 '오직'이 아니라 종교개혁의 핵심을 포착해 내는 네 가지 원리에 초점을 맞추려고 한다. 이 원리들은 종교개혁의 정신뿐만 아니라 더 중요한 의미에서 종교개혁의 사회적 상상을 규정한다.

들음과 행함

1. 질료적 원리: 이신칭의

(오직 은혜로, 오직 믿음으로, 오직 그리스도를 통해)

루터는 칭의가 교회를 든든히 서게 할 수도 있고 무너뜨릴 수도 있는 교리라는 유명한 주장을 했다. 종교개혁 신학의 질료적 원리는 본질적으로 "복음이 지닌 의미 안으로 더 깊이 뛰어들려는 시도"다.[5] 그것은 성령을 통해 우리를 예수 그리스도와 연합시킴으로써, 믿음을 통해 우리에게 빛과 생명을 주시는 하나님의 은총에 대한 재발견이다. 이것은 반드시 삼위일체적이어야 하며, 인간의 반응과 경험보다 하나님의 말씀과 행동에 우선성을 부여한다. 이것은 교회가 성경 읽기와 예배에 있어서 하나님께 초점을 맞추도록 도와준다.

2. 형상적 원리: "성경에 따라"(오직 성경으로)

하지만 우리는 예언자와 사도들의 증언을 통해서만 이러한 복음의 내용을 알 수 있다. 개신교 신학의 형상적 원리, 곧 건전한 교리가 충족해야 할 기준은 "성경 안에서 말씀하시는 성령"이다.[6] 개신교인들은 교리가 "예수 그리스도의 교회가 하나님의 말씀에 기초해 믿고 가르치고 고백하는 바"라는 야로슬라프 펠리컨(Jaroslav Pelikan)의 정의에 동의하지만,[7] 우리는 더 나아가 '오직 성경'에만 최고의 권위를 부여한다.

3. 능동적 원리: 말씀을 주시고 조명하시며,

생명을 주시고 연합하게 하시는 성령

칭의는 우리가 그리스도 안에 있다는 사실에 초점을 맞추지만, 복음은 그리스도께서 우리 안에 계시다는 소식이기도 하다. 그분은 내주하시는 성령을 통해 우리 안에 계신다. 우리를 빛의 왕국으로 옮기셨으며, 이제는 특히 말씀을 전하고 우리의 마음과 생각에 빛을 비추어 그 말씀을 더 온전히 받아들이게 하심으로써 점진적으로 우리에게 그리스도의 생명을 나누어 주시는 분은 성령이시다. 특히 개신교인들은 성령께서 성경 주석과 같은 다른 수단뿐만 아니라 초기 에큐메니컬 공의회를 사용하셔서 말씀에 대한 교회의 이해를 심화하신다고 믿는다.

4. 목적의 원리: 복음의 시민

개신교 종교개혁의 네 번째 원리는 그것의 목적인(目的因)이다. 이는 정통의 체계가 아니라 복음의 시민들로 이루어진 하나님의 도성(한마디로, 함께 제사장들의 왕국, 곧 거룩한 나라를 이루는 제자들[벧전 2:9])이다. 신학의 참된 목적은 조직신학 교과서가 아니라 성숙한 하나님의 자녀들이다. 교회는 그리스도께 접붙여진 순한 나무들이 영적으로 양육을 받는 묘목장과 같다. C. S. 루이스의 말은 이 점을 잘 포착해 낸다. "교회는 다른 목적이 아니라 바로 사람들을 그리스도께로 이끌고 그들을 작은 그리스도들로 만들기 위해 존재한다. 교회가 이 일을 하지 않는다면, 대성당과 성직자, 선교회, 설교, 심지어는 성경조차도 그저 시간 낭비일 뿐이다."[8] 이것은 (목회적) 대위임이다. "모든 민족을 제자로 삼아……내가 너희에게 분부한 모든 것을 가르쳐 지키게 하라"(마 28:19-20). 달라스 윌라드(Dallas Willard)는 자신의 책 『잊혀진 제자도』(The Great Omission)에서, 이 책무에 관해 진지한 태도를 가지라고 교회를 촉구한다. 오늘날 교회가 직면한 심각한 문제는 "고백에 의해서든 문화에 의해서든 '그리스도인'이라고 자처하는 이들이 예수 그리스도의 제자(학생, 수습생, 실천가)가 될 것인지의 여부다"라고 말한다.[9] 윌라드는 제자도가 많은 교회들에게 선택 사항이 되고 말았다고 생각한다. N. T. 라이트(Wright)는 실제로 예수의 복음은 천국이 이 땅에 와서 새로운 인류를 형성한다는 소식임에도 불구하고, 구원받은 개인들이 천국에 갈 수 있다는 소식으로 이해하는 태도에 대해 비판하면서 비슷한 우려를 제기한다.

뜨거운 논점, 아마도 오늘날 개혁자의 후예들이 직면한 가장 중요한 도전은 종교개혁의 또 다른 오직, 곧 '오직 하나님께 영광을'(soli Deo gloria)이라는 원리에 따라 제자를 삼는—그리고 하나님께 영광을 돌리는—방식으로 '오직 성경으로'를 실천하는 일이라고 말할 수 있다. 목회자는 하나님 말씀의 사역에 대한 새로운 자신감과 능력을 회복해야 할 필요가 있다. 존 리스(John Leith)가 『개혁주의의 명령』(The Reformed Imperative)를 쓴 지 30년이 지났다.[10] 다른 기관들도 정의를 추구하고, 아픈 사람을 고치며, 우리를 즐겁게 할 수 있다. 하지만 교회만이 복음을 선포하며, 설교와 성례전과 성도의 삶을 통해 이 일을 감당한다.

우리는 교회에 관한 개혁자들의 교리(와 실천)를 되찾아야 하며, 특히 제자 삼는 일에 초점을 맞추어야 한다. 교회는 제자를 길러 내는 공간이다. 왜냐하면 사람들이 곧 말씀을 선포하는 자리이기 때문이다. 특히 나는 교회를 말씀의 피조물로 만드는 그리스도 중심적인 사회적 상상을 길러 냄에 있어서 '오직 성경으로'라는 원리가 중요한 역할을 한다는 점을 강조함으로써, 제자 삼는 일과 관련해 이 원리가 얼마나 중요한지 살펴보려고 한다. '오직 성경으로'라는 원리는 16세기에 만들어졌지만, 21세기에 우리를 괴롭히는 문제, 곧 복음에 미치지 못하는 인간 번영에 대한 이해에 우리가 사로잡혀 있는 상황을 치유할 수 있는 잠재력을 지니고 있다. 궁극적으로, 오직 성경만이 제자들을 목적에 맞도록 건강하게 만들 수 있다.

교회론과 개신교의 제일 신학: 말씀의 피조물로서의 교회

'오직 성경으로'라는 원리와 기독교 상상력의 형성에 관해 다루기 전에, 개신교의 교회론과 성경론을 나란히 살펴보려고 한다.

먼저 질문을 던져 보겠다. 교회는 개신교의 제일 신학(first theology)에 속하는가? 제일 신학이란 일차적인 중요성을 지닌 것과 관계가 있다. 여러 해 동안 나는 일차적인 중요성을 지닌 것은 하나님의 말씀과 그분의 행동이라고 주장해 왔다. 이 둘이 복음 안에서 결합된다. 곧, 복음은 예수 그리스도 안에서 행하신 하나님의 구원 사역에 관한 하나님의 말씀이다. 나는 『제일 신학』(First Theology)에서 신학이 하나님에 관한 교리와 성경에 관한 교리 사이에 있는 상호 작용에서 출발하며, 그 이유는 둘 중 하나를 알지 못하면 다른 하나도 온전히 알 수 없기 때문이라고 주장했다. 대부분의 개신교 신앙 고백은 하나님에 관한 교리나 성경에 관한 교리로부터 시작한다.

개신교인들은 성경을 교회의 산물로 봄으로써 사실상 교회론을 제일 신학으로 삼는 경향을 띠는 로마 가톨릭의 태도에 대해 저항한다. 그와 반대로, 개혁자들은 교회가 "말씀의 피조물"이라고 주장한다.[11] 스위스 베른(Bern)에 있던 목회자들은 베른 신조(Ten Theses of Bern, 1528)의 처음 두 가지 논제에서 개신교의 교회 이해를 다음과 같이 요약했다. 첫째, "오직 그리스도만이 머리가 되시는 거룩한 기독교 교회는 하나님의 말씀으로부터 태어났으며, 그 말씀 안에 머무르고, 낯선 이의 목소리에 귀 기울이지 않는다." 우리는 낯선 이의 상상에 주의를 기울이지 않는다고 덧붙일 수 있다. 둘째, "그리스도의 교회는 하나님의 말씀 없이 어떤 법이나 명령도 만들지 않는다. 따라서 모든 인간의 전통은······그것이 하나님의 말씀에 기초하며 그 말씀에 따른 명령인 한에서만 우리에게 구속력을 가진다." '오직 성경으로'라는 원리는 성경만이 교회의 신념과 행동을 위한 규범임을 의미한다.

교회의 핵심은 인간이 종교적인 동작을 행하는 것이 아니다(그렇게 이해한다면, 이는 사회학일 뿐 결코 신학이 될 수 없다). 교회의 핵심은 성령이 주시는 믿음의 선물을 통해 말씀이 듣는 이들을 그 말씀의 영토 안으로 불러 모으는 것이다. 교회는 그 존재와 본질, 올바른 기능 그리고 운명에 관해 하나님의 말씀에 빚을 지고 있다. 그러므로 교회를 있는 그대로 이해하기 위해서는 교회를 하나님의 말씀의 피조물로 보아야 한다. 이것이 바로 필리프 멜란히톤(Philipp Melanchthon)이 자신의 책 『신학 총론』(Loci communes)에서 교회란 복음의 목소리 주위로 모인 사람들이라고 말할 때 의도했던 바다. 첨탑이나 제단 혹은 성직자의 제복이 있는 곳이 아니라 복음이 바르게 선포되고 성례전이 바르게 행해지는 곳에, 오직 그런 곳에만 교회가 존재한다. 이것이 개혁자들이 참된 교회와 거짓 교회를 구별하는 기준으로 삼았던, 이른바 교회의 표지의 핵심이다.

작고한 신학자 존 웹스터는 교회의 교의적 자리를 삼위일체의 사역과 복음의 구조 안에 특정하는 데에 기여했다. 그가 주장한 복음주의 교회론을 위한 두 가지 근본 원리는 다음과 같다. 첫째, "교회론 없이 신론이 있을 수 없다. 기독교의 신앙 고백에 따르면, 하나님은 자신을 위한 백성을 모으시는 구원 사역의 경륜 안에서 자신이 어떤 분인지 계시하시기 때문이다." 둘째, "전적으로 신론과 연결되지 않은 교회론은 존재할 수 없다. 교회는 하나님의 존재와 행동 안에서만 존재하고 행동할 수 있기 때문이다." 교회는 하나님 및 성경과의 상호 작용 때문에 제일 신학에 속한다.[12]

처음 신학을 가르칠 때, 나는 학과장에게 신학 Ⅲ(교회론과 종말론)을 가르쳐야 할 책임을 면제해 달라고 부탁했다. 1980년대 당시에 강의계획서는 가장 논쟁적인 주제들만 다루는 것처럼 보였고, 나는 가장 중요한 주제들로 이루어진 제일 신학만 다루고 싶어 했다. 나는 그때의 잘못을 뉘우쳤고, 교회론은 내가 가르치기를 가장 좋아하는 주제 가운데 하나가 되었다. 교회는 그리스도 안에 있는 새 인간성의 실현으로서 복음의 내용의 일부다. 이런 의미에서(어쩌면 오직 이런 의미에서만) 교회는 '일차적인 중요성을 지닌' 교리 가운데 하나다. 또한 하나님이 성령을 교회에게 주셨고 그 성령을 통해 (그저 개인들이 아니라) 교회를 모든 진리 가운데로 인도하시기 때문에, 교회는 신학적인 권위 형식의 일부이

들음과 행함

기도 하다. 더 나아가, 하나님은 자신이 귀하게 여기는 소유물이 될 백성을 형성하는 일을 그분의 영원한 목적으로 삼고 계시므로, 교회에 대한 언급 없이는 하나님에 관한 완성된 교리도 존재할 수 없다고 말할 수도 있다.

교회는 사람들이 복음을 선포하고, 가르치고, 기리고, 삶으로 실천하며, 거룩함을 기르기 위해 성경을 하나님의 말씀으로 읽는 공간이다. 인간의 새로운 사회 질서인 교회는 복음이 지닌 본질적인 요소이며, 하나님이 성령을 통해 그리스도 안에서 행하시는 바의 함의다.

'오직 성경으로'라는 원리와 사회적 상상

이제 우리는 당면한 과제로 돌아갈 수 있다. 다시 말해 종교개혁, 특히 '오직 성경으로'라는 원리가 지금 필요한 것(제자들을 세속적인 사회적 상상으로부터 해방하는 것)과 무슨 관계가 있는지 설명할 수 있다. '오직 성경으로'라는 구절과 상상력을 나란히 이야기하는 경우는 거의 없다. 하지만 성경이 지닌 최고의 권위는 그 영역 안에 상상력을 아우른다. 우리는 그리스도께 순종하고 그분의 제자를 길러 내기 위해 모든 생각뿐만 아니라 모든 상상력을 사로잡아야 한다(고후 10:5).

하나님의 말씀이 우리가 기준으로 삼고 살아가는 그림들을 지배해야 한다는 주장은 새로운 것이 아니다. 종교개혁자들은 교회가 하는 일에 관한 중세적인 그림에 도전해야 했다. 중세 로마 가톨릭 교회에서는 설교가 성만찬에 의해 압도되었으며, 면죄부처럼 성경이 허용하지 않는 관행이 교회의 삶을 이루는 구조의 일부가 되고 말았다. 스위스 종교개혁은 1522년에 취리히 그로스뮌스터(Grossmünster)의 목회자인 울리히 츠빙글리(Ulrich Zwingli)가 주일 아침 예배 중에 소시지 두 개를 잘라서 나눠 줌으로써 사순절 동안 금식하는 전통에 대해 항의하면서부터 시작되었다. 그것은 회중의 상상력을 사로잡는 한 가지 방법이었다.

어느 시대에나 그리스도인의 상상력을 사로잡기 위한 최선의 방법은 말과 행위로, 곧 설교와 성례전과 매일의 삶의 모습을 통해 교회가 복음을 선포하는 것이다. 이것은 거대한 관념이다. 이제 이것이 왜 중요한지 설명해 보겠다.

놀라울 정도로 축소된 복음적인 상상력

개혁자들처럼 우리는 여전히 21세기에 제자들로서 모여 교회를 이룬다는 것이 무엇을 의미하는지 이해하려고 노력한다. 훨씬 더 어려운 것은 교회 안팎에 있는 다음 세대에게 정통 기독교를 전하는 일이다. 버지니아 대학교의 교회사가인 로버트 루이스 윌큰(Robert Louis Wilken)은 2004년에 "오늘날 가장 필요한 것은 다름 아닌 *기독교 문화의 생존이다*"라고 말했다.[13] 문화란 신념과 행동과 소속감을 아우르는 공동체의 삶의 방식이다. 참된 기독교 문화란 그리스도를 따르는 이들이 자신이 살아가는 장소와 시간 속에서 그분의 도를 따르는 방식을 말하며, 기독교 문화를 길러 낼 특권과 책임을 진 사람들은 대체로 목회자다. 이것은 시민 종교가 아니라 급진적으로 복음적인 사회 기획이며, 나는 이것이 바로 지역 교회가 지닌 정체성이라고 생각한다.

미국은 유대 기독교에 그 기원을 두고 있지만, 최근에는 기독교가 지닌 영향력이 눈에 띄게 축소되었다. "비종교인들"(nones)이라는 용어를 들어 보았을 것이다. 이는 어떤 종교에 속해 있는지 질문받았을 때 "없음"(none)이라고 표시하는 이들을 가리킨다. 무슨 일이 일어났을까? 왜 비종교인들이 이렇게 많을까? 나는 기독교와 기독교 문화 그리고 목회자-신학자라는 개념이 쇠퇴한 가장 중요한 원인 가운데 하나가 복음적인 상상력, 곧 성경에 의해 길러진(제자화되고 훈련받은) 상상력을 상실했기 때문이라고 생각한다.

그저 교회 안에 있는 사람들이 더 이상 성경을 믿지 않는다는 말이 아니다. 무슨 일이 일어났는지 이해하고 싶다면 루이스의 말을 되새겨 보아야 한다. "나는 해가 떴다고 믿는 것처럼 기독교를 믿는다. 해가 떴다고 믿는 것은 해를 보기 때문이 아니라 해 덕분에 다른 모든 것을 보기 때문이다."[14] 해에 대해 믿는 것과 그 빛에 의해 사물을 보는 것은 전혀 다른 문제다. 성경도 마찬가지다. 성경을 믿는 많은 그리스도인들이 성경의 권위를 믿는다고 말하지만, 더 이상 성경의 실존적인 영향력을 받아들이지 않는다. 그들은 더 이상 그 빛을 따라 걷지 않으며, 어쩌면 이는 그렇게 하는 법을 잊어버렸기 때문인지도 모른다. 성경의 이미지들(은유와 이야기들)은 더 이상 사람들이 실제로 기준으로 삼고 살아가는 이미지가 아니다. 이것이 내가 다루려는 문제의 핵심이다. 곧, 말씀을 듣는 이들(이름뿐인 그리스도인들)이 어떻게 행하는 이들(참된 제자들)이 되게 할 것인가?

이제는 다른 그림들이 상상력을 사로잡고 있다. 2장에서 살펴보았듯이, 스스로 그리스도인이라고 자처하는 이들조차 건강함이 무엇인지에 관한 다른 그림과 이야기들에 그들의 상상력이 사로잡혀 있다. 그들은 신앙을 공개적으로 고백할지도 모르지만, 다른 모든 사람처럼 이 시대의 지배적인 '개연성의 구조'에 따라 살아간다. 예를 들어, 일부 교회에서는 좋은 삶이나 무엇을 성공으로 간주할 것인지에 관한 문화적 조건에 굴복하고 말았다. 경영 대학원이나 텔레비전 쇼가 퍼트리는 성공의 그림들이 우리의 집단적인 기독교적 무의식 안으로 (흘러 들어온 정도가 아니라) 쏟아져 들어왔다.

우리가 지금 당연하게 여기는 그림들의 배후에는 무엇이 자리 잡고 있을까? 찰스 테일러는 우리가 사는 세속 시대는 세계를 은총의 여지가 없는 닫힌 자연의 체계로 보는 "탈주술화된" 관점에 의해 특징지어진다고 말한다. 우리는 교리가 참되다고 주장할지도 모르지만, 이 교리가 말하는 방식으로 세계를 상상할 수 없다면 교리는 설득력을 잃고 말 것이다. 이론만으로는 충분하지 않다. 그것을 삶으로 실천해야 한다. 테일러는 "보통 사람들이 자신의 사회적인 환경을 '상상'하는 방식은……이론적으로 표현되기보다는 이미지[와] 이야기를 통해 전달되는 경우가 많다"라고 말한다.[15] 앞에서 살펴보았듯이, 테일러는 사회적 상상을 "한 사회의 실천을 이해하게 함으로써 이를 가능하게 하는 것"으로 정의한다.[16] 하나님에 대한 믿음의 상실은 과학적인 발견이나 논리적인 주장이 아니라 일상적인 신념과 실천의 틀을 규정하는, 당연히 받아들여지는 전제들이 구조적으로 전환된 결과였다. 이 책의 주된 주장 가운데 하나는, 오늘날 교인들이 하나의 사회적 상상 대신 다른 사회적 상

들음과 행함

상을 받아들일 위험에 직면해 있으며, 그 결과로 제자들이 예수 그리스
도의 길이 아닌 다른 길을 걷게 될 수도 있다는 점이다.

한편으로, 현대의 기독교인들은 '전에 선포된 신앙'을 고백하지만,
적어도 암묵적으로는 전혀 다른 복음을 선포하는 문화적 실천에 참여
하는 경우가 많다. 복음주의자들이 고백하는 바와 그들이 참여하는 문
화적 실천 사이의 단절이 근본적인 문제라면, 그 해법은 그저 더 강하
게 믿는 것이 아니다. 우리는 문제의 근원, 곧 사로잡힌 상상력을 해결
해야 한다.

100여 년 동안 현대 문화가 사회적 상상을 세속화해 왔다. 이른바 의
심의 대가들(마르크스, 프로이트 그리고 니체)은 이데올로기와 소망-실현
그리고 권력 의지라는, 현대인들이 기꺼이 이해하려고 하는 용어로 기
독교를 설명할 수 있다고 주장했다. 근대와 후기 근대 문화는 하나님을
배제하는 삶의 방식 및 세계를 바라보는 방식을 부추겼다. 이 세속 문화
의 그림들은 영적 형성의 강력한 수단이다. 사소한 예를 들어 보자. 얼마
전에 나는 내 안경이 점점 더 커지고 있다고 확신하게 되었다. 아침에
거울을 보면서, 누군가가 밤중에 더 큰 안경테로 바꾸어 놓았다는 생각
이 들었다. 무슨 일이 일어났을까? 결국 나는 깨달았다. 내 안경이 바뀐
것이 아니라 안경에 대한 나의 지각이 바뀐 것이다. 나는 더 작은 안경
테를 쓴 사람들을 점점 더 많이 만나고 있었으며, 이는 마치 내 안경에
무슨 문제라도 있는 것처럼 느끼도록 나를 훈련했다(나를 제자로 삼았다
고 말할 수도 있다). 안경에 관해 이렇게 말한다면, 성별처럼 다른 것에 관
해서도 그렇게 말할 수 있다. 그리고 바로 이런 상황이 벌어지고 있다.

(간략한) 상상력의 신학

이에 관해 우리는 무엇을 할 수 있을까? 짧은 답은, 우리가 우리의 통제 이야기인 성경을 회복해야 한다는 것이다. 그리고 이는 '오직 성경으로'라는 원리를 회중의 상상력에 대한 잣대로 삼아야 함을 의미한다. 나는 이런 제안이 많은 목회자들을 긴장하게 만들 수 있음을 알고 있다. '오직 성경으로'라는 원리와 그 사촌인 권위와 진리가 상상력과 무슨 관계가 있을까? 이런 물음 자체가 얼마나 우리가 문화적인 조건에 의해 규정된 그림에 사로잡혀 있는지를 보여준다. 상상력은 서양 철학과 신학에서 부당한 비난의 대상이 되었다. 상상력은 충실하지 못한 재현, 곧 존재하지 않는 것들의 이미지를 만들어 내는 능력으로 간주되어 왔다. 그것은 거짓말과 매우 비슷하게 들린다. 사실이 아닌 것을 사실인 듯 말하는 것처럼 들린다.

이런 반대와 관련해서, 나는 '허망한 상상'과 같은 것이 존재함을 인정한다(롬 1:21을 보라). 하지만 논리적인 오류가 존재한다고 이성이 무효화되지 않는 것과 마찬가지로, 상상력이 신학에 기여할 자격이 없는 것은 아니다. 우리를 사로잡은 것은 상상력에 대한 거짓된 그림, 곧 상상력이 실재하지 않는 것을 불러내는 능력이라는 그림이다.

나는 상상력이 일차적으로 그림을 만드는 공장이 아니라 연결 짓고 의미 있는 경향을 분별하는 능력으로 이해한다. 분석적인 이성은 일반적으로 무엇인가를 떼어 낸다. 분석은 어떤 것을 가장 작은 구성 요소로 쪼갠다. 그와는 대조적으로, 상상력('종합적인' 이성)은 합치고 총체성을 만들어 낸다. 상상력이 통일된 경향과 의미 있는 형태를 지각하

들음과 행함

는 능력이라고 생각해 보라. 상상력은 적합성(부분이 전체에 속하는 방식)을 분별하는 데 필수적인 도움을 제공한다. 상상력 자체가 성경 해독력, 곧 성경의 다양한 부분을 단일하고 통합되고 의미 있는 전체의 일부로 보는 능력을 획득하는 데 필수적인 요소다. 조지 맥도널드(George MacDonald)는 상상력을 "생각에 형식을 부여하는 능력"이라고 정의한다.[17] 성경은 다양한 문학적 형식을 통해 하나님의 생각을 제시함으로써 이성과 상상력 모두에게 말을 건다.

그러나 분석적인 이성과 달리, 상상력은 지성과 의지 그리고 감정 모두와 연관이 있다. 그것은 인간 전체와 연관이 있는 통합적인 능력이다. 이런 이유 때문에, 어떤 이들은 상상력을 성경이 "마음"(히브리어로 לֵב) 이라고 부르는 것과 연결한다. 역대상 29:18에서는 마음의 "생각"에 관해 이야기하며, 사도 바울은 "마음의 눈을 밝히"는 것(엡 1:18)에 관해 이야기한다. 이는 모든 생각을 사로잡기 위해서는 상상력, 곧 "마음의 눈"을 사로잡아야 함을 암시한다. 그렇기 때문에, 목회자는 우리의 (세속적인) 근시를 교정할 책임을 맡은 안과 의사이다.

상상력(imagination)이라는 단어 안에 '이미지'(image)가 들어 있기는 하지만, 상상력은 일차적으로 언어적이다(어원과 정의를 혼동하지 말라). 상상력의 시작에는 이미지가 아니라 말이 있다. 특히 그리스도인들은 이를 확실하게 주장할 수 있다. 창세기에서는 하나님의 창조를 사물을 존재하게 하며 질서를 부여하고 연결하는 하나님의 발화(發話) 행위로 묘사한다. 그와 비슷하게, 성경의 문학적인 구성은 정보 전달 이상의 기능을 한다. 그런 방식으로 말을 사용하지 않으면 우리가 볼 수 없는 방식으로 세상을 드러낸다. 예수의 비유는 이야기를 들려줌으로써 우리에게 하나님 나라에 관해 가르친다.

이처럼 상상력은 언어적인 차원에서 귀중한 인지 도구이다. "무엇인가를 상상한다는 것은 그것이 그럴 수 있다고 생각하는 것이다."[18] 상상력은 마음의 눈으로 보는 것이며, 따라서 이해를 추구하는 신학에서 필수적인 요소다. "무엇을 어떤 것으로 보기 위해서는 보기와 생각하기를 결합해야 한다."[19] 믿음(우리로 하여금 세상 안에서 일하시는 하나님을 볼 수 있게 하는, 상상력을 통한 보기)은 들음에서 나며, 들음은 그리스도의 말씀으로 말미암는다(롬 10:17). 성경은 상상력을 해방해 우리가 사는 세상을 그리스도를 통해 만들어진 세상, 그분이 오신 세상, 그리고 그분이 다시 오실 세상으로 볼 수 있게 하며, 더 중요한 의미에서는 그런 세상에서 살 수 있게 해준다. 복음적인 상상력은 우리가 경험적으로 볼 수 없는 현실 안에서 살 수 있게 하는 능력이다. 그렇기 때문에 나는 상상력을 믿음, 곧 "보이지 않는 것들의 증거"(히 11:1)와 연결한다.

'오직 성경으로'라는 원리와 제자의 상상력

앞에서 언급했듯이, 많은 교회들이 잘못 길러진 상상력, 곧 문화적인 조건에 의해 규정된 (좋은 삶에 관한 그림에 사로잡힌) 상상력으로 인해 고통을 당하고 있다. 2장에서는 건강에 초점을 맞추었지만, 이는 유명인사와 부 그리고 사회적 권력처럼 사회적 상상을 지배하는 여러 다른 것들의 증상일 뿐이다. 그리스도인들은 성경을 믿기 원하지만, 그리고 그들은 정말로 성경을 믿으며 교리적인 진리를 방어할 준비가 되어 있지만, 그럼에도 불구하고 성경적인 관점에서 세상을 보거나 느낄 수 없음을 깨닫는다("내가 믿나이다. 나의 믿음 없는 것을 도와주소서"[막 9:24]). 따라서 그들은 자신들이 실제로 살고 있는 세상과 그들이 진리라고 고백하는 성경 본문의 세상 사이에 있는 괴리를 경험한다. 그들이 고백하는 믿음은 그들이 삶 속에서 행하는 실천과 조화를 이루지 못하고 있다. 믿음의 영향력이 약해지고 있다면, 이는 대체로 복음적인 상상력이 성경과 문화를 이어 주지 못하고 있기 때문이다. 이 점에 관해서 특별히 목회자는 성경이 무엇이며 성경이 무엇을 위한 것인지를 회중에게 계속해서 상기시킴으로써 도울 수 있다. '오직 성경으로'라는 원리는 이 일을 행하는 것을 지칭하는 약어다. 오직 성경만이 상상력을 포함해 그리스도인의 믿음과 삶에서 최고의 권위를 행사해야 함을 우리에게 상기시켜 주기 때문이다.

역사가 그랜트 왜커(Grant Wacker)는 「성경적 문명의 소멸」(*The Demise of Biblical Civilization*)이라는 논문에서, 20세기에 보통의 미국인이 성경을 거부하지는 않았지만 성경을 세상을 이해하기 위해 일차적인 개연성의 구조로 사용하기를 중단했다고 주장한다.[20] 사람들은 신적인 섭리의 관점이 아니라 현세적인 역사적 과정의 관점에서 사건의 의미를 이해하기 시작했다. 성경적인 문명의 소멸은 상상력이 우리가 사는 세상을 하나님의 말씀의 관점에서 읽어 내지 못한 결과다. 성경적인 문명의 소멸은 서양의 사회적 상상에서 '오직 성경으로'라는 원리가 다른 이야기들로 대체된 것과 연관이 있다.

그리스도인의 상상력은 우리를 그리스도계로 이끌지 않으며 따라서 우리의 영혼을 풍요롭게 할 수 없는 비성경적인 이야기들에 사로잡혀 있다. 우리는 이런 이야기들을 폭로하고 그 약점을 드러내야 한다. 왜냐하면 다른 복음은 없기 때문이다(갈 1:7). 우리는 정통 신학 뒤에 숨어서 주 7일 24시간 내내 우리에게 일어나는 문화적인 프로그램화에 영향을 받지 않는 척할 수 없다. 우리의 상상력을 사로잡고, 이로써 우리의 몸과 마음과 영혼을 사로잡으려고 하는 통치자 및 권세들과 교회가 경쟁하고 있음을 우리는 깨달아야 한다.

복음, 특히 하나님이 예수를 죽은 자 가운데서 다시 살리셨다는 극적인 선언은 사로잡혀 있던 상상력을 해방한다. '복음적인' 상상력이라고 부를 수 있는 것(복음의 이야기에 의해 지배되는 상상력)은 우리를 자유롭게 하여, 우리가 세속 학문이나 매디슨가에서 말하는 현실의 모습이 아니라 있는 그대로의 현실에 따라 믿음으로 보고 판단하고 행동할 수 있게 한다. 현대 문화 속에 있는 온갖 종류의 말들과 그 모든 소음은 우리의 방향 감각을 상실하게 만들며, 따라서 허망한 상상이라고 불리는 것이 마땅하다. 복음적인 상상력만이 현실의 결에 따라, 곧 '그리스도 안에' 있다는 현실에 따라 살아갈 수 있는 참된 가능성을 열어 놓는다.

교회가 거룩한 나라로서 그 책무를 완수하고 복음의 시민으로 살아가려고 한다면, 모든 거짓된 상상력에 맞서 복음적인 상상력을 고수해야 한다. 복음적인 상상력으로 세상과 자신을 바라본다는 것은 상상의 공간이 아니라 존재하는 유일한 참된 세상, 곧 하나님의 말씀에 의해 창조된 세상, 그리고 하나님의 말씀이 들어가셨으며 그분이 다시 오실 세상에서 사는 것을 의미한다. 이집트에서 있었던 열 가지 재앙이 고대 이스라엘 백성의 마음속에서 이런 효과를 일으켰다. 이 재앙은 이집트의 권세가 주권적이라고 생각했던 이스라엘 백성의 상상력을 해방했다. 이 재앙은 권력에 대한 파라오의 주장을 해체했다. 하나님이 작은 노예 부족에게 행하시는 일이 이집트가 지닌 능력보다 더 크다는 사실, 혹은 하나님이 초대교회에서 행하시는 일이 이집트가 지닌 위엄보다 더 위대하다는 사실을 이해하기 위해서는 상상력이 필요하다.

'오직 성경으로'라는 원리에 의해 형성된 상상력을 갖추기 위해서는 반드시 은유 만들기에 참여해야 한다. 곧, "상상력을 통해 우리 공동체의 삶을 본문이 제시하는 세계 안에 자리 잡게 하는" 과정이 필요하다.[21] 은유는 우리가 사물에 관해 생각하는 방식을 구조화한다. 『삶으로서의 은유』(*Metaphors We Live By*)라는 중요한 책에서 조지 레이코프(George Lakoff)와 마크 존슨(Mark Johnson)은 이미지가 단지 우리의 언어 안에 나타나는 것이 아니라, 우리가 생각하고 행동하는 방식을 통제하는 개념적인 은유로서 우리의 사고 안에 나타난다고 주장했다.[22] 은유의 핵심은 무엇을 다른 어떤 것의 관점에서 이해하는 것이다. 예를 들어, "시간은 금이다"라는 말은 우리의 현대 문화가 기준으로 삼고 살아가는 수많은 은유 가운데 하나일 뿐이다. 교회는 사람들이 모든 곳에서, 모든 사람 앞에서, 그리고 언제나 성경적인 은유—예를 들면, 자기 십자가를 지는 것(마 16:24)—에 따라 살아가는 법을 배우는 공간이 되어야 한다.

'피조물'로서의 세상이나 "그리스도의 몸"(고전 12:27)으로서의 교회처럼, 오랫동안 머무는 힘을 지닌 은유는 우리의 사고와 경험을 구조화하는 본보기다. 교회에 대한 은유 가운데 내가 가장 좋아하는 것 하나는 "거룩한 나라"(벧전 2:9)다. "흩어진 나그네"(벧전 1:1)로 이루어진 거룩한 나라로서 교회는 하나님의 통치가 하늘에서와 같이 땅에서도 이루어지는 현실을 예증할 책임을 맡고 있다. 교회는 거룩한 나라로서 다른 사회적 상상의 박자에 맞추어 행진한다. 교회의 예배와 증언과 지혜는 각각이 하나님이 예수 그리스도 안에서 행하신 바로부터 그 의미를 취할 때에만 독특성을 지닌다. 하나님은 바로 이 백성, 이 거룩한 나라 안에서 다스리신다. 교회는 하나님 나라의 지역 대사관이자 살아 있는 비유다.

성경의 가르침에 담긴 진리를 주장하는 것, 심지어는 성경적인 은유에 따라 사는 것으로는 부족하다. 성경은 단순히 우리가 나름대로 의미있는 방식으로 해석할 수 있는 지혜로운 말들을 모아 둔 책이 아니다. 성경은 현실 전체를 아우르는 통합된 서사다. 제자들은 성경의 이야기 안에서 사는 법을 배워야 한다. 그들은 성경의 낯설고 새로우며 은총을 입은 세상을 듣고 행해야—총체적이며 몸을 입은 인격체로서 살아야—한다. 이를 위해 우리는 성경의 모든 것이 어떻게 조화를 이루며, 성부께서 인류와 만물을 새롭게 하시고 화해시키기 위해 성령을 통해 성자 안에서 행하시는 일 안에서 성경이 어떻게 절정에 이르게 되는지 이해해야 한다(고후 4:16, 5:17-19). 이것이 성경 신학과 비유적인 해석이 지닌 강점이며, 이는 그야말로 성경적인 상상력을 발휘해 다양한 사건과 인물과 상징을 한데 묶어 내는 통일성을 분별하는 일이다. 우리는 성경을 공부할 때 성경의 역사가 어떻게 우리의 세계에 적용되는지 알아내려는 경우가 너무나 많다. 하지만 그와 반대로 해야 한다. 곧, 성경의 이야기에 비추어 우리의 세상을 읽어 내려고 노력해야 한다. 성경을 잘 안다면, 우리는 궁극적으로 우리의 관심을 예수 그리스도께 집중하게 만드는 큰 경향성(예를 들어, 심판을 통한 구원)을 알아차리기 시작할 것이다. 우리는 교회가 새로운 이스라엘이자 새로운 예루살렘이며, 중앙의 성전, 곧 하나님이 인류와 함께 거하시고 하늘이 땅에 임하는 공간임을 이해하게 될 것이다.

이것이 바로 세상이 보지 못하는 교회에 관한 진리이다. 이 진리는 역사학자와 사회학자들이 말하는 바가 아니라 성경의 저자들이 우리에게 말하는 바다. 교회는 모든 종족과 계급과 국가로부터 온 사람들로 이루어진 거룩한 나라다. 하지만 이 나라를 보기 위해서는 성령의 능력으로 말씀에 의해 소환된 믿음이 필요하다. 성경적으로 훈련된 상상력은 현실을 있는 그대로 보게 해준다. 곧, 세상을 영원히 움직이는 기계적인 우주가 아니라 출산의 진통을 겪고 있는 하나님의 피조물로 보게 해준다. 또한 그리스도 안에 있는 새것이 아담 안에 있는 옛것으로부터 태어나기 위해 애쓰고 있는 공간으로 보게 해준다. 목회자는 회중이 '오직 성경으로'라는 원리를 회복할 수 있도록 도움으로써 제자들을 길러 낸다. 오직 성경만이 그리스도인의 사회적 상상력을 지배해야 한다. 오직 성경만이 우리의 궁극적인 개연성의 구조가 되어야 한다. 오직 성경만이 하나님의 백성이 기준으로 삼고 사는 이미지와 은유를 제공해야 한다.

목회자를 상상하라: 목회의 기준으로 삼아야 할 은유

나의 지론은 모든 중요한 문화적, 학문적 경향이 결국에는 사람들이 성경 주석을 집필하는 방식에 반영된다는 것이다. 최근에 나는 목회자 상에 관해서도 비슷한 역학이 존재하는 건 아닐까 하고 생각하게 되었다. 곧, 우리가 사회에 있는 리더십을 바라보는 방식이 교회 안에 있는 리더십을 규정하게 된 것처럼 보인다. 윌리엄 윌리몬(William Willimon)이 지적하듯이, 지난 50여 년 동안 목회자는 어떤 존재이며 그들이 하는 일은 무엇인지에 관해 당혹스러울 정도로 다양한 이미지가 존재했다. "현대의 목회는 성경이 아니라 주변 문화로부터 빌려온 리더십의 이미지들(최고 경영자로서의 목회자나 심리 치료 전문가로서의 목회자 혹은 정치적 선동가로서의 목회자)······의 희생양이었다."[23]

유진 피터슨은 관리자의 은유에 대해 특히나 비판적이었다. "목회자의 소명이 사업 계획을 가지고 있는 종교 사업가의 전략에 의해 대체되었다.······나는 내가 미국인이라는 사실을 사랑하지만······하나님을 판매되는 상품으로 취급하는 흉악한 소비주의는 사랑하시 않는다."[24] 특히 그는 경력(career)의 관점에서 목회자의 소명을 이해하는 태도에 대해 비판적이다. "미국의 목회자들은 무슨 일이 일어나고 있는지 제대로 알아차리지 못한 채, 미국의 출세 제일주의(careerism)의 관점에서 우리의 소명을 재정의하고 말았다. 우리는 더 이상 교구를 목회자의 영성을 위한 자리로 생각하지 않으며, 대신 출세를 위한 기회로 생각하기 시작했다."[25]

들음과 행함

목회자로서의 성공이 무엇을 의미하는지 보여주는 잘못된 그림은 교회의 세속화에도 기여한다. 문제는 은폐된 교과 과정, 곧 우리가 기준으로 삼고 살아가며, 따라서 상상력을 사로잡는 그림이다. 성경적인 은유에 따라 살아가는 일이 제자들에게 필수적이라면, 목회자가 성경적 은유에 따라 목회하는 법을 배우는 일은 얼마나 더 필수적이겠는가? 이는 곧 목회자 역시 '오직 성경으로'라는 원리를 고수함으로써 자기 이해를 개혁해야 할 필요가 있다는 의미다. 달리 표현하면, '오직 성경으로'라는 원리가 목회자의 정체성과 책무에 관한 우리의 생각을 통제해야 한다. 나는 아래에 제시된 세 가지 은유에 따라 목회자가 자신의 소명에 대한 상상력을 재형성해야 한다고 주장한다.

성경이 제시하는 첫 번째 은유는 목자다. 목자는 소방관이나 경찰관만큼 흥미진진하지 않다. 적어도 사자와 곰과 골리앗과 싸워야 했던 젊은 시절 다윗의 이야기(삼상 17:34-37)를 읽기 전까지는 말이다! 목회자 자신을 비롯해 오늘날 대부분의 사람들은 목자가 영웅적인 전쟁을 벌인다는 관점에서 복음의 사역을 바라보지 않을 것이다. 하지만 그것이 목회의 본질이다. 회중의 의식 최전선에 자리 잡고 있어야 하는 성경적 상상력에 다시 활기를 불어넣을 수 있다면, 우리는 이를 이해할 수 있을 것이다.

두 번째 은유는 말씀 사역자다. "말씀 사역"이라는 개념은 사도행전 6:4에 등장한다. 여기서 열두 사도는 음식을 대접하는 일을 다른 이들에게 맡기고 자신들은 하나님의 말씀을 먹이는 일에 전념하기로 결정한다. "사람이 떡으로만 살 것이 아니요 하나님의 입으로부터 나오는 모든 말씀으로 살 것"이기 때문이다(마 4:4).

말씀 사역에 관한 여러 방식이 존재하지만, 성경을 신학적으로 해석하는 일이 상상력을 교육하는 데 특별히 중요하다. 특히 이 일이 강단에서 행해질 때 더욱 그러하다. 설교자는 청중을 즐겁게 하는 일에 관심을 덜 기울여야 하고, 성경이 말하는 바와 가능한 한 신실하게 말씀을 강해하는 일에 관심을 더 기울여야 한다. 이것이 설교하는 목회자에게 주어진 특별한 과제다. 존 리스는 "종교개혁을 하나님의 은총을 인간과 매개하는 일차적인 수단인 설교의 부흥으로 이해하는 것이 가장 적절하다"라고 말한다.[26] 더 나아가, 제2차 스위스 신앙 고백에서는 "하나님의 말씀에 대한 설교가 곧 하나님의 말씀이다"라고 말한다. 우리는 하나님의 말씀을 들을 때 말씀의 피조물로 다시 창조된다. 우리가 하나님의 말씀을 들을 때 성령께서 우리를 깨뜨리시고, 겸손하게 하시며, 그리스도를 더욱 닮은 사람으로 만들어 가신다.

하나님이 그분의 말씀 안에서 일하시며, 그분의 말씀이 그분이 그것을 보내신 목적을 기필코 성취한다는 사실을 기억하는 것이 중요하다(사 55:11). 에프라임 래드너(Ephraim Radner)가 말하듯이, 설교는 "우리를 우리가 속한 곳으로, 곧 본문 자체로 돌려보내는 행위다.……하나님의 창조적인 전능성을 지닌 그분의 말씀은 자기를 내주며 우리를 자기와 같은 모습으로 만들어 가는 일을 한다."[27]

마지막 은유는 교회의 박사(의사)다. 영어로 '박사'(doctor)라는 말은 라틴어 docere("가르치다")에서 유래했다. 중세에 박사는 학식이 많은 사람이었다. 신학자는 교리를 가르쳤기 때문에 "교회의 박사"라고 불

들음과 행함

렸다. 또 다른 박식한 사람들은 치료의 과학을 배웠다. 이들은 의사였다. 나는 이 용어가 지닌 두 가지 의미 모두에서 목회자-신학자가 박사라고 생각한다. 곧, 목회자-신학자는 가르치는 일을 통해서 그리스도의 몸의 건강을 회복하고 유지하는 법을 아는 사람이다.

어떤 의미에서 목회자-신학자는 그리스도의 몸을 돌보는 일반의(교회의 주치의)다. 하지만 또 다른 의미에서 목회자의 특별한 소명은 그리스도의 몸을 돌보는 안과 의사가 되는 것이다. 예수께서도 눈의 중요성에 관해 제자들을 가르치셨다. "네 몸의 등불은 눈이라. 네 눈이 성하면 온 몸이 밝을 것이요. 만일 나쁘면 네 몸도 어두우리라"(눅 11:34). 나는 예수께서 바울이 "마음의 눈"(엡 1:18)이라고 부른 것에 관해 말씀하셨다고 생각한다. 이것은 "정신의 눈", 곧 상상력을 가리킨다고 말할 수 있다.[28] 이 눈은 우리가 사물을 바라보는 가장 중요한 방식과 우리의 가장 내밀한 시각, 그리고 가장 참된 것에 대한 지각(이 책에서 사회적 상상, 곧 이야기에 의해 형성된 개연성의 구조라고 부르는 것)과 관계가 있다.

그리스도의 몸인 교회는 시각의 문제를 지니고 있다. 이 문제는 문화에 의해 야기된 근시라고 진단할 수 있다. 이 때문에 우리는 바로 우리 앞에 있는 물질세계 안에 있는 것밖에 보지 못한다. 혹은 하나님에 관해 알 수 있게 해주는, 피조물 안에 있는 빛이 비치지 못하게 막는 난시라고 진단할 수도 있다. 어떤 경우에든 목회자-신학자는 회중에게 성경이라는 교정 렌즈를 제공함으로써 이 문제를 해결할 수 있다. 칼뱅은 성경이 우리가 세상을 바르게 읽을 수 있도록 해주는 "안경"이라고 말한다.[29]

앞에서 살펴보았듯이, 개신교 종교개혁자들은 에베소서 4:11-12을 근거로 교사의 직분을 매우 중요하게 생각했다. 이 본문에서는 부활하시고 승천하신 그리스도께서 그리스도의 몸을 세우기 위해 성도를 훈련할 "목사와 교사"를 주셨다고 말한다. 사람들로 하여금 그들이 누구이며, 그들이 왜 여기에 있고, 삶이라는 여정에서 어디를 향해 가야 하는지 이해할 수 있도록 돕는 일은 아마도 가장 중요한 사역일 것이다. 당신이 실존적으로 방향 감각을 상실했을 때는 진보를 이루거나 번성하기가 어렵다. 목회자는 사람들이 세 가지 영역에서, 곧 성경의 각 부분과 전반적인 이야기를, 성경과 그들이 살고 있는 세상을, 그리고 그들이 지금 누구인지와 하나님이 그리스도 안에서 그들이 어떤 존재가 되도록 부르셨는지를 연결할 수 있게 도움으로써 이런 중요한 문제를 이해하도록 돕는다.

성경을 이해하기 위해서는 제자들에게 정경 감각(canon sense), 곧 구속사의 흐름에 비추어 성경의 특정한 본문을 해석할 수 있는 능력이 필요하다. 구속사의 구조를 최대한 간단하게 요약하면 다음과 같다: 하나님이 세상을 만나신다(창조하신다). 하나님이 세상을 잃어버리신다. 하나님이 세상을 되찾으신다. 하나님과 세상이 영원히 행복하게 산다.

루터는 성경이 그리스도를 제시한다고 말했다. 각 본문이 어떻게 그리스도를 제시하는지를 이해하는 것은 신학적인 성경 읽기의 목적이기도 하다. 교회의 박사는 제자들이 그리스도를 만나고 그리스도 안에 있는 것, 곧 참된 신성과 참된 인성("지혜와 지식의 모든 보화"[골 2:3])을 발견하기 위해 성경을 읽도록 그들을 돕는다. 우리가 열심히 찾는다면, 그리스도 안에서 장사되고 부활하여(롬 6:4) 하나님의 가족으로 입양되었으며 그리스도 안에서 하나가 된 화해된 하나님의 백성(이스라엘과 교회, 유대인과 헬라인, 남자와 여자, 노예와 자유인[갈 3:28])의 일원이 된 우리 자신에 관한 진리를 발견할 수 있을 것이다.

또한 교회의 박사는 사람들이 구속이라는 전반적인 드라마에 비추어 자신의 세상(자신의 특수한 문화적 맥락)을 읽어 내도록 돕는다. 사회의 기관들은 그 사회의 하드웨어지만, 문화는 인간성을 계발하고 그 자유를 형성하기 위한 사회의 소프트웨어, 곧 '프로그램'이다. 목회자-신학자는 문화에 관해 교인들을 교육해야 한다. 왜냐하면 문화는 사람들을 교육하고 그들의 인간성을 계발하는 일에 전력을 다하고 있기 때문이다. 문화는 상상력을 위한 렌즈를 제공함으로써 궁극적으로 정신이 아니라 마음을 교육한다.

복음 사역을 한다는 것은 단지 이해에 관한 사역을 하는 것이 아니라 현실에 관한 사역을 하는 것이다. 곧, 그리스도 안에 있는 우리의 새로운 인간성에 대해 분명한 시각을 제공하는 것이다. 그리스도 안에 있는 것을 말한다는 것은 너무나도 많은 삶을 지배하는 거짓 그림들로부터 사로잡힌 상상력을 해방하는 일을 의미한다. 하나님의 말씀을 선포할 때, 설교자는 우리가 우리 자신의 참모습을 볼 수 있는 거울을 들고 있는 것과 같다. 그리스도 안에 있는 것보다 더 근본적인 현실은 없다.

목회자는 하나님의 말씀을 전함으로써 제자들이 현실적이 되도록 돕는다. 설교는 저 멀리 역사의 은하계에서 일어나고 있는 일에 대한 간접적인 묘사가 아니다. 복음 설교는 세상에 대한 참된 이야기를 선포하며, 만물이 "주에게서 나오고 주로 말미암고 주에게로 돌아감" (롬 11:36)을 인정한다. 설교는 목회자-신학자의 무기고 안에 있는 중화기이며, 좋은 삶에 이르는 다른 길들을 약속하는 여러 다른 이야기들에 사로잡혀 있는 상상력에 대한 최선의 정면 공격이다. 설교는 그리스도 안에 있는 것을 말해야 할 뿐만 아니라 그것의 탁월함을 전해야 한다.

◊

마음의 눈을 위한 코어 운동

제자 삼는 일의 일차적인 공간인 교회를 섬기는 것은 목회자가 지닌 특권이자 책임이다. 나는 이미지와 시각이 가진 중요성에 관해 이야기해 왔다. 이번 장의 목표는 교회가 '말씀의 피조물'이라는 종교개혁 사상과 '오직 성경으로'라는 종교개혁의 형상적 원리를 교회와 목회자가 회복함으로써 더 선명한 초점을 갖게 하는 것이다.

'오직 성경으로'는 단지 성경과 전통 사이의 관계에 관한 교리가 아니다. 이는 그리스도인의 상상력에 적용되는 규칙이기도 하다. 오직 성경만이 제자들이 그것으로부터 자신의 실존적인 의미를 취해야 하는 궁극적인 이야기다. 오직 성경만이 그리스도의 교회로서 함께 살아가는 삶에 관해 생각하고 그 삶을 실천하는 일에 있어서 권위 있는 지침이 되는 은유와 이미지와 서사를 제공한다. 오직 성경만이 제자들이 추구해야 할 행복과 건강을 규정한다.

나는 목회자가 (설교를 통해서만은 아니지만) 대체로 설교를 통해서 교회의 공동체적 시력을 유지하고 교정하며 향상해야 할 책임을 맡은 안과 의사라고 주장했다. 그러나 말씀을 전하고, 사람들이 신학적으로 성경을 읽는 동시에 그 핵심에 자리 잡고 있는 이야기에 참여하고, 그리하여 '오직 성경으로'라는 원리를 그들의 사회적 상상으로 만드는 수많은 방법이 존재한다. 이번 장에서 우리가 다루는 내용을 더 잘 이해하도록 돕기 위해, 삶으로 실천하는 신학을 위한 몇 가지 운동을 제안하려고 한다.

모든 운동이 그렇듯이, 내가 여기서 제안하는 운동도 규칙적으로 실천해야 기대하는 유익을 얻을 수 있다. 단 한 번 계단을 올랐다고 몸이 건강해질 수는 없다. 마찬가지로, 목회자 역시 단 한 번의 설교로 사회적 상상을 바꿀 수는 없다. 말씀의 사역이 설교를 넘어 확장된다는 사실을 명심하라. 상담과 주일학교 수업, 기도, 심방, 심지어 모든 대화를 통해 말씀이 전해질 때마다 영성 형성이 이루어진다. 바울은 내가 코어 운동이라고 부른 것과 매우 비슷한 어떤 것을 수행하라고 독자들에게 권면하면서, 그들이 승리하신 예수의 재림으로 마무리되는 그 이야기에 비추어 살아가고 있음을 서로에게 일깨워 주라고 당부한다. "그러므로 이러한 말로 서로 위로하라"(살전 4:18). 마찬가지로, 모든 코어 운동은 기독교 교리가 표현하는, 그리스도 안에 있는 새로운 현실(칼 바르트 [Karl Barth]가 "성경이라는 낯설고 새로운 세계"라고 부른 것) 속에서 살도록 서로를 돕기 위한 방법이다.

교회의 리더십에 대한 우리의 이미지를 바로잡기 위해 성경을 읽으라

당신은 오늘날 사람들이 따르는 지도자의 모습을 어떻게 묘사하겠는 가? 어떤 지도자상이 현대 문화에서 지배적인가? 지도자들에 대한 문화적인 이미지가 어느 정도까지 교회 안에, 특히 목회자에 관한 우리의 생각에 침투했는가? 성경은 우리 마음의 눈이 하나님이 우리가 사물을 바라보기 원하시는 방식과 일치할 수 있게 해주는 교정 렌즈를 제공한다. 교회의 장로들과 회중이 목회자에 관한 그들의 생각에 세속적인 지도자상이 어떤 영향을 미치고 있는지 자각하는 것은 대단히 중요하다.

리더십에 관해 성경적으로 생각하도록 장로들과 회중에게 권면하라. 예를 들어, 하나님이 이스라엘과 교회에게 주신 지도자들을 생각해 보라. 어떤 점에서 목회자는 예언자와 제사장 및 왕과 같은가? 특히 각각의 직분에서 하나님의 말씀이 어떤 역할을 하는지 생각해 보라. 초대 교회의 지도자들에 관해서, 그들이 어떻게 말씀의 사역에 전념하겠다고 결심했는지 생각해 보라(행 6:1-6). 성경을 사용해서 교회의 리더십이 어떤 모습이어야 하는지에 관해 당신 교회의 관념을 개혁하라. 당신의 교인들이 목회자를 설교자와 프로그램 관리자 그리고 사람들을 돕는 자로 이해할 뿐 아니라 신학자, 곧 개인적으로 또한 공동체적으로 그리스도 안에 있는 새로운 삶에 대한 성경적 전망을 제시하는 사람으로 이해하게 되기를 바란다. 이것이 바로 목회자가 리더십의 기준으로 삼아야 하는 그림이자 지역 교회가 기준으로 삼고 살아가야 하는 그림이다.[30]

문화의 사회적 상상이 영성 형성의 수단임을 이해하도록 회중의 눈을 열기 위해 성경을 읽으라

목회자가 모든 것에 관해 모든 것을 알 수는 없다. 하지만 그리스도 안에 있는 생명을 길러 내는 데 기여하든 그렇지 않든, 모든 것에 관해 한 가지 큰 것을 알 수 있어야 한다. 곧, 목회자는 시대의 징조를 읽어 내는 훈련을 해야 하며, 이를 위해서 문화적인 텍스트와 문화적인 경향을 읽어 내는 법을 배워야 한다. 여기서 문화란 이 세상 안에 있는 인간이 만든 모든 것, 특히 삶의 의미를 구현하고 가시적으로 표현하는 것들을 의미한다.

우리가 의식하든지 의식하지 못하든지, 문화에 속한 모든 사람은 문화적인 메시지를 받고 있으며, 그중 일부는 명시적이지만 대부분은 암묵적이다. 이 메시지는 우리의 잠재의식 속으로 들어가 그 안에서 차근차근 개연성의 구조를 구축한다. 2장은 성경을 활용해서 특정한 문화적 메시지(이 경우에는 건강에 관한 메시지)와 그것을 뒷받침하는 신념이 거짓 복음임을 폭로하는 사례다. 목회자는 우리를 사로잡고 있는 사회적 상상에 대해 제자들의 눈을 뜨게 함으로써 그들에게 큰 도움을 줄 수 있다. 성경을 활용해서 우리 시대의 우상과 이데올로기를 폭로하라. 이를 위해, 현대의 우상 숭배가 어떤 형식을 취하고 있는지에 관해 설교하라.[31]

종말론적인 상상력을 단련하고 마음의 눈을 강화하기 위해 성경을 읽으라

우리는 (하나님과 교제하게 하고 인간을 번영에 이르게 하는) 진리 및 생명의 길과, (우상 숭배와 인간을 좌절이라는 막다른 골목에 이르게 할 뿐인) 거짓 및 환영의 길을 분별해 내기 위해 성경을 읽는다. 성경은 참으로 현실적인 것과 영원히 지속될 것으로 우리를 이끈다. 우리를 하나님의 말씀, 곧 그리스도 안에서 "예"가 되는 모든 약속으로 이끈다(고후 1:20). 가장 위대한 약속 가운데 하나는 하나님이 신자를 "그와 함께 살리"셨다는 것이다(골 2:13). 또 다른 약속은 하나님이 그리스도 안에서 적대의 벽을 허무셨고(엡 2:14), 그 결과 "유대인이나 헬라인이나 종이나 자유인이나 남자나 여자나 다 그리스도 예수 안에서 하나"가 되었다는 것이다(갈 3:28).

그리스도 안에 있는 것에 관한 이 진술들은 그 진리를 이해하기 위해 종말론적인 상상력을 요구한다. 종말론적 상상력이란 아직 완성되지 않은 것을 그리스도 안에서 이미 완성된 것으로 보는 능력을 의미한다. 우리는 다른 이들을 육신에 따라서, 곧 그들의 배경이나 직업 혹은 사회 계급에 따라서가 아니라 종말론적 상상력에 따라서, 곧 그리스도 안에 있는 그들의 정체성에 따라서 바라보는 연습을 해야 한다. 예수의 비유는 우리가 일상적인 것 안에서 하나님 나라를 볼 수 있도록 도움으로써 이러한 종말론적 상상력을 길러 준다. 나는 그리스도 안에서 우리가 서로 연합했음을 재연하는 비유인 주의 만찬("한 떡"[고전 10:17]에 참여함) 역시 같은 기능을 한다고 주장한다. 목회자는 다양한 방식으로 교인들이 성경이라는 안경을 통해 자신과 동료 신자들을 그리스도 안에 있는 새로운 피조물로 바라볼 수 있도록 도움으로써 마음의 눈을 강화할 수 있다.

들음과 행함

결론: 일반의인 목회자-신학자

목회자는 복음을 선포하고, 그것을 이해하도록 도우며, 그리스도 안에 있는 바와 조화를 이루는 실천을 촉진할 책임을 맡은 신학자다. 목회자가 아는 것과 기여해야 하는 것은 거대하며, 심지어 보편적인 함의를 지니고 있기는 하지만 매우 특수한 무엇이다(하나님이 그리스도 안에서 행하시는 일). 하나님이 그리스도 안에서 성령을 통해 행하시는 일은 그분이 보물처럼 귀하게 여기는 백성을 만들어 내시는 일이다(출 19:5, 신 7:6; 14:2; 26:8, 말 3:17, 딛 2:14, 벧전 2:9). 목회자-신학자가 일반의, 곧 여러 가지 방식으로, 특히 영적 건강을 위한 코어 운동을 권함으로써 그리스도의 몸의 건강을 돌보는 의사라고 생각해 보라. 이런 코어 운동 대부분은 말씀 사역에 해당하며, 그리스도 안에 숨겨진 우리 삶의 의미를 말로 표현해 내는 것과 관계가 있다(골 3:3). 목회자-신학자는 특수하며 명확한 무엇인가를 알고 있지만, 엄밀히 말하면 그것은 '전문화된' 지식이 아니다. 그는 특별한 종류의 보편 지식인, 특히 사람들의 상상력을 훈련해 그리스도를 그 핵심으로 삼고 있는 통일된 성경의 서사와 조화를 이루게 함으로써, 그들을 그리스도의 제자로 삼기 위해 모든 것을 예수 그리스도의 복음과 연결하는 일에 '전문화된' 보편 지식인이다. 따라서 말씀을 전한다는 것은 당신의 마음이 아니라 그리스도의 마음을 말하는 것이며, 그리스도의 몸을 살아 움직이게 하고 안내하기 위해 그리스도의 마음을 말하는 것이다.

교회는 우리의 상상력이 다시 빚어지는 공간이며, 그런 의미에서 목회자는 안과 의사이기도 하다. "거룩한 공회를 믿습니다"라고 고백하는 것만으로도 당신의 상상력이 다시 빚어지며, 이로써 교회를 오류로 가득한 인간의 기관이 아니라 거룩한 나라이자 성전으로 바라보기 시작한다. 상상력의 이러한 재형성은 목회자가 교회 안에서 자신을 바라보는 방식까지 완전히 바꾸어 놓을 것이다.

두 명의 석공이 열심히 일하고 있다. 무슨 일을 하고 있는지 묻자, 첫 번째 석공은 "이 돌을 완벽한 직사각형 모양으로 자르고 있소"라고 말했다. 다른 석공은 "성당을 건축하고 있소"라고 대답했다. 두 가지 대답이 모두 옳지만, 당신이 그저 화강암 벽돌을 만드는 것이 아니라 성당을 건축하고 있다는 사실을 이해하기 위해서는 상상력이 필요하다.

마찬가지로, 두 명의 목회자가 열심히 일하고 있다. 무슨 일을 하고 있는지 묻자, 첫 번째 목회자는 "프로그램을 계획하고, 설교를 준비하고, 갈등을 조정하고 있습니다"라고 말했다. 다른 목회자는 "성전을 짓고 있습니다"라고 대답했다. 회중을 살아 있는 성전으로, 그리고 각 교인을 산 돌로 보기 위해서는 성경이 빚어낸 상상력이 필요하다 (벧전 2:5). 이 돌들은 "모퉁잇돌"(엡 2:20)이신 그리스도와 결합되기 위해 다듬어지고 있다(정으로 잘라 내고, 끼워서 맞추며, 광택을 내고 있다). 죄인을 바라보면서 그를 성도로 보기 위해서는, 성경에 의해 형성된 종말론적인 상상력이 필요하다.

성당을 건설하는 일과 사람들을 예수 그리스도께서 모퉁잇돌이 되시는 성전, 곧 하나님이 거하시는 장소로 만들어 가는 일(엡 2:21-22)은 전혀 다르다. 그렇다면 우리는 어떻게 그리스도 안에 있는 새로운

들음과 행함

인류, 다시 말해 그리스도의 영에 합당한 성전을 표상하려는 목적에 맞는 남자와 여자들을 만들 수 있을까? 나는 목회자가 주를 위해 집을 지으려는 다윗의 불타는 열망(대상 21:6-10)을 지니기를, 하지만 이번에는 산 돌로 주를 위해 집을 지으려는 열망(벧전 2:5)을 지니기를 바라며 기도한다.

나는 교회, 곧 그리스도 안에 있는 새로운 인류를 믿으며, 제자들에게 성경을 신학적으로 읽는 법을 가르침으로써 그것을 볼 수 있도록 돕는 안과 의사의 중요성을 믿는다.

교회의 구성원인 제자

우리는 교회를 비롯한 기관들에 대한 의심이 만연한 시대에 살고 있다. 이 의심이 너무도 깊이 자리 잡고 있으며 또한 너무나도 극단적이어서, 일부 젊은 그리스도인들은 자신의 성장에만 관심을 기울이는 것처럼 보이는 기관보다는 그들이 알고 신뢰하는 개인들에 의해 제자로 양육을 받는 편을 선호할지도 모른다. 하지만 나는 이번 장에서 교회가 성경의 명령에 따라 제자를 삼는 공간임을 주장하려고 한다.

많은 사람들이 하나의 거룩하고 보편적이며 사도적인 교회에 대한 믿음을 고백하기 어려워한다. 기관들은 조직화되어 있으며 권위의 구조를 가지고 있다. 이 두 요소가 이미 그들에게 거부감을 불러일으킨다. 이를 더욱 어렵게 만드는 것은, 교회를 비롯해 선택의 대상이 되는 기관들이 너무나도 많다는 점이다. 소비자가 되도록 영적으로 형성된 사람들은 한 길만 선택하는 데 더 어려움을 겪을 것이다.

하비 콕스(Harvey Cox)는 『종교의 미래』(*The Future of Faith*)에서 우

들음과 행함

리가 교회사의 세 번째 단계에 진입하고 있다고 주장한다. 곧, 오늘날은 예수의 도덕적인 가르침을 고수하는 데 관심을 기울이는 믿음의 시대도 아니고, 바른 교리에 관심을 기울이는 신념의 시대도 아니며, 권위적인 기관에 대한 냉소주의와 교리보다는 영성에 대한 관심으로 특징지어지는 성령의 시대라는 말이다. 콕스는 올더스 헉슬리(Aldous Huxley)가 주의 기도를 변형하며 했던 말을 인용한다. "우리에게 일용할 믿음을 주시고 우리를 신념에서 구하소서."[1] 하지만 교리 없이 제자도가 존재할 수 있을까?

어떤 복음? 누구의 교회?

일요일 아침에 사귐을 위해 모이는 모든 모임이 하나님의 말씀에 의해 소집되는 것은 아니다. 예를 들어, 종교에 관한 설문 조사에서 "없음"이라는 항목을 택하는 사람들에게 초점을 맞춘 모임을 일요일 아침마다 여는 하버드 대학교의 인본주의 공동체(Humanist Community)를 생각해 보라. 이러한 새로운 인본주의 공동체들은 하나님 없이, 그리고 그리스도 없이 공동체를 유지하려고 노력하는 점을 제외하면 기독교 교회들과 점점 더 비슷해지고 있다. 또 다른 예로, 휴스턴 오아시스(Houston Oasis)는 "자유사상가들이 긍정적인 방식으로 인간의 경험에 대해 기뻐할 수 있는 안전하고 우호적인 환경을 만들기 위해 노력하는 긍휼과 이성의 공동체"를 자처한다.[2] 이 단체는 친교와 지원을 제공하기 위해 일요일 아침 10시 30분에 만난다. 이들의 웹사이트에서는 "신념보다 사람이 더 중요하다"고 자랑스럽게 주장하지만, 이 공동체는 여전히 신앙고백과 비슷한 것을 가지고 있다. 하지만 그것은 "나는 믿는다"라는 말로 시작하지 않고 "우리는 생각한다"라는 말로 시작한다. 이 책에서 줄곧 주장하듯이 우리 모두는 제자들이다. 유일한 물음은 우리가 누구의 말을 따르고 있는가다. 좋든 싫든 우리 모두가 이런저런 종류의 가르침으로 가득 차 있다. 유일한 물음은, 우리가 기준으로 삼고 살아가는 교리가 우리를 번영으로 이끄는지, 아니면 멸망으로 이끄는지—그것도 영원히!—에 관한 것이다.

이러한 비종교적인 공동체들의 등장 때문에, 교회는 자신의 독특한 본질과 정체성 그리고 사명에 관해 더 주의 깊게 생각하지 않을 수 없게 되었다. 또한 같은 이유 때문에, 우리는 종교개혁자들처럼 영들을 분별하도록 도울 기준을 공식화해야 한다. 모든 영이 예수 그리스도의 영이 아니기 때문이다. "누구든지 그리스도의 영이 없으면 그리스도의 사람이 아니라"(롬 8:9). 예수께서도 "나더러 주여, 주여, 하는 자마다 다 천국에 들어갈 것이 아니요. 다만 하늘에 계신 내 아버지의 뜻대로 행하는 자라야 들어가리라"(마 7:21)라고 말씀하셨다. 여기서 예수께서는 내부자와 외부자를 구별하신다.

종교개혁자들 역시 어떻게 참된 교회를 알아볼 것인지에 관한 문제와 씨름했다. 그리고 말씀의 올바른 선포, 성례전의 올바른 집례, 그리고 치리의 적절한 실행을 세 가지 기준으로 제시했다. 이에 관해 사실은 단 하나의 표지만 있다고 말할 수 있다. 이는 곧 설교와 성례전과 교회의 삶을 통해 하나님의 복음을 올바로 실천하는 것이다.[3] 핵심 전제는 말씀과 성령이 하나라는 것이다. 우리는 하나님이 성경 안에서 말씀하신 바와 일치하는지 따져 봄으로써 영들을 시험한다.

하나님의 말씀은 하나님의 백성을 모아서 그 말씀을 '행하게'(듣고 노래하고 공부하고 고백하고 찬양하고 순종하게, 더 일반적으로는 삶 속에서 그것을 실천하고 실행하게) 한다. 제자들은 이러한 복음의 무리에 속한 구성원이다. 말씀의 공동체인 교회는 그리스도인들이 기록되고 선포된 말씀에 의해 살아 계신 하나님의 말씀이신 예수 그리스도 안으로 세워지는 공간이다. 신학의 참된 목적과 그 최종적인 목표는 정통적인 교리 해설서가 아니라 모든 곳에서, 모든 사람에게, 그리고 언제나 예수 그리스도의 마음을 구체적으로 보여주는 제자들의 정통적인 공동체다. 교회는 "인류를 향한 하나님의 새로운 뜻과 목적"이라고 본회퍼는 말했다.[4]

교회는 말씀을 듣고 행하기 위해, 한마디로 예배하기 위해 모인다. 종교개혁자들은 예배가 "하나님을 영화롭게 하고 영원히 그분 안에서 기뻐하기 위해" 존재하는 인간의 최종 목적임을 인식했다.[5] 예배는 동사다. 하지만 교회가 행하는 바는 하나님이 먼저 주도적으로 행하신 바에 대한 반응이다. 하나님이 주도적으로 행하신 이 말씀을 통해 하나님은 자신을 알려 주셨다. 그것은 하나님이 말씀하시는 동시에 행하시는 무엇이다. 하나님의 행위, 곧 사랑 안에서 그분의 빛과 생명을 전해 주시는 그분의 강력한 행동(은총)이 인간의 행위(감사)를 위한 적합한 틀이다. 교회가 제자를 삼는 공간인 이유는 일차적으로 하나님의 백성이 영과 진리 안에서 바르게 예배하는 법을 배우는 공간이기 때문이다(요 4:24). 이 주장을 입증하기 전에, 성경 해석이 어떻게 연극 연기와 비슷한지 보여줌으로써 이 논의를 위한 무대를 마련하려고 한다.

복음의 극장인 역사: 구속의 드라마

일상생활은 연극적이다. 한 사람이 다른 사람을 만날 때마다 극적인 긴장의 조짐이 존재한다. 1959년에 사회학자 어빙 고프먼(Erving Goffman)은 이에 관해 『자아 연출의 사회학』(*The Presentation of the Self in Everyday Life*)이라는 책을 썼다.[6] 연극의 본질은 정태적인 어떤 것 혹은 추상적인 진실이 아니라 일어나는 사건들이다. 그리고 연극의 매체는 몸과 분리된 사고가 아니라 (복음과 마찬가지로 몸의 행동과 상호 작용을 통해 이루어지기에) 신체적이며 인격적이다. 연극은 행동의 언어를 말한다.

구속사 역시 연극적이다. 그 안에서 하나님은 행동하신다. 기독교의 핵심은 관념이나 도덕의 체계가 아니라 하나님이 아담과 아브라함, 이스라엘, 마리아, 바울 등에게 일상생활 속에서 자신을 제시하거나 전달하시는 것이다. 그것은 예수 그리스도라는 인격체 인에서 빛이 세상으로 들어와 어둠을 몰아내는 이야기다.

다른 누구도 말할 수 없지만 목회자라면 반드시 해야 하는 말은, 하나님이 단지 계신다는 것이 아니라 그분이 행동하셨다는 사실이다. 복음은 이미 행해진 어떤 것에 관한 보고다. 우리에게는 뉴스(하나님의 나라가 예수 그리스도의 위격과 사역을 통해 우리의 세상 안으로 침투했다는 속보)가 있다. 하나님이 행동하셨으며(이로써 보도해야 할 뉴스를 만드셨다)

들음과 행함

하나님이 말씀하셨다(이를 보도한 사람들이 하나님께 영감을 받았기 때문에 이 뉴스는 신뢰할 만하다).

말씀과 행위를 통한 하나님의 역사적 자기 제시를 나는 "하나님 드라마"(theodrama)라고 부른다. drao는 "행함"을, theos는 "하나님"을 의미한다. 따라서 이 말은 "하나님의 행하심"을 뜻한다. 성경은 창조의 시작부터 그것의 최종적인 완성에 이르기까지 하나님의 강력한 행동을 서술한다. 이것이 성경의 큰 이야기이며, 이를 위해서는 크게 읽기가 필요하다. 이 드라마는 그리스도인의 상상을 지배해야 하는 이야기이며, 교회와 목회자, 제자 그리고 세상 자체를 특수한 방식으로 바라보라고 요구한다. 예를 들어, 칼뱅은 세상을 "하나님의 영광이 나타나는 극장"이라고 부른다. 이것은 아름다운 표현이다. 왜냐하면 하나님이 세계사라는 무대에서 행하시는 바는 그분의 완전하심을 드러내는 일이기 때문이다. 특히 하나님은 자유로운 사랑으로 그분의 백성이 되도록 택하신 이들에게 그분의 빛과 생명을 전달하신다.

매우 적절하게도, 구속의 드라마는 하나님의 말씀으로 시작한다. 특히 아담에게 주셨던 뱀을 멸할 것이라는 약속(창 3:15)과 아브라함의 씨를 통해 이 땅의 모든 족속에게 복을 주겠다는 약속(창 12:3)으로 시작한다. 하나님이 그분의 약속을 성취하시고 저항을 극복하시는 방식이 성경의 이야기, 곧 하나님이 그분의 성자와 성령을 통해 역사 안에서 이루시는 구속의 드라마를 이룬다. 이 드라마는 먼저 예수 그리스도에 의해, 그다음으로 제자들에 의해 몸을 입은 이야기다. 예수 그리스도 안에서 이 이야기는 절정에 이르며, 제자들은 그리스도의 영의 능력으로 계속해서 이 이야기를 구현하며 재연한다.

세상의 역사를 구속의 드라마로 보기 위해서는 상상력이 필요하다. 하지만 이것은 바로 신학적으로 성경을 읽기 위해 필요한 것이기도 하다. 이 드라마를 5막으로 이루어진 연극이라고 생각해 보라. 각각의 막은 하나님이 말씀하시는 행위로부터 시작한다. 첫 번째 막은 창조와 그에 뒤따르는 타락(창 1-11장)으로서, 이어지는 다른 모든 것에 대한 배경이 된다. 창세기 12장에서 시작하는, 구약의 나머지 부분에 해당하는 2막은 하나님이 이스라엘을 선택하시고 거부하시고 회복하시는 이야기를 다룬다. 아브라함의 후손을 큰 민족으로 만들고 그를 통해 땅의 모든 족속에게 복을 주시겠다는 하나님의 약속으로부터 시작한다. 중심이자 절정인 세 번째 막은 하나님의 결정적인 구원의 말씀이신 예수께 초점을 맞춘다. 네 번째 막은 부활하신 그리스도께서 그분의 성령을 보내 교회를 만드시는 것으로부터 시작한다. 마지막 다섯 번째 막은 최후의 심판과 만물의 완성을 다룬다. 이 드라마를 이해하려면, 전반적인 구조 안에서 당신의 위치를 분별하기 위해 당신이 어디에 있는지를 알고 있어야 한다. 오늘날 그리스도인들은 예수의 초림과 재림 사이에서, 네 번째 막의 마지막 장면에서, 그리고 기억과 소망 사이에서 살아가고 있다. 제자를 삼는다는 것은 그들이 이 드라마 안에서 어디에 있는지를 가르치고, 자신의 역할을 맡아서 걸어가도록 그들을 권면하는 것을 의미한다.

성육신은 하나님이 무대로 등장하시는 일련의 사건 가운데서 절정에 해당한다. 또한 이 사건을 통해 세상은 복음의 극장이 된다. "말씀이

육신이 되어 우리 가운데 거하시매 우리가 그의 영광을 보니"(요 1:14). 예수의 삶과 사역을 통해 세상의 역사라는 무대 위에 하나님의 영원한 존재가 자기를 드러내신다. 이제 등장인물이 무대로 입장한다! 또한 극적인 퇴장도 있다. 출애굽(하나님이 이집트의 억압으로부터 이스라엘을 구원하신 사건)은 구약에 나오는 위대한 구원 사건이다. 이것은 다른 무엇보다도 이스라엘의 하나님이 어떤 분이신지를 선명하게 보여준다. "나는 너를 애굽 땅, 종 되었던 집에서 인도하여 낸 네 하나님 여호와니라"(출 20:2). 누가복음 9:31에서 예수께서는 자신의 죽음을 가리켜 그분이 예루살렘에서 성취하실 '퇴장'(exodus, 개역개정에서는 "별세"로 번역했다—옮긴이)이라고 말씀하셨다. 이 사건은 부활과 더불어 신약 드라마의 절정이라고 말할 수 있다. 따라서 신구약 모두 '퇴장'을 강조한다. 이스라엘은 이집트와 노예 생활로부터 벗어나며, 예수께서는 예루살렘으로부터, 궁극적으로는 무덤으로부터 벗어나신다. 또한 예수의 부활이 등장, 곧 성령의 등장을 가능하게 한다는 점에 주목하라. "내가 떠나가는 것[퇴장, 죽음]이 너희에게 유익이라. 내가 떠나가지 아니하면 보혜사가 너희에게로 오시지 아니할 것이요"(요 16:7).

극적인 행동을 구성하는 이러한 등장과 퇴장은 사실 파송이나 선교다. 하나님은 성자와 성령을 보내심으로써(missio) 아브라함에게 주신 약속(promissio)을 지키신다. 하나님은 신비한(선교적인!) 방식으로 움직이신다. 하나님 이야기 전체가 본질적으로 선교적이며 삼위일체적이다. 예수께서 성령을 보내 신자들을 한 몸이 되게 하시며, 다시 그들을 보내 사람들을 제자로 삼게 하신다. 복음은 성자와 성령의 보내심 때문에 우리가 하나님의 빛과 생명에 참여할 수 있다는 기쁜 소식이다. "우리가……그[그리스도] 안에서 기업이 되었으니"(엡 1:11). 하나님 드라마는 육신을 입으신 하나님의 이야기이자 세상에 관한 참된 이야기다.

제자들이 구속사의 드라마 안에서 살고 그 드라마를 삶으로 실천하려고 할 때, 성경만이 하나님이 승인하신 기록, 곧 하나님이 과거에 말씀하시고 행하신 바에 관한 믿을 만한 기록이 된다. 그것은 '우리를 위해' 역사 안에서 자신을 제시하신 하나님에 관한 기록이다. 또한 살아 있으며 움직이는 말씀(히 4:12)이며, 구속의 드라마에 나오는 등장인물이기도 하다. 성경은 말하자면 무대 밖에 계신 하나님이 드라마 안을 향해 말씀하시는 수단이다.

성경은 무대 조명을 제공하기도 한다. "주의 말씀은 내 발에 등이요, 내 길에 빛이니이다"(시 119:105, 또한 벧후 1:19 참조). 성경은 각광(배우의 발아래에서 배우를 비추는 조명이다—옮긴이) 역할을 한다. 곧, 우리가 무대를 또렷이 보고 무대를 지나가기 위한 수단이다. 아마도 성경을 이해하는 최선의 방법은 그것을 빛의 경륜이라고 부를 수 있는 것, 곧 하나님이 그분의 빛(그분의 뜻과 그분의 자기 시식)을 세상 안으로 비추시기 위해 그분이 계획하신 방식(경륜[oikonomia, 엡 1:9])의 구성 요소로 보는 것이라고 말할 수 있다.

성경은 각본인 동시에 처방전으로서, 교회의 신체적인 실천과 교회라는 몸의 건강을 위해 기록된 지침 역할을 한다. 핵심은 성경의 말씀이 제자들이 하나님의 이야기에 바르게 참여하기 위한 지침(빛)을 제공한다는 것이다. 이는 교리도 마찬가지다.

제자를 위한 지침으로서의 교리

철학자 알래스데어 매킨타이어(Alasdair MacIntyre)는 이야기가 우리의 자기 이해를 너무나도 철저하게 규정하기 때문에, "우리는 어떤 이야기의 일부인가?"라는 물음에 먼저 답하기 전에는 "우리는 무엇을 해야 하는가?"라는 물음에 답할 수 없다고 말한다.[7] 우리는 육신을 입은 이야기의 일부이며, 우리의 육신(몸을 입은 우리의 행동) 역시 이 이야기에 참여한다. 제자가 된다는 것은 하나님이 임명하신 역할을 맡아서 그리스도를 따르고, 하나님의 영광을 위해 말하고 행동할 수 있다는 것을 의미한다. 이것은 추상적으로 들릴 수도 있지만, 제자도는 구체적인 세부 사항에 달려 있다. 교회가 새로운 도전에 직면하고 있으며 새로운 문화적 맥락에서 새로운 장면을 연기해야 하는 21세기에, 우리는 정확히 어떻게 구속의 드라마에 참여할 수 있는가?

성경은 제자들이 기준으로 삼고 살아가는 이야기이지만, 교리는 제자들이 기준으로 삼고 살아가는 이야기의 요약이며 그 이야기에 대한 탐구다. 그렇기 때문에 목회자는 성경과 교리를 통해 사람들을 제자로 길러야 한다. 교리는 성경에 내용을 더하지 않고 이해를 더한다. 교리가 발전하는 이유는 성경 이야기와 그 함의에 대한 교회의 이해가 발전하기 때문이다. 이는 예수께서 약속하신 바이기도 하다. "진리의 성령이 오시면 그가 너희를 모든 진리 가운데로 인도하시리니"(요 16:13).[8]

교리는 복음을 이미 행해진 어떤 것에 관한 소식으로, 그리고 성경을 하나님이 행하신 바에 관한 각본으로 볼 수 있게 해줄 뿐만 아니라, 교회가 그에 대해 반응하여 그 행동을 계속 이어 가기 위해 무엇을 해야 하는지를 이해할 수 있도록 도와준다. C. S. 루이스가 말했듯이, "참된 신화로부터 나온 '교리'는 물론 덜 참되다. 교리는 하나님이 더 적합한 언어로, 곧 실제 일어난 성육신과 십자가 죽음과 부활로 이미 표현하신 바를 우리의 개념과 사상으로 번역해 낸 것이다."[9] 교리의 목적은 사람들이 그들이 그 일부로 참여하고 있는 이야기(구속의 드라마)를 이해하도록 그들을 돕는 것이며, 그렇게 함으로써 문화적인 환경이 변하더라도 이 이야기를 이어 가기 위해 무엇을 말하고 행해야 하는지 알게 하는 것이다. 교리는 이론적이고 실천적인 이해를 위한, 곧 신앙을 행하기 위한 지침을 제공하는 특별한 종류의 가르침이다. 교리는 제자도를 위한 연기 지침이다.

앞에서 살펴보았듯이, 부활하신 그리스도께서 하신 일 가운데 하나는 목회를 위해 성도를 훈련할 "목사와 교사"를 세운 것이었다(엡 4:11-12). 내가 제안하는 연극의 모형 안에서 목회자와 신학자는 무엇보다도 성경을 읽고 교리를 가르침으로써 제자들이 그리스도의 드라마에 적극적으로 참여하도록 그들을 훈련하는 사람들이다.

교리는 단순히 명제적인 지식이 아니라(이 지식이 교리의 일부이기는 하지만) 실천적인 이성, 곧 특정한 상황에서 무엇을 말하고 행할 것인지에 관한 지식을 끌어낼 때 제자를 길러 낼 수 있다. 앞에서 살펴보았듯이, 교리는 이 이야기의 주된 행동을 설명할 뿐만 아니라 우리가 우리 자신을 이해하고 우리가 여기에 있는 이유를 이해하도록 도움으로써 이런 기능을 수행한다. 곧, 교리는 성령의 자유 안에서 그리스도 안에

들음과 행함

있는 새로운 생명을 드러내고, 이로써 성부를 영화롭게 하는 법을 이해하도록 도움으로써 이런 기능을 수행한다.

최선의 상황에서 교리는 그리스도인이 믿는 바에 대한 종합적인 설명을 제공하는 이론적인 목적뿐만 아니라 제자들, 곧 모든 상황에서 그리스도께서 명령하신 일('그리스도 안에 있는' 새로운 현실과 조화를 이루는일)을 행함으로써 그리스도의 마음과 지혜를 드러낼 준비가 되어 있으며, 기꺼이 그렇게 하려고 하고, 또한 그럴 수 있는 사람들을 형성하는더 실천적인 기획에 기여한다. 창조와 성육신, 삼위일체 그리고 속죄의교리는 이론적이며 추상적인 개념(일차적으로는 생각해야 하는 어떤 것)이 아니라 매일의 실존을 위한 지향성을 제공하는 중요한 본보기이며,따라서 일차적으로 삶 속에서 실천해야 하는 어떤 것이다. 교리는 주의를 산만하게 만드는 무엇이 아니라 교회의 핵심 과업이다. 날마다 하루종일 하나님의 영광을 위해 사는 삶이다. 우리가 그 안에 사로잡혀 있는 이야기를 이해할 때만 우리는 이런 삶을 살 수 있다.

교리는 하나님 드라마의 상상력이라고 부를 만한 것, 곧 구속사와 우리 자신의 역사적 상황을 예수 그리스도께 초점이 맞추어진 통일된 드라마로 바라볼 수 있는 능력을 가르친다. 교리는 교회가 예수 그리스도의 복음이 어떤 의미에서 좋은 소식인지 이해하도록 도우며, 이로써 이이야기를 이해할 뿐만 아니라 그 일부가 되려는 욕망을 지닌 신자들을길러 낼 수 있도록 돕는다. 결국 이것이 제자 삼는 일의 목표다. 곧, 하나님 드라마에 참여하기에 합당한 사람들(빛의 자녀로 살며 복음의 진리안에서 행하는 사람들)을 형성하는 것이다.

교리는 제자도를 위한 연기 지침, 곧 새로운 상황에서 신실하게 예수 그리스도의 길과 진리와 생명을 구현하며 재연하기 위한 지침이다. '건강한'(fit) 제자는 '합당한'(fitting) 일을 할 것이다. "합당한"이 핵심어다. 목회자-신학자는 사람들을 훈련해 그들이 영적으로 건강한 사람들, 곧 복음의 시민이 말하고 행하기에 합당한 바를 말하고 행하는 사람들이 되게 한다. 합당함이란 오늘 우리의 말과 생각과 삶에 있어서 하나님이 그리스도 안에서 만물을 아우르기 위해 행하셨고, 행하시며, 행하실 바에 대해 조화를 이루는 것을 의미한다. 제자 삼는 일은 궁극적으로 복음의 합당함이라는 목적에 적합한 사람을 형성하는 것에 관한 문제다.

교리는 그리스도 안에 있는 바를 말할 때 "합당"하다(딛 2:1). 교리의 가르침을 따른다는 것은 현실을 받아들인다는 것을 의미한다. 교리는 만물이 어떻게 그리스도를 통해, 그리고 그리스도를 위해 창조되었으며, 그리스도 안에서 만물이 어떻게 유지되는지 이해할 수 있도록 도와준다(골 1:16-17). 목회자-신학자의 책무는 그리스도 안에 있는 바를 설명할 뿐만 아니라 제자들이 그것을 따르도록 가르치는 것이다. 앞 장에서 살펴보았듯이, 목회자는 이해를 돕는 사람으로서 해야 할 특별한 역할이 있을 뿐 아니라, 성경에 대한 거시적, 신학적 읽기(이론적이기보다는 연극적인 읽기, 곧 한 사람의 해석이 몸으로 구현된 수행을 통해 표현되는 읽기)를 제공하고 권면함으로써 이 역할을 수행한다.

앞 장에서 나는 목회자가 교리를 가르치는 사람이며, 따라서 교회의 박사라는 관념을 언급했다(교리에 해당하는 라틴어 doctrina가 "가르침"을 의미한다는 점을 기억하라). 바울은 교리가 교회의 삶에 필수적이며, 참될

뿐만 아니라 건강에 '유익'하거나 건강을 '주기' 때문에 교리가 합당하다고 말할 수 있었다. 합당한 교리는 유해하거나 불건전한(제자들이 거룩하지 않은 드라마에 참여하도록 이끌기 때문에 공동체의 건강에 해로운) 거짓 교리와 대조를 이룬다.

목회자는 따라야 할 '처방전'(scripts, 나는 연극보다는 약학의 의미에서 이 용어를 사용하고 있다)을 작성하는 의사-감독자다. 병 안에 들어 있는 처방 약품은 아무에게도 쓸모가 없다. 몸이 그 약을 소화하거나 흡수할 때만 치유 능력이 나타난다. 마찬가지로, 교리는 그리스도의 몸의 건강을 위한 처방전이지만, 많은 교인들은 처방받은 약은 먹지 않으려고 하며, 지적인 칼로리가 낮고 건강에 해로울 정도로 단 대중문화의 소프트 드링크만 들이키려고 한다. 건전한 교리(위로부터 온 천상의 약)가 그리스도의 몸의 혈관 속으로 흘러 들어가는 것은 대체로 교리를 가르치는 목회자-신학자의 일 덕분이다.

목회자-신학자는 제자들과 회중에게 건강을 주는 지침을 제공하는 연극 감독이기도 하다. 건전한 교리는 제자들이 추구해야 할 건강을 신학적으로 설명한다. 신학적으로 말하자면, 건강하다는 것은 '그리스도 안에' 있다는 것이다. 사람이 떡으로만 사는 것이 아니라 하나님의 모든 말씀으로 산다는 예수의 말씀에 우리는 사람이 교리라는 식단에 따라 산다고 덧붙일 수 있다.

목회자를 복음의 극단(劇團), 곧 복음의 진리를 선포하고 기리며 묵상하고 실천하기 위해 모인 사람들의 모임을 이끄는 연극 감독이라고 생각해 보라. 목회자는 성경을 설교하고 가르침으로써 복음의 극단이 거룩한 각본에 따라 연기하도록 돕는 산파, 곧 기록된 말씀과 공동체가 자신의 건덕(建德)을 위해 세상에 대한 증언으로서 재연하는 말씀 사이에 있는 매개자다. 이 연극 감독의 제1계명은 각본에 대한 충실함이다. 이는 '오직 성경으로'라는 원리에 대한 종교개혁자들의 강조나 성경만이 복음의 무리의 사회적 상상을 지배해야 한다는 이 책의 주장과 일맥상통한다.

물론 예수 그리스도만이 교회의 주님이시다. 하지만 그분은 교회에 목회자-교사를 조감독으로 주셨다. 하나님의 섭리가 전 지구적인 차원의 제작을 감독하는 반면, 목회자는 지역의 공연을 감독할 일차적인 책임을 맡고 있다. 목회자의 일은 대체로 의사소통과 관계가 있다. 배우들에게 각본의 의미를 알리고, 배우들을 통해 간접적으로 외부의 청중에게 연극의 의미를 알린다. 특히 목회자-감독은 회중의 상상력을 훈련해 하나님 드라마가 공동체의 말과 행동을 지배하는 틀이 되게 한다(고후 10:5을 보라). 하지만 이렇게 묻는 사람들이 있을 수 있다. 제도에 대해 반대하는 태도가 만연한 우리 시대에 우리가 왜 이 일을 함께해야 하는가? 극장 안에 원맨쇼를 위한 공간이 존재하지 않는가? 목회자는 단독 공연자가 아닌가? 어떤 목회자는 자신이 연극의 주인공이 되는 편을 선호할지 모르지만, 그렇게 주장하는 것은 제자 삼는 과정을 방해하는 일과 다름없다. 목회자의 책무는 모든 사람이 자신의 영적인 은사에 따라 말하고 행동하는 역할을 수행하게 하는 것이다. "각각 은사를 받은 대로 하나님의 여러 가지 은혜를 맡은 선한 청지기같이 서로 봉사하라"(벧전 4:10, 고전 12:4-11과 비교해 보라).

복음의 극장으로서 교회: 왜 소집된 극단인가?

사랑 안에서 그분의 빛과 생명을 전해 주시는 하나님의 강력한 행동은 교회의 개연성 구조와 교회의 삶의 실천을 평가하기 위한 적합한 틀을 제공한다. 하나님의 말씀은 강력하며, 하나님은 그분이 원하시는 바를 행하실 수 있다. 그렇다면 왜 우리에게 교회가 필요할까? 나는 이 물음에 대해 칼뱅이 제시한 답보다 더 나은 답을 발견하지 못했다. 칼뱅은 『기독교강요』(*The Institutes of the Christian Religion*) 제4권의 첫머리에서 다음과 같이 말했다. "[교회란] 하나님이 우리를 그리스도의 공동체 안으로 초대하셔서 우리를 그 안에 붙들어 두시는……외적 수단이다."[10] 기본적인 개념은 하나님이 그분의 지혜로 교회를 창조하셨으며, 적어도 교회가 하나님이 의도하신 대로, 곧 하나님의 백성인 소집된 제자들의 공동체가 하나님의 말씀을 먹음으로써 믿음과 거룩함 안에서 자랄 수 있는 공간으로서 제 기능을 하는 동안에는 교회를 "매우 선하다"고 선언하셨다는 것이다. 이를 위해서는 말씀을 듣고 행해야 한다.

하지만 이보다 훨씬 더 많은 것을 말할 수 있다. 교회는 단순히 복음이 선포되는 공간에 그치지 않기 때문이다. 교회 자체가 복음의 한 요소다. 하나님이 의사소통하시는 최종적인 목적은 그분이 귀하게 여기시는 백성, 단순히 거룩한 개인들의 모임이 아니라 "거룩한 나라"(벧전 2:9)를 형성하는 것이다. 하나님은 예수 그리스도 안에서 은총을 실천하신다. 교회는 제자들이 감사함으로 그리스도 안에 있는 그들의 삶을 개인적이고 공동체적으로 실천하는 공간이다. 나는 먼저 극장이 왜 이렇게 적합한 이미지인지 설명한 다음, 연극적인 교회의 여섯 가지 표지를 제시하려고 한다.

먼저, 교회가 어떤 종류의 극장이 아닌지를 말해 보자. 첫째, 교회는 목회자가 자신의 경력을 개발하기 위해 공연하는 공간이 아니다(고후 2:17). 분명 그런 위험이 존재한다. 복음을 맡은 사람들에게는 인간 청중이 아니라 하나님을 기쁘시게 해야 할 책임이 있다(살전 2:4).

둘째, 교회는 마치 교회를 세우는 것이 목회자 혼자서 하는 일이기라도 한 것처럼, 교인들이 단독 공연자가 된 목회자를 수동적으로 관찰하는 사람들이 되는 공간이 아니다. 이런 이미지가 교인들을 듣기만 하는 사람이 되도록 부추긴다. 불행히도 많은 교회가 이런 유혹에 굴복하고 말았다. 진 핼그런 킬드(Jeanne Halgren Kilde)가 자신의 책 『교회가 극장이 될 때』(When Church Became Theatre)에서 지적하듯이, 교회에 대한 이런 왜곡은 궁극적으로 오락 모형에 대한 요구에 부응하는 예배 공간을 만들어 낸다.[11] 이것을 '나쁜 신앙의 공연'이라고 부를 수 있다. 이것은 적극적인 행함이 아니라 수동적인 듣기만을 요구하기 때문에 나쁜 신앙으로 드리는 예배다. 그와 반대로 바울은, 목회자의 목적이 "성도를 온전하게 하여 봉사의 일을 하게 하며 그리스도의 몸을 세우"는 것이라고 분명히 말한다(엡 4:12).

셋째, 교회는 사람들이 기독교 신앙을 '연기'하는 극장이 아니다. 내 말을 명심하라. 모든 '행함'이 복음의 시민이 가지고 있는 목적에 부합하는 것은 아니다. 어떤 행함은 그저 분주히 일하는 것일 뿐이다(골 2:23 참조). 이렇게 행하는 사람이 참된 제자라고 착각하는 것은 치명적으로

들음과 행함

위험하며, 신약에서는 이를 가리켜 외식이라고 말한다. 이 위험은 실제적이다. 말씀의 피조물이 된다는 것은, 제자들이 자신이 아닌 누군가인 것처럼 행동하는 것이 아니라 그들에게 맡겨진 배역이 되는 것, 혹은 그들이 받은 소명에 따라 살아가는 것을 의미한다. 예수를 따르는 사람이 된다는 것은 단순한 도덕주의자나 분주하게 일하는 사람이 되는 것 이상을 의미한다.

긍정적인 방식으로 말하자면, 교회란 이야기가 재연되는 것을 보는 극장이다. 사실 교회 자체가 용서받고 변화된 죄인에 관한 재연된 이야기다. 우리에게 복음의 극단이 필요한 까닭은 원맨쇼로 다른 사람들에 대한 사랑을 재연하는 것이 불가능하기 때문이다. 교회는 행동이 이루어지는 무대인 동시에 거기서 행동하는 극단이다. 교회는 사람들이 복음의 극장이 되고 복음의 극장으로서 행동하기 위해 모이는 공간, 곧 생각이 비슷한 다른 사람들과 더불어 육신이 된 그리스도의 드라마를 재연하는 공간이다. 교회가 복음의 극장임을 보여주는 여섯 가지 표지가 있다.

첫째, 교회는 아마추어 극장이다. 전문 직업인과는 달리, 아마추어들은 그 일을 좋아해서 한다('아마추어'[amateur]라는 말은 "좋아하는 사람"을 의미하는 라틴어 amator에서 왔다). 교회는 공연 자체를 사랑해서가 아니라, 예수 그리스도 안에서 그분에 의해 알려진 진리와 선과 아름다움을 사랑해서 복음을 재연한다. 우리 각자에게는 맡아야 할 역할과 말해야 할 대사가 있다. 우리 각자에게는 활용할 수 있는 은사가 있으며, 이런 은사는 하나님의 영광스러운 통치라는 극의 핵심 주제에 기여할 것이다. 특히, 우리는 부활을 '재연해야'(그리스도 안에 있는 우리의 새로운 인간성을 '옷 입어야') 하며, 그것을 사랑하기에, 더 정확히는 그분을 사랑하기에 행한다.

둘째, 교회는 왕립 극장이다. 교회는 예수의 명령을 수행하는 그분의 왕립 극장, 곧 하나님 나라의 작전을 수행하는 극장이다. "이를 행하여 나를 기념하라"(눅 22:19). 예수께서는 비유로 말씀하셨고, 그분께 순종하는 교회는 하나님 나라의 비유가 되어 하늘에서처럼 땅에서도 그분의 뜻을 구현하고 드러낸다.

셋째, 교회는 순교의 극장이다. 그리스도인들이 함께 살아가는 방식, 곧 그리스도인들이 교회가 되는 방식은 교리의 일차적인 증거가 되는 것이다. 레슬리 뉴비긴(Lesslie Newbigin)은 회중이 "복음의 유일한 해석"이라고 말한다.[12] 바울은 사도로서 자신의 사역의 목표가 모든 사람이 구원의 계획과 그리스도의 신비를 보게 하고, "교회로 말미암아 하늘에 있는 통치자들과 권세들에게 하나님의 각종 지혜를 알게 하려" 하는 것이라고 설명한다(엡 3:10). 히브리서 기자는 독자들에게 "비방과 환난으로써 사람에게 구경거리가 되"었던[θεατρίζω] 경험을 비롯해 그들이 전에 당했던 고난을 기억하라고 당부한다(히 10:32-33). 신자늘이 믿음의 극장에서 보여주는 것은 비판적인 시험과 고통, 조롱, 죽음 등 모든 것을 견뎌 내는 진리다. 이것이 믿음과 이성 모두를 보여주는 그리스도인의 삶의 순교다. 물론 최고의 순교자는 예수 그리스도이시다. "그리스도도 너희를 위하여 고난을 받으사 너희에게 본을 끼쳐 그 자취를 따라오게 하려 하셨느니라"(벧전 2:21).

넷째, 교회는 송영의 극장이다. 교리가 그리스도 안에 있는 바에 관

들음과 행함

한 진리를 말로 제시한다면, 예배는 노래와 예식과 희생적인 행동의 형식으로 이 진리를 제시한다. 이 역시 연극적이다. "너희 몸을 하나님이 기뻐하시는 거룩한 산 제물로 드리라. 이는 너희가 드릴 영적 예배니라"(롬 12:1).

다섯째, 교회는 관객 참여형 극장이다. 다른 책에서 나는 교회를 관객 참여형 극장, 곧 청중("관객")을 행동으로 이끌어야 할 책무를 지닌 "무대 의상을 입고 있는 해석자들"의 극단에 비유한 적이 있다.[13] 이것이 바로 세상을 복음화하기 위해 복음의 극단이 창조해야 하는 극장이다. 바울은 독자들에게 그리스도로, 곧 그리스도를 닮은 새로운 자아로 옷 입으라고 말한다(롬 13:14, 갈 3:27, 엡 4:24). 또한 그리스도로 옷 입은 사람들은 예수께서 무리를 깜짝 놀라게 하는 것들을 가르치고 행하실 때 그렇게 하셨듯이, 그분의 나라에 관한 소규모 비유를 무대에 올리고 장면을 만들어 낸다. 마찬가지로, 복음의 극단은 세상의 이목을 사로잡는 믿음의 장관을 무대에 올린다. 교회는 죄인을 향한 하나님의 특별한 사랑을 공연하는 극장이다. 너무나 매력적인 공동생활을 구현함으로써 다른 이들을 공동체 안으로 초대하는 것이 복음의 극단의 특권이자 책임이다. 관객 참여형 공연에 관한 한 전문가가 말했듯이, "관객과의 관계를 만들어 내고 이로써 그들을 이야기 안으로 끌어들이는 것이 관객 참여형 공연의 일차적인 목표다."[14] 세속적인 관객 참여형 공연에 관해 이렇게 말할 수 있다면, 교회에 관해서는 더 말할 나위도 없을 것이다.

여섯째, 교회는 지역의 극장이다. 복음의 극장은 지역 안에 자리 잡고 있는 모임이다. 이는 극장이 몸을 입은 사람들이 맺은 인격적인 관계와 직결되기 때문이다. 목회자는 지역에 자리 잡고 있는 복음의 극장에서 감독의 역할을 수행하는 특권을 가지고 있다. 그들의 과제는 특정한 시간과 공간 안에서 그리스도 안에 있는 새로운 생명을 어떻게 행동으로 보여줄 것인지 알아내는 것이다.

찰스 테일러는 『세속 시대』에서 인간성에 관한 영지주의적 견해, 곧 인간의 육체성을 부인하는 관점을 논한 바가 있다. 그는 이것을 "탈육신"(excarnation)이라고 부른다. 그는 탈육신을 "영적인 삶을 몸과 꾸준히 분리함으로써, 그것이 심층적으로 의미 있는 신체적 형식 안에 담기는 경우가 점점 드물어지게 하고 점점 더 머릿속에 자리 잡게 하는 것"이라고 정의한다. "성육신의 신앙인 기독교가 탈육신의 형식과 결합되어 있는 한, 기독교는 그 신앙에 대해 본질적인 어떤 것을 부인하고 있는 셈이다."[15] 복음의 진리는 본질적으로 성육신적이다. 추상적이지 않고 구체적이며, 그것을 전하기 위해서는 신체적인 복음의 극단이 필요하다. 원맨쇼로는 원수에 대한 사랑을 재연하기가 어렵다. 이를 위해서는 극단이 필요하다.

교회를 극장으로 묘사하는 이 그림은 교회에 대한 두 가지 잘못된 그림을 바로잡는다. 첫째, 루터와 더불어 우리는 안수받은 성직자만 말씀 사역자의 역할을 맡게 하는 이원론을 버려야 한다. 그의 관점에서, 모두가 목회자라는 특별한 직분을 수행하도록 부름받지는 않았을지라도 모든 신자는 어떤 의미에서 말씀 사역자다. 곧, 말씀을 전하고 재연하도록 부르심을 받았다. 이는 모든 제자가 성경의 핵심에 자리 잡고 있는 이야기를 설교하도록 부르심을 받지는 않았지만 그 이야기를 실천하도록 부르심을 받았음을 의미한다. 둘째, 우리는 더 이상 교회를 단순히 천국으로 들어가는 대기실, 곧 기다리는 공간으로 여기지 말아야 한다. 오히려, 교회(그리스도와 연합한 사람들의 무리)는 천국에 대한 기대이며 그것을 실천하기 시작하는 공간이다. 왜냐하면 그리스도께서 우리 가운데 계시기 때문이다. 교회는 그 지역에서 장차 올 하나님의 나라를 대표하는 대사관이자 땅 위에서 지역화된 하늘 나라의 비유다. 따라서 교회는 땅 위에서 현실적인 삶을 살고 현실을 전시할 최선의 공간이다. 목회자는 사람들이 현실, 곧 그리스도 안에 있는 새롭게 화해된 피조물을 전시하는 목적에 합당해지도록 도움으로써 성경과 교리를 통해 그들을 제자로 길러 낸다(고후 5:17).

복음의 극장으로서 예전: 마음과 습관을 통한 배움

"현실적인 사람이 되라." 누군가가 환상의 세계 속에서 살고 있으며 현실 감각을 시급히 회복해야 한다고 생각할 때 흔히 이렇게 말한다. 기독교 신앙의 관점에서 제자를 삼는 과정은 사람들이 현실적으로 살아갈 수 있도록 돕는 과정이다. 3장에서 살펴보았듯이, 예수께서는 깨어남과 걸음이라는 견지에서 제자도에 관해 말씀하신다. 구체적으로 말하자면, 제자도란 현재 우리의 사회적 상상이라는 꿈에서 깨어나 예수의 이야기라는 진리를 깨닫고 그런 다음 그분의 빛 안에서 걷는 것이다. 그렇다면 우리는 어떻게 현실적으로 살아가는 법을 배우는가?

내가 이 책에서 보여주려는 대답은 "성경을 신학적으로 읽음으로써"다. 다시 말해, 교리의 도움을 받아 성경이 말하는 이야기, 곧 계속 이어지는 구속의 드라마를 이해하고 그 이야기에 참여함으로써다. 물론 이 모든 것은 지금 우리의 생각과 사회적 상상을 사로잡고 있는 세속적인 그림이 궁극적인 현실을 제대로 그리지 않고 있음을 인정하는 일로부터 시작한다. 이 그림이 전적으로 거짓된 것은 아니지만 부분적이며, 얄팍하고, 불필요하게 환원론적이다. 2장에서 살펴보았듯이, 이는 건강에 대한 이 시대의 묘사가 지닌 문제점이기도 하다. 건강에 대한 현대의 이미지는 인간의 육체적인 양상만 다룰 뿐이고, 몸을 입은 영혼이자 영혼을 입은 몸인 전인격을 다루지 않는다.

성경만이 존재하는 유일한 궁극적 현실, 곧 그리스도에 의해 창조되었고, 그리스도 안에 존재하며, 그리스도를 위해 구속되고 있는 현실을 묘사한다. 그리고 교리에 대한 이해를 바탕으로 성경을 읽는 것은 독자들이 이 현실을 이해하고 이 현실에 부합하도록 변화하는 주된 수단이다. 이러한 성경 읽기에서는 첫째, 하나님의 이야기에 초점을 맞추며, 둘째, 거룩함을 목표로 삼는다.

이것은 긴 대답이다. 짧은 대답은(지름길은 아니지만) 예전적인 삶을 통해 현실적인 사람이 되는 법을 배운다는 것이다. 예전이라고 말할 때, 나는 교회의 예배 순서(교회의 예배를 이루는 규칙적인 활동)와 교회의 삶의 형식(교회력을 이루는 규칙적인 공동체적 실천) 모두를 염두에 두고 있다. '고교회' 예전과 '저교회' 예전 모두가 성경에 대한 신학적 해석의 실천이며, 문자적인 읽기(들음)와 삶으로 실천된 해석(행함)을 아우른다. 예를 들어, 많은 교회들은 예배 중에 주의 기도를 함께 큰 소리로 암송한다. 이것은 거의 연극적인 성경 읽기 방식이다. 봉헌이나 주의 만찬처럼 예전의 다른 순간들은 그리스도의 십자가 보혈에 의해 가능해진 새로운 인간성을 몸으로 재연한다는 점에서 명시적으로 연극적이다.

교회 예배의 각 부분(말씀의 낭독, 노래, 세례, 성만찬 그리고 기도)은 예수 이야기의 특정한 양상에 초점을 맞춘다.[16] 각 부분이 결합되었을 때, 예전은 성경 안에서 성경에 의해 증언된 현실의 해석을 교회가 말하고 재연하는 행위가 된다. 그러므로 예전은 하나님 드라마다. 예전의 핵심은, 삼위일체 하나님이 피조물을 새롭게 하고 그분이 보물처럼 귀하게 여기시는 소유가 될 거룩한 나라를 형성하기 위해 행하셨고, 행하시며, 행하실 일을 재연하는 것이다. 따라서 예전은 하나님 드라마의 목적에 합당한 제자들을 길러 내기 위한 가장 중요한 훈련장이다.

형성으로서의 예전

내가 신학의 연극적인 모형을 제시한 목적은 너무나 많은 신학대학원들의 특징이 된, 이론과 실천의 이분법을 극복하기 위해서였다. 이 이분법 때문에 조직신학, 더 일반적으로는 교리가 실천적이지 않다는 오해가 생겨났다. 나는 교리를 이해를 위한 지침으로 제시함으로써 지혜, 곧 실천된 지식이라는 관점에서 신학을 설명하려고 노력하고 있다. 사람들에게 단순히 진리를 말하는 것으로는 충분하지 않다는 점을 나는 매우 잘 안다. 문제는 말씀의 사역이 어떻게 사람을 변화시킬 수 있는가 하는 것이다. 예전 자체를 성경 해석의 공동체적인 재연으로 볼 때,

성경을 하나님의 말씀으로 읽는다는 것이 무엇을 의미하는지에 관한 제자의 관념이 이미 형성되기 시작한다. 예전은 성경을 듣는 것이자 행하는 것이다.

형성과 변화의 수단으로서 교회의 예전에 대해 살펴보기 전에, 우리는 제임스 스미스가 "문화적 예전"이라고 부른 것, 곧 우리 삶을 의미 있게 만드는 것처럼 보이는 이야기들 속으로 우리를 (신체적으로!) 밀어 넣음으로써 우리의 상상력을 사로잡고 습관을 형성하는 일상적인 사회적 실천에 대해 생각해 볼 필요가 있다.[17] 스미스는 우리가 몸으로 무엇인가를 행함으로써 어떤 것을, 심지어는 신학조차도 배울 수 있다는 사실에 주의를 기울인다. 우리가 습관적으로 행하는 바가 우리가 세상 안에서 우리 자신을 상상하는 방식을 규정하기 시작한다. 우리가 날마다 행하는 바에 의미를 부여하는 것은 바로 우리가 그 일부로 참여하는 상상된 이야기다. 예를 들어, 당신을 학계의 일원으로 형성하는 학계의 예전(준비 과정과 그 후에 이어지는 시험들)이 존재한다. 우리가 습관적으로 참여하는 모든 것이 우리의 영혼에 작은 흔적을 남기며, 우리의 정신을 형성하고, 우리의 사랑을 훈련한다.

기독교 제자도를 너무나 어렵게 만드는 점은, 교회가 수많은 문화적 예전들과 경쟁하고 있으며 이 모든 것이 교인들의 마음을 얻기 위해 경합하고 있다는 사실이다. 이 경쟁적인 예전들은 사람들의 관심을 사로잡기 원하며, 그다음에는 그들의 사랑을, 궁극적으로는 그들의 예배를 지배하기 원한다. 1주일에 7일, 하루에 24시간 영적인 형성이 이루어진다. 우리가 보는 영화와 광고, 우리가 읽는 소설과 신문, 우리가 입는 옷,

들음과 행함

우리가 사는 물건 모두가 우리에게 영향을 미친다. 예를 들어, 근대와 후기 근대 서양의 주류 문화의 많은 부분은 특정한 물건이나 경험이 그들의 정체성을 완성하고 행복에 대한 그들의 욕망을 충족한다고 믿는 개인주의적 소비자들의 형성에 기여한다. 그리고 1장에서 살펴보았듯이, 건강에 관한 이미지와 실천은 우리의 몸과 정신에 나름대로 영향을 미친다. 건강 동호회들은 그 나름의 영적인 형성을 수행하는 예전을 가지고 있다.

우리가 그 안에서 살아가는 이 형식들이 결국에는 우리의 삶을 식민화한다. 예전은 우리를 문화화한다. 우리가 교회가 되기 위해 신자로서 모일 때, 고교회 그리스도인이든 저교회 그리스도인이든 공동 예배의 특정한 형식 안에서 살아간다. 그런 점에서, 예전이나 예배 형식을 배운다는 것은 문화를 배우는 것과 비슷하다. 여기서 문화의 핵심은 특정한 삶의 형식을 길러 낸다는 점이다. 스위스의 실천신학자인 슈테판 슈바이어(Stefan Schweyer)의 말처럼 "우리는 형식을 만들고, 형식은 우리를 형성한다." 목회자-신학자의 책무 가운데 하나는 지역 교회를 특징짓는 사고와 언어 그리고 삶의 형식이 성경의 형식이나 내용에 부합하는지, 혹은 그것과 어울리는지 평가하는 것이다. 우리는 현대의 삶의 형식이 성경에 제시된 진리와 삶의 방식을 따르고 있는지 분별해야 한다. 그러므로 말씀의 사역에는 사람들에게 진리를 알려 주는 일뿐만 아니라, 그들이 말하고 생각하고 함께 살아가는 습관의 형식들을 형식 중의 형식, 곧 십자가에 달려 죽으시고 부활하신 그분의 진리와 선하심 그리고 아름다움에 비추어 개혁하는 일도 포함된다.

예전적인 발화 행위가 이루어지고
제자도의 드라마가 상연되는 극장으로서의 교회

예전에는 말과 행동이 포함된다. 이는 드라마도 마찬가지다. "액션!"은 극장의 용어다. 하지만 예전의 핵심은, 그것이 신앙으로 행해졌을 때 단순히 외적인 동작을 차례로 행하는 것보다 훨씬 더 많은 것을 요구한다는 점이다. 우리의 마음이 하나님의 사랑에 의해 감동받지 않았다면, 우리의 외적인 행동은 위선에 불과하다. 하지만 예전은 우리에게 영과 진리로 예배하는 법을 가르친다. 왜냐하면 성령께서 생기를 불어넣으실 때, 제자들은 예배에 참여함으로써 그들이 재연할 책임을 부여받은 배역에 따라 살아가도록 훈련을 받기 때문이다. 곧, 예수 그리스도의 참되고 신실하며 기쁨에 찬 증인이 되도록 훈련을 받기 때문이다. 그러므로 예전에 참여한다는 것은 은총에 의해 영적 형성의 수단이 될 수 있는 것에 참여하는 일을 의미한다. 칼뱅의 말처럼, "신자에게 공동 예배보다 더 큰 도움이 되는 것은 없다. 왜냐하면 하나님은 예배를 통해 그분의 백성을 조금씩 위를 향해 일으키시기 때문이다."[18]

우리는 예배하기 위해서 몸으로 무엇인가를 행해야 하며, 그렇기 때문에 예전적인 형성이 너무나 중요하다. 피아노를 배우는 것처럼, 어떤 것들은 반복적인 동작을 통해서 가장 잘 배울 수 있다. 내가 염두에 두고 있는 예전적인 행동들은 예수 그리스도의 이야기 속으로 우리를 신체적으로 밀어 넣음으로써 우리에게 현실적으로 살아가는 법을 가르친다.

물론 요즘은 우리가 '현실'이라고 말하는 것을 정치적으로 이해하는 경우가 많다. 예를 들어, 1990년에 주디스 버틀러(Judith Butler)는 『젠더 트러블』(*Gender Trouble*)에서 남성성과 여성성이 정형화된 행동의 반복을 통해서 문화적으로 구성된다고 주장했다.[19] 실제로 그녀는 우리가 남자와 여자로 행동하는 방식을 수행적인 발화 행위에 비유했다. 하지만 "언어를 바꾸기만 하면 세상을 바꿀 수 있다"라고 말하는 것은 언어적 유토피아주의일 뿐이다. 이것이 수행을 강조하는 사회 구성주의(social constructivism)의 전통이다. 이 전통은 '현실적인' 것이나 '자연적인' 것 따위는 존재하지 않고, 우리가 사회의 관습을 통해 '현실적인' 것으로 간주하기로 동의한 것만 존재한다는 사상에 기초한다. "나는 선언한다. 고로 나는 존재한다"라는 말은 의심스러운 진리다. 생물학적인 남성이 트랜스젠더를 자처할 수 있지만, 백인이 스스로 흑인이라고 선언하는 것은 낙타가 바늘귀를 통과하는 것보다 더 어렵다(우리가 이것을 아는 것은 레이철 돌절[Rachel Dolezal]이 이런 시도를 했기 때문이다).[20]

내가 이 문제를 제기하는 이유는 다음과 같은 질문을 던지기 위해서다. 예전적인 행동을 할 때 우리는 말로 정확히 무엇을 하는가? 어떤 것을 말하는 것이 그것을 그렇게 만드는가? 나는 우리가 예전적인 행동을 할 때 가장 놀이를 하는 것이 아니라 현실(종말론적인 현실, 곧 우리가 그리스도 안에서 지니고 있는 새로운 현실)을 재연하고 있다는 점을 인정한다. 영어 단어 '예전'(liturgy)의 기원이 되는 헬라어 단어의 어원은 시사하는 바가 크다. 이 단어는 "대중" 혹은 "사람들"(λειτος)과 "일"(εργος)의 결합, 곧 공적인 섬김을 의미한다. 예전은 교회가 '하나님의 공적인 일'이라는 하나님 드라마의 진리를 행동으로 옮기는 것이다.

그리스도인들이 삼위일체 하나님을 찬양할 때 일어나는 일은 사회적인 구성이 아니다. 하나님이 교회가 말하는 그런 분이라고 생각하는 것은 상황을 거꾸로 이해하는 것이다. 오히려, 예전을 통해 제자들은 선행하는 말씀, 곧 하나님이 자신을 계시하시는 말씀과 일치되도록 가르침을 받는다고 이해해야 한다. 여기서 나는 제자 삼는 일에 관한 두 가지 핵심적인 예전적 실천인 세례와 주의 만찬이라는 성례전에 대해 생각해 보려고 한다. 영성 형성이 그리스도 안에 있는 우리의 참된 정체성에 따라 변화하는 과정이라면, 세례와 성만찬은 제자들이 참된 존재가 되는 법을 배우도록 돕는 과정에서 핵심 요소가 된다. 목회자-신학자의 책무는 이 하나님 드라마에 참여하는 사람들의 일을 촉진하는 것이다. 사람들은 목회자가 신학을 하는 매체다.

세례

세례는 예전적인 실천을 통한 영성 형성을 보여주는 적절한 예다. 왜냐하면 초대교회에서 세례는 1년에 걸친 제자 교리 교육의 절정이었기 때문이다. 초대교회에서 교리 교육은 제자들이 복음에 합당한 시민이 되기 위해 알아야 하는 바를 가르치는 방법이었다. 세례는 신자가 예수 그리스도의 길을 기꺼이 걷고자 한다는 점을 공적으로 밝힐 준비가 되었음을 보여주는 징표였다.

하지만 세례는 실물 교육, 곧 그리스도와의 연합이라는 교리적 진리에 대한 시각적인 극화이기도 하다. 물세례는 매우 시각적이며 촉각적인 방식으로 제자를 예수의 이야기 안에 끼워 넣는다. 세례는 옛 자아의 죽음과 새 자아의 탄생을 의례적으로 재연함으로써 한 제자가 예수의 길을 걷기 시작했음을 기념한다. 세례는 배우-제자가 활동을 시작하는 진입 관문이다. 물에 의한 세례는 한 사람이 적극적인 참여자가 되겠다고 동의하는 공적인 선언이다. 그것은 그리스도 안에 있는 그 제자의 새로운 현실에 상응하는 의사소통 행위다. 뿐만 아니라 물이라는 물질적인 요소를 사용함으로써, 구두의 예식문만으로는 불가능한 방식으로 제자를 참여시킨다. 이러한 물의 움직임을 경험한 것이 이제 제자에게 개인적인 역사의 한 부분이 되었다.

여기서 더 나아갈 수도 있다. 세례는 우리가 그리스도와 연합했음을 공적으로 드러내는 행위다. 세례는 우리가 예수와 더불어 죽었음을 극적으로 묘사하는 참여적인 행위다("우리가 그의 죽으심과 합하여 세례를 받음으로 그와 함께 장사되었나니"[롬 6:4]). 또한 "내가 그리스도와 함께 십자가에 못 박혔나니"(갈 2:20)라는 바울의 말을 생각해 보라. 예전적인 발화 행위는 우리가 그리스도 안에 실제적으로 참여한다고 선언한다. 그리스도 '안에' 있다는 것은 그분의 인격적인 영향력 안에 있다는 사실을 의미한다. 교회는 그리스도께서 다스리시는 영역, 곧 그리스도께서 그분의 말씀과 영을 통해 다스리시는 공간이다. 세례를 받음으로써 한 사람은 그리스도와 연합하고 복음의 무리의 일원이 되었음을 공적이고 상징적으로 재연한다. 왜냐하면 세례를 받은 제자는 스스로를 그리스도의 죽음 및 부활과 극적으로 동일시했기 때문이다.

세례는 육화된 상징적 행동을 통해 배우는 기독교 교리다. 그것은 하나님의 말씀이 교회에게 규칙적으로 행하라고 명령하는 것 가운데 하나로서, 예전의 필수 요소를 이루고 있다. 세례는 회중의 눈앞에 그리스도 안에서 옛 자아의 죽음과 새 자아의 부활을 보여주는 것에 그치지 않는다. 물론 이것만으로도 충분히 극적이지만, 더 나아가 성부와 성자와 성령의 이름으로 한 사람에게 세례를 베풂으로써 그리스도와 연합한 사람이 그분 안에서 성령을 통해 성부 하나님과 사귐을 누리고 있음을 보여준다. 교회의 상상력을 사로잡는 풍성한 신학적 교훈이다. 특히 회중이 누군가가 세례를 받는 것을 지켜보면서 "당신의 세례를 기억하라"는 권면을 받을 때, 세례는 그들의 상상력을 사로잡는다.

주의 만찬

신자들은 하나님의 말씀을 듣고 주께서 명령하신 예전적인 행동을 수행하기 위해 모인다. 제자들은 단 한 번만 세례를 받지만 주기적으로 주의 만찬을 행한다. "너희가 이를 행하여 나를 기념하라"(눅 22:19, 또한 고전 11:24-25 참조). 교회는 이 잔치를 벌임으로써 신약의 절정에 해당하는 장면, 곧 이전에 이스라엘이 행하던 언약의 식사를 떠올리게 하고 임박한 예수의 죽음을 미리 보여주는 장면을 재연하며, 장차 있을 하나님의 어린양의 혼인 잔치를 기다린다(계 19:9). "어떻게 행동하는지 배움으로써 한 사람은 제자가 된다."[21] 주의 만찬을 행하는 것이 어떻게 제자 삼는 일에 기여하는가?

신약 시대에 다른 인종과 계급에 속한 사람들이 함께 식사하는 일이 얼마나 급진적인 장면이었을지 간과하기가 쉽다. 이 식사는 여러 다른

들음과 행함

식사와 차이가 있다. 구속의 드라마의 절정인 우리를 위한 예수의 죽음을 충실하게 재현하기 때문이다.

교회는 구경꾼이 아니라 행위자(먹고 마시는 행위에 적극적으로 참여하는 사람)로서 주의 식탁에 모인다. 교회는 빵이 그리스도의 몸인 척하지 않으며, 그저 과거의 사건을 재연하기 위해 정해진 동작을 반복하지도 않는다. 교회는 어떤 의미에서 이미 과거의 일(그리스도의 죽음)이지만 다른 의미에서 아직 온전히 실현되지 않은 어떤 것(어린양의 혼인 잔치)을 행한다.

디트리히 본회퍼는 『성도의 공동생활』(*Life Together*)에서 "기독교 공동체는 우리가 실현해야 할 이상이 아니라, 우리가 참여할 수 있도록 하나님이 그리스도 안에서 창조하신 현실이다"라고 말한다.[22] 우리는 주의 만찬을 나누면서 우리를 위해 십자가 위에 쏟아부어진 하나님의 사랑을 기억하고, 지금 그리스도 안에 있는 새로운 생명과 서로와의 사귐을 누리며, 미래에 이루어질 그리스도의 재림을 고대한다.

주의 만찬은 주장하며 표현하는 축제의 예전적 행위지만, 평범한 주장이나 표현과는 다르다. 빵과 포도주를 그리스도의 몸과 피와 동일시하는 것은 그분이 임재하시는 방식을 인정하는 것이다. 잔은 의미로 넘쳐흐른다. 주의 만찬을 행하는 발화 행위는 경험적이지 않은 어떤 것을 실제로 존재하게 만든다. 먹고 마시는 것은 우리가 우리의 몸으로 행하는 행동이지만, 상상력을 최대한 발휘해야 하는 행동이다. 주의 만찬을 행하는 발화 행위는 놀라움에 휩싸여 종말론적 현실을 진술하는 행위이며, 따라서 단순한 역사적 주장과는 다르다. 집례자가 "당신을 위해

찢긴 그리스도의 몸"이라고 말하는 것을 들을 때, 우리는 심층적인 차원에서 진리를 깨닫는 동시에 그 진리에 감동한다. 주의 만찬은 그리스도와의 연합을, 따라서 우리의 세례를 상기시킬 뿐만 아니라 우리가 서로 연합해 있음을 육체적이며 촉각적인 방식으로 드러낸다. 당신이 방금 함께 떡을 뗀 사람과는 다투기 어렵다.

요약하자면, 예전적인 행위에 참여하는 것은 우리가 하나님의 교회, 곧 주의 만찬을 나누는 벗(문자적인 의미로 "빵을 나누는 사람들")이 된다는 의미를 정신뿐 아니라 몸으로도 배울 수 있도록 도와준다. 주의 만찬은 하나님이 그리스도 안에서 우리를 위해 행하신 바를 전해 주며, 우리가 이것을 서로 나눌 수 있게 해준다. 이것은 '결합시키는' 예전적 행동이다. 그리스도의 몸을 뗌으로써 우리는 그리스도의 몸을 재연한다. 이 역시 제자들을 형성하여 그들을 현실과 일치시키는 실천이다.

◊

기동성을 향상하는 코어 운동

아래에서 나는 회중의 영적인 건강을 향상하기 위한 세 가지 코어 운동을 제시하려고 한다. 모든 것은 제자들이 성경의 이야기 안에서 사는 능력, 그리하여 성경이 그들의 일차적인 상상이 될 수 있게 하는 능력으로부터 시작한다. 아래에서 제시하는 운동의 목적은 모두 이를 실천하는 것이다. 또한 이것이 '집에 가서 하는' 운동임을 명심하라. 왜냐

들음과 행함

하면 우리는 주일에 교회에서뿐만 아니라 모든 시간과 장소와 환경에서 성경의 상상 안에서 살아가야 하기 때문이다. 이 운동들을 월요일부터 토요일까지 복음 공동체의 삶을 특징지어야 하는 문화적 예전으로 이해하라. 이 운동들은 '한 번만 하면 더 이상 하지 않아도 되는' 운동이 아니다. 오히려 이 코어 운동들은 제자의 삶의 씨줄과 날줄이다.[23]

성경은 교회가 제자들에게 세례를 베풀고 주의 만찬을 행할 때 따를 수 있는 각본을 제공한다. 하지만 여기서 '각본'을 매일 매 순간 어떻게 살아야 하는지에 관한 청사진으로 이해한다면, 제자의 삶 대부분은 성경이나 예전의 각본에 따라 이루어지지 않는다. 성경이 우리가 말해야 할 구절을 제공하기도 하지만, 이는 제자들이 처한 특정한 상황에 그대로 들어맞지 않는 경우가 많다. 오늘날 제자들은 성경이 명시적으로 다루지 않는 기회와 문제와 어려움을 날마다 직면한다. 트랜스젠더인 사람은 현대판 내시인가? 그리스도인 부부는 불임을 치료하는 최신 의료 기술을 활용할 수 있는가? 그렇다면 어떤 기술을 활용해야 하는가? 제자들이 복권을 구입해도 괜찮은가? 특히나 관용적이며 다원주의적인 우리 사회 속에서 그리스도인들이 신실한 유대인과 이슬람교도에게 예수 그리스도를 구주로 믿지 않으면 영원히 지옥에서 살게 될 거라고 말하는 것이 옳을까? 그리스도인 제빵사는 동성애자 커플을 위한 결혼 케이크를 만들어 주지 말아야 하는가? 이런 물음에 답하기 위해, 제자들은 주어진 대사를 그대로 말하거나 성경의 각본에서 가져온 장면을 그대로 연기하는 것 이상의 일을 해야 한다.

예전적인 실천의 핵심은 제자들에게 대사를 주는 것이 아니라 그들이 계속해서 그 일부로서 참여하는 이야기에 대한 그들의 이해를 형성하도록 돕고, 그들이 같은 드라마의 새로운 장면을 계속해서 연기하기를 원하고 연기할 수 있는 사람들이 되도록 그들을 준비시키는 것이다. 계속 옷을 입고 연기할 준비를 하라(눅 12:35). 간단히 말해, 목회자의 책무는 복음의 극단을 훈련해서 자유로우며 신실한 즉흥 연기자들의 극단이 되게 하는 것이다. 곧 그들을 항상, 모든 곳에서, 모든 사람에게 그리스도의 마음을 몸으로 보여줄 준비가 되어 있으며, 그렇게 할 능력이 있고, 기꺼이 그렇게 하는 사람들이 되게 하는 것이다.

즉흥 연기를 혁신이나 영리한 애드리브와 혼동하지 말라. 참된 즉흥 연기자는 자신만의 독창적인 방식을 추구하지 않고, 오히려 비슷한 마음을 지닌 다른 즉흥 연기자들과 함께 미리 주어진 전제를 발전시키는 데 기여한다. 전형적인 즉흥 연기는 즉흥 연기자들이 창의적이지만 언제나 처음의 생각에 충실한, 혹은 그것과 어울리는 방식으로 이야기를 풀어 가기 위해 함께 노력한다는 생각으로부터 시작된다. 여기서도 가장 중요한 것은 어울림이다. 참된 즉흥 연기자는 각본에 주어진 대로 말하거나 행하지도 않고, 영리하게 독창적인 것을 말하거나 행하시도 않는다. 오히려 어울리는 것들, 곧 명백한 것처럼 보일 수 있지만 나중에 되돌아볼 때만 그렇게 보일 수 있는 것들을 말하거나 행한다.[24]

바울은 빌레몬에게 그의 도망친 노예 오네시모를 로마의 각본—이것은 오네시모를 벌하거나 심지어 죽이는 일을 포함한다—이 아니라 복음의 각본—이것은 그리스도 안에서 그를 형제로 환영하는 일을 포함한다—과 어울리는 방식으로 맞이함으로써, 그리스도인의 제자도를

들음과 행함

즉흥적으로 실천하라고 당부했다. 바울이 빌레몬에게 말해야 할 구체적인 대사나 따라야 할 특정한 행동 절차를 제시하지 않았다는 점에 주목하라. 반대로 바울은 마땅한 일, 곧 복음이라는 현실을 감안할 때 마땅히 해야 할 일을 하라고 그저 그에게 권면한다(몬 1:8). 바울은 빌레몬이 성숙한 제자임을 믿고 있으며, 그렇기 때문에 억지로가 아니라 자의로 행동하도록 그에게 당부한다(몬 1:14). 빌레몬은 도망친 노예를 어떻게 대해야 할지 즉흥적으로 생각해야 한다. 그리고 그는 그리스도인이기 때문에 로마의 각본을 따르지 않는다. 바울은 빌레몬이 자유롭게 마땅한 일을 할 것이고, 이로써 바울의 마음을 평안하게 할 것이라고 기대한다(몬 1:20).

빌레몬에 대한 바울의 당부는 내가 코어 기동성을 위한 신학적 운동이라고 부르는 것의 한 예다. 4장에서 살펴보았듯이, 코어가 몸을 지탱하는 구조의 핵심부이며, 우리가 몸으로 어떤 것을 하기 위해서는 대부분의 경우 몸통과 연결된 근육을 사용해야 한다는 점을 기억하라. 코어 운동은 목적에 합당하도록 건강해지기 위한 필수 요건이다. 코어 운동은 코어 근육을 강화하며, 이로써 몸의 안정성과 유연성 그리고 기동성을 향상한다. 강한 코어가 없다면 몸을 움직일 수 있는 범위가 심각하게 제한될 것이다. 왜냐하면 모든 신체적인 움직임이 코어에서 시작되기 때문이다. 교회 역시 그리스도의 몸이 행하도록 부르심을 받은 일을 행하기 위해 움직여야 하는 방식으로 움직이려면 건강한 코어를 가지고 있어야 한다. 핵심 지식만으로는 충분하지 않다. 듣고 행하는 사람이 되기 위해서 제자는 코어 기동성을 개발해야 한다. 예수를 따르기 위해서 우리는 코어를 단련하고 또 걸어야 한다. 몸의 코어 기동성을 향상하는 일은 몸의 사명을 완수하기 위한 선결 과제다.

교회의 코어는 도덕적인 것 이상을 의미하며, 제자도는 도덕 이상의 문제다. 제자들이 말하고 행하는 바는 그저 그것이 하나님의 법을 고수하기 때문이 아니라(예수께서는 제자들에게 도덕적인 것 이상의 일을 행하라고 자주 말씀하신다) 구속의 드라마와 어울리기 때문에 옳고 그리스도적이라고 말할 수 있다. 제자들은 도덕적인 규정을 따르는 것 이상을 행해야 한다. 그들은 그리스도의 마음을 구현하고 재연함으로써 복음의 시민으로 살아야 한다.

첫 번째 운동: 사마리아인 찾기

선한 사마리아인의 비유(눅 10:25-37)를 읽고 오늘날은 누가 강도를 당하고 벌거벗겨지고 매를 맞고 거의 죽은 채로 길가에 버려진 사람일지 토론하라. 대부분의 사람들이 자신의 집에 머물거나 제3의 공간(집이나 직장 외에 소속감을 느낄 수 있는 장소를 말한다―옮긴이)을 찾는 시대에 우리의 이웃은 누구인가? 이 운동의 목적은 제자들이 스스로 사마리아인의 역할을 맡을 수 있도록 돕는 것이다.

긍휼은 교회의 코어를 이루는 한 부분이다. 무리에 대한 예수의 긍휼은 그분을 움직여 (먹이고 치유하고 가르치는 것처럼) 그들을 위해 무엇인가를 행하시게 만들었다(마 9:36, 14:14, 15:32을 보라). 예수께서 "긍휼히 여기셨다"는 구절에 해당하는 헬라어 용어는 선한 사마리아인이 강도당한 사람에 대해 보인 반응을 묘사하실 때 그분이 사용하신 것과 동

들음과 행함

일한 단어다. 예수께서 하신 것처럼 사람들에게 반응하고 그들을 위해 움직일 때, 제자들은 자신의 주를 본받아 행하는 것이다. 이 모든 것은 오늘날 우리가 살고 있는 세상과 우리 자신을 신약에서 읽었던 이야기나 인물과 비슷한 것으로 바라보는 데서부터 시작한다.[25] 따라서 우리는 오늘날 예수의 이야기에서 매 맞은 남자에 해당하는 사람을 발견한 후에, 우리가 이 이야기에 나오는 등장인물 가운데 누구와 가장 닮았는지 생각해 볼 필요가 있다.[26] 이 운동의 목적은 이중적이다. 첫째는 우리의 세계를 성경 본문의 세계에 속한 것으로 읽어 내는 기술을 습득하도록 사람들을 돕는 것이며, 둘째는 본문이라는 거울에 비추어 우리 자신의 참모습을 발견하고, (빌레몬처럼 예수 그리스도를 따르는 사람에게 적합한 일을 자발적으로 하는 즉흥 연기자였던) 선한 사마리아인처럼 되기를 온 마음으로 원하도록 돕는 것이다.

두 번째 운동: 식탁 나누기

주의 만찬에 관한 성경 이야기를 읽고—이와 함께 가능하다면 주의 만찬을 행하고—그것을 이스라엘의 유월절 식사와 사도들이 그들의 집에서 함께 떡을 떼었다는 사도행전 4:42-46의 말씀과 연결해 보라. 교회에 있는 각 사람이나 가정에게 자신들이 잘 알지 못하는 사람, 가능하면 자신들과 다른 사람을 초대해서 함께 식사하라고 권유하라.

예수께서는 자신과 비슷한 사람끼리만 어울리는 사람들을 칭찬하지 않으신다. "너희가 너희를 사랑하는 자를 사랑하면 무슨 상이 있으리요. 세리도 이같이 아니하느냐. 또 너희가 너희 형제에게만 문안하면 남보다 더하는 것이 무엇이냐. 이방인들도 이같이 아니하느냐"(마 5:46-47). 예수께서는 여기서 모든 듣는 이와 행하는 이가 새겨들어야 할 제자도에 관한 중요한 가르침을 덧붙이신다. 곧, 그리스도인의 사랑 은 사회적인 기대를 뛰어넘는다는 사실이다. 그 이유는 구속의 드라마 와 어울리는 즉흥 연기는 단순히 도덕적인 것 이상이 되어야 하기 때문 이다. 구속의 드라마는 모든 도덕적인 관습을 산산이 조각내기 때문이 다. 주 예수 그리스도께서는 죄인들에게 환대를 베푸시고 자격 없는 반 역자들을 그분의 식탁으로 초대하실 의무가 전혀 없으시다. 그분이 그 분의 환대에 보답할 수 없는 이들을 초대하시는 일은 순전한 은총의 행 위다. "가난한 자들과 몸 불편한 자들과 저는 자들과 맹인들을 청하라" (눅 14:13). 이러한 급진적인 환대는 합당하다. 왜냐하면 예수의 성육 신과 십자가를 통해 복음의 무리에게 베푸신 하나님의 은총에 걸맞기 때문이다.

나는 이웃에게 환대를 베푸는 일이 그리스도의 마음을 체현하는 최 선의 방법 가운데 하나라고 생각한다. 이러한 신학적 운동에 대한 도움 이 필요하다면, 로사리아 버터필드(Rosaria Butterfield)의 『집 열쇠와 함 께 찾아오는 복음』(The Gospel Comes with a House Key)을 읽어 보라고 추천하고 싶다.[27] 뿐만 아니라, 오늘날 우리와 비슷하지 않은 사람들에 게 환대를 베풂으로써 그러한 즉흥 연기의 역사를 이어갈 수 있다. "초 기의 기독교 작가들은 다른 배경을 지닌 이들과 함께 식사와 집을 나누 고 그들과 함께 예배함으로써 사회적이며 인종적인 차이를 초월한 것 이 기독교 신앙이 진리임을 보여주는 증거라고 주장했다."[28] 그와 대조

들음과 행함

적으로, 흑백으로 나뉘어 인종적으로 동일한 교회들은 오전 11시가 북미에서 인종적으로 가장 분리된 시간이라는 편견을 강화할 뿐이다. 이는 결코 그리스도 안에 있는 새로운 인간성에 대한 증거가 아니다.[29]

세 번째 운동: 빛으로 빛나기

예수를 부인하는 베드로의 이야기를 읽어 보라(눅 22:54-61). 그런 다음, 복음의 무리가 "너희를 어두운 데서 불러내어 그의 기이한 빛에 들어가게 하신 이의 아름다운 덕을 선포하"기에 합당한 "거룩한 나라"가 되어야 한다는 베드로전서 2:9의 말씀을 읽어 보라. 제자들은 베드로가 행한 대로가 아니라 그가 말하는 대로 해야 한다(눅 12:8-9 참조). 복음의 무리에 속한 각 사람에게, 부인하는 사람이 아니라 고백하는 사람이 되고, 하나님이 예수 그리스도 안에서 쏟아부으신 놀라운 사랑을 선포할 기회를 찾으며, 아무 말도 하지 않는 편이 더 쉽기 때문에 침묵하려는 유혹을 받을 때 이를 조심하라고 권면하라.

예전은 예배 중에 주의 기도처럼 무엇인가를 말하라고 제자들에게 가르친다. 어떤 교회들은 제자들이 함께 사도신경을 낭송하는 순서를 갖는다. 이 운동의 목적은 제자들이 주일 예배뿐 아니라 언제 어디에서 누구에게나 복음의 진리를 말할 준비를 갖추게 하는 것이다. 이것은 어떻게 예전이 제자들을 형성하여 이를테면 '몸으로부터 떨어져 있을' 때 새로운 상황에서도 그리스도를 고백할 수 있게 하는지 보여주는 좋은 예다. 예배는 성경 봉독과 설교, 기도 그리고 찬송을 통해 회중에게 신앙의 문법을 가르친다.[30] 하지만 문법 규칙이 지닌 목적은 능숙한 화자가 새로운 문장을 만들 수 있도록 돕는 것이다. 그와 비슷하게, 예전을 통해 제자들을 형성하는 일 역시 규칙에 근거를 두고 있기는 하지만, 그들이 성령 안에서 그리스도인의 자유를 행사할 수 있게 하는 조건이 된다(고후 3:17).

매주 드리는 주일 예배의 목적 가운데 하나는 '오직 성경으로'라는 원리를 실천하는 것이다. 곧, 성경만이 제자들의 상상력을 통제하게 함으로써 그들이 능숙하게 이야기 안에서 살아가는 이들이 될 수 있도록 돕는 것이다. 성경은 하나님의 뜻을 따르거나 그것을 거부하는 사람들의 이야기를 들려줌으로써 하나님의 뜻을 분별하는 능력을 형성하도록 도와준다. "다니엘처럼 용기 있는 사람이 되라!"라는 어린이 찬양의 가사는 이 점을 정확히 포착해 낸다.

우리의 예배를 구성하는 낭독과 기도, 찬송 그리고 설교는 우리가 성경 안에 등장하는 성도들과 스스로를 동일시하도록 만들어야 한다. 다니엘처럼 용기 있는 사람이 되고 예수를 부인하는 사람이 되지 말라! 예배는 우리가 참으로 예수를 따르는 이들과 스스로를 동일시하도록 돕는 동시에 우리가 현실적인(그리스도 인에 뿌리내린) 사람이 되도록 돕는다. 물론 우리는 현실 감각을 유지해야 하며, 성경이라는 거울 속에서, 그리고 예전적인 안경을 통해서 보는 일을 잊지 말아야 한다. 우리가 교회 예배에서 듣는 진리는 우리가 날마다 그 안에서 걷는 진리가 되어야 한다. 예수께서는 "너희 빛이 사람 앞에 비치게 하"라고 말씀하시며(마 5:16), 바울은 빌립보인들에게 "세상에서 그들 가운데 빛들로 나타내"라고 말한다(빌 2:15). 이 운동의 핵심은 우리가 베드로처럼 다른 이들에게 세상의 빛이신 예수에 관해 말해야 할 책임을 맡은 사람들과 스스로를 동일시함으로써, 우리 자신을 복음의 빛(진리)을 비추는 존재로 보는 법을 배우는 것이다.

결론: 그리스도를 닮은 몸짓 배우기

제도 교회에 대해 의심스러워하는 것과 새로운 상황에서 그리스도의 마음을 체현하고 재연할 준비가 되어 있으며 그렇게 할 수 있는(그런 목적에 적합한) 활기찬 복음의 무리와 상호 작용하는 것은 전혀 다른 문제다. 어떤 기관에서 보이는 더디고 힘겨운 움직임에 대해 비판하기는 쉽다. 하지만 사랑으로 진리를 말하며 그들이 말하는 진리를 실천하는 공동체에 대해 회의적인 태도를 갖는 일은 그리 쉽지 않다.

이번 장에서 우리는 어떻게 예배가 상상과 몸을 통해 구속의 드라마에 참여하도록 듣는 이들을 격려함으로써 그들을 행하는 이들로 형성하는지 살펴보았다. 내가 예전적인 형성이라고 부르는 것은 제자들이 그 드라마 안으로 들어가 이야기 안에서 살아가는 사람들, 곧 하나님이 인류와 온 피조물을 새롭게 하기 위해 성령을 통해 그리스도 안에서 행하시는 현실에 자신의 상상력을 집중하는 사람들이 될 수 있도록 돕는 과정이다. 결국 송영은 바로 이러한 하나님의 일하심과 하나님 드라마에 대한 적합한 반응이다.

신자는 예배에 참여할 때 적어도 그 예배가 지속되는 동안 이미 행동에 참여해 있다. 하지만 목표는 나머지 한 주 동안 그리스도의 이야기를 살아 내는 일이다. 나는 우리가 그리스도 안에 있는 새로운 현실에 우리 자신을 일치시키기 위해 주일에 행하는 바가, 우리가 교회 밖에서도 이 새로운 현실과 일치된 삶을 살 수 있도록 우리를 준비시킨다고 주장했다. 우리가 주일에 재연하고 수행하는 예전이 목적에 합당한 사람들이 되도록, 곧 나머지 한 주 동안 복음의 시민으로 살아갈 수 있도록 제자들을 훈련한다. 마찬가지로, 여기서 내가 제안하는 신학적 운동의 목적은 제자들이 새로운 반사 신경, 곧 그리스도 안에 있는 그들의 새로운 본성에 따라 행동할 수 있는 능력을 계발하도록 훈련하는 것이다. 이런 식으로 제자들은 익숙하든 익숙하지 않든, 모든 상황에서 그리스도의 마음을 체현한다는 목적에 합당한 사람들이 된다(눅 12:11-12 참조).

예전은 교리처럼 그리스도 안에 있는 바에 관한 진리를 제시하며, 하나님께 드리는 향기로운 제물로서 그렇게 한다. 우리가 드릴 수 있는 가장 중요한 제물은 우리 존재 전체다. "너희 몸을 하나님이 기뻐하시는 거룩한 산 제물로 [연극적으로!] 드리라. 이는 너희가 드릴 영적 예배니라"(롬 12:1). 전 세계에 있는 많은 군대에서 "받들어 총!"이라는 구호는 무기를 들고 경례하는 자세로 서라는 명령이다. 하지만 바울은 우리에게 가만히 서서 경례하는 자세가 아니라, 활동적인 예배를 통해 우리의 무기뿐만 아니라 다리와 발과 머리, 곧 전 인격을 드리라고 말한다. 이를 위해서는 코어의 움직임이 필요하다.

성경에서는 예배를 정의하지 않고 경외의 몸짓으로서 '구부리거나' '엎드리는' 동작으로 예배를 묘사한다. 예전은 이런 몸의 움직임을 통해 우리를 훈련하고, 우리가 구속의 드라마의 핵심 사건에 대한 신실한 증인이 되도록 훈련한다. 우리의 제사가 본질적으로 '체화된' 것이라는 말은, 하나님에 관해 '좋은 생각을 하는 것'으로는 충분하지 않다는 점을 의미한다. 우리는 말하고 생각하고 욕망하고 행하는 모든 것에서 그리스도를 닮아야 한다. 제자에게는 삶의 모든 것이 예전적일 수 있으며, 우리 몸을 산 제물로 드리는 장이 될 수 있다. 교회가 몸으로서 행하는 모든 것이 무엇인가를 전달한다. 코어의 움직임은 교회의 신체 언어이자 일종의 몸짓이다.

몸짓은 단순히 생각이나 언어를 표현하지 않으며 오히려 언어의 일부다. 교리와 송영, 신학과 예전은 함께 그리스도의 몸에 영양을 공급하여 '그리스도를 닮은' 몸짓이라고 부를 수 있는 것을 만들어 낸다.

제자들은 전통적인 형식의 예배에 참여함으로써 그리스도의 드라마에 새로운 신체적 형식을 부여할 준비를 한다. 여기에는 놀라운 역설이 존재한다. 어떤 이들이 생각하기에 오래되고 심지어는 구식이 된 예배 형식이 제자들을 훈련해 새로운 상황에서 동일한 예수 그리스도의 이야기를 자유롭게 계속해 나갈 수 있게 한다. 고대적인 예배가 동시대적인 제자도를 위해 우리를 훈련한다.

예전적인 행동은 말과 행위를 통해 우리가 그리스도와의 연합과 서로와의 사귐이라는 현실 안으로 들어가게 함으로써 우리를 형성하고 재형성하며, 이를 통해 그리스도인의 정체성을 길러 준다. 예전은 그리스도의 몸이 적합한 동시에 자유로운 새로운 방식으로 그리스도의 전형적인 몸짓을 표현할 수 있도록 도와준다(빌레몬이 자신의 도망친 노예에게 그리스도인의 사귐을 '참신하게' 실천했던 것을 기억하라). 신학은 우리가 그리스도의 마음을 습득하도록 돕는 반면, 예전은 우리가 그리스도의 마음을 체현하도록 돕는다. 예전적인 행동은 교회의 신체 언어이며, 다른 형식의 규칙적인 운동과 마찬가지로 우리가 이를 더 많이 수행할수록 몸은 더 강해진다. 우리는 교회의 코어 기동성, 곧 복음의 무리에게 있는 자유로우며 합당한 그리스도를 닮은 몸짓을 향상하기 위해 예전적인 운동을 행한다.

오늘날 우리는 예수 그리스도를 위해 어떤 사람들인가? 서론에서 제시한 이 물음에 답하는 면에서 우리는 어느 정도 진전을 이루었다. 우리는 그리스도의 마음을 체현할 사명을 부여받은 복음의 극단이다. 우리는 이 극단이 각본대로 연기하는 사람들이기보다는 즉흥 연기를 하는 사람들이라고 생각해야 할 타당한 이유가 있음을 이미 살펴보았다 (물론 각본에 따라 연기하는 사람들이라고 볼 수 있는 여지가 존재한다). 그러나 우리는 거룩한 각본의 도움을 받아 제자도의 즉흥 연기를 해야 하는 첫 번째 세대가 아니다. 따라서 나는 다음 장에서 제자 삼는 일을 위해서는 성경 본문뿐만 아니라 성령이 주도하시는 신학 전통에 대한 지식도 필요하다고 주장할 것이다. 오늘날 예수 그리스도를 위해 우리는 어떤 사람들인가? 나는 우리가 다음 장을 읽은 후에 이렇게 답할 수 있기 바란다. "우리는 성도의 공동체를 이루는 구성원들, 곧 공교회의 그리스도인들이다."

공교회의 그리스도인인 제자

지금까지 우리는 교회가 하나님의 말씀을 가르치고 성경을 신학적으로, 곧 자신을 위해 한 백성을 창조하려고 하시는 삼위일체 하나님의 계획에 관한 이야기로 읽음으로써 제자를 길러 내는 공간이라는 점에 관해 생각해 보았다. 제자들은 특히 그리스도의 몸을 이루는 개별 구성원으로서, 또한 그리스도의 몸이라는 공동체로서 이 이야기를 재연함으로써 해석한다. 교회는 자신의 힘을 유지하거나 강화하는 데 관심을 쏟는 기관이 아니라―슬프게도 그렇게 행동하는 경우가 있기는 하지만―하나님이 예수 그리스도 안에 쏟아부으신 진리와 사랑을 전하는 일에 몰두하는 복음의 무리이다. 그렇게 하는 것이 하나님에 대한 교회의 섬김이자 세상을 위한 교회의 봉사다.

하지만 교회에 관한 의심이 존재하며, 만약 그런 의심이 참이라면 이는 교회의 증언의 진실성을 약화시킬 것이다. 교회 밖에 있는 이들이 이런 의심을 품고 있지만, 교회 안에 있는 이들조차 점점 더 의심을 품기 시작했다. 이는 '오직 성경으로'라는 원리에 관한 의심으로 이어진다. 구체적으로 이것은 개신교 종교개혁이 해석의 다원주의로 귀결되었으며, 그 결과 성경을 듣는 이들이 온갖 종류의 행하는 이들이 되었고, 모든 제자가 자기 소견에 옳은 대로, 곧 성경적이라고 생각하는 대로 행하게 되었다는 비판이다(삿 17:6). 개신교인 제자들은 로버트 프로스트(Robert Frost)가 쓴 시 「가지 않은 길」(The Road Not Taken)의 두 갈림길이 아니라 길이 수많은 다른 방향으로 갈라지는 교차로에 맞닥뜨리게 된 것처럼 보인다. 이는 성경만으로는 제자가 걷는 길을 안내하기에 충분하지 않으며, 개신교인 제자들은 자신의 자유를 개인주의적으로 사용하여 온갖 다른 방향으로 벗어나 모순되는 교리를 공식화한 다음 이를 행동으로 옮기고 있다는 의심이다. 성경이 '나에게' 그렇게 말한다는 것이다. 이는 심각한 우려다.[1]

제자의 길에 나타난 교리적인 갈림길

해석의 다원주의는 제자도에 위기를 촉발한다. 우리는 그리스도와 그분이 세우신 예언자와 사도들의 말을 따르기 원하지만, 때로는 우리가 이 말에 대한 누군가의 해석만을 따르고 있는 것처럼 보인다. 우리의 해석이 다른 그리스도인의 해석과 다를 때 우리는 어떻게 해야 하는가? 예수 그리스도께서 어제나 오늘이나 영원토록 동일하시다면(히 13:8), 제자도를 실천하는 방식이 왜 이렇게 많은 것일까? 이 책의 용어를 사용해 표현하자면, 왜 같은 말씀을 듣는 이들이 다른 종류의 행하는 이들이 되는 것일까? 들음에서 행함으로의 이행이 자의적인 것일까? 아니면 일부의 제자들만 바르게 듣고 있는 것일까?

교회는 처음부터 그리스도를 모방해 성경을 해석해 왔다. 그리스도께서는 구약을 하나님이 그분의 메시아를 통해 이스라엘과 온 세상을 위해 행하실 일에 관한 증언으로 읽으셨다. 개신교 종교개혁에서는 이러한 복음 중심의 성경 읽기를 재발견했다. 루터는 자신의 삶과 사역을 성경 서사의 한 부분으로 보았다. 왜냐하면 그도 바울처럼, 율법을 행함으로써 의를 획득하는 자신들의 능력에 지나치게 의존했던 이들과 싸워야 했기 때문이다. 그러나 개혁자들은 성경을 그들의 권위 있는 사회적 상상으로 보는 데에는 동의했지만, 성경 안에서 무엇을 보는지에 관해서는 의견을 달리했던 것처럼 보인다. 교파들이 서로 다른 방향을 취하게 만든 교리적인 불일치를 감안할 때, '오직 성경으로'라는 개혁자들의 실천을 재발견하는 것만으로 제자를 삼기에 충분할까?

5장에서 나는 우리가 다른 어떤 이야기가 아니라 예수 그리스도의 복음을 따르기 원한다면 우리의 상상력 역시 성경에 의해 개혁되어야 한다고 주장했다. 그런 다음 6장에서는, 우리가 하나님의 구속의 드라마 안에서 우리의 배역을 연기할 준비가 되어 있으며 기꺼이 그렇게 할 수 있는 마음과 정신을 지닌 사람이 되려고 한다면, 규칙적으로 드리는 예배에 의해 우리의 습관과 반사 신경이 형성되어야 한다고 주장했다. 목회자는 성경과 예전을 통해서 제자들을 길러 낸다. 그리고 이번 장에서 나는 성경 해석에 대한 접근 방식에서 참으로 개신교적이기 원한다면, 우리는 공교회적(catholic)이어야 한다고, 곧 오랜 시간에 걸쳐 초점이 명확하게 맞추어진 교회 전체(헬라어로 κατά+ὅλος="전체에 관하여")의 교리와 일치되어야 한다고 주장하려 한다.

교리의 발전과 교회의 전통을 인정하는 참으로 개신교적인 방식이 존재한다는 사실을 이해하는 일이 중요하다. 칼뱅은 특히 성경을 신학적으로 읽는 것과 관련해서 하나님이 교회를 제자들의 '어머니'로, 곧 영적인 성장의 수단으로 주셨다고 말한다. 칼뱅은 하나님이 아버지인 이들에게 교회는 어머니가 된다고 말한다. 그런 다음 그는 "그러므로 하나님이 짝지어 주신 것을 사람이 나누지 못할지니라"(막 10:9)라는 말씀을 인용하면서, 성경과 전통이 서로 결합되어 있다고 강력히 주장한다.[2] 그렇기 때문에 칼뱅은 사도신경의 한 구절인 "나는 교회를 믿나이다"를 "나는 교회의 말을 믿나이다"로 해석하는 쪽을 선호한다. 구체적으로 우리는 교회의 가르침을 믿는다. "우리는 우리의 연약함 때문에 교회라는 학교로부터 졸업할 수 없고 평생 그 학교의 학생으로 살아야 한다."[3]

몸을 찢었는가? 비극적이지만 반드시 필요했던 종교개혁

하지만 제자 삼는 일에서 교회와 교회 전통이 지닌 가르치는 역할을 온전히 이해하기 전에, 먼저 뿌리 깊고 널리 퍼져 있는 의심을 정면으로 다루어야 한다. 이런 의심은 종교개혁이 교회에게 순손실(net loss)이었을 뿐만 아니라 교회의 상실(loss)이자 성경 해석에 관한 합의 가능성의 상실을 초래했다는 것이다.

진리의 말씀을 "옳게 분별하"는 것(딤후 2:15)—줄여서 'ortho-temnology'이다(ὀρθο+τομέω="곧게 자르다"에서 유래함)—이 참된 제자도의 표지다. 종교개혁은 말씀을 옳게 분별하는 것을 더 쉽게 만들었는가, 아니면 더 어렵게 만들었는가? 나는 '오직 성경으로'라는 원리가 제자 삼는 일을 위해 필수적이라고 믿는다. 그럼에도 불구하고, 적어도 잠시 동안은 비판자들의 말에 귀를 기울이는 것이 유익하다. 왜냐하면 우리의 회중에 속한 교인들도 그들의 비판을 듣고 있기 때문이다. 특히 젊은이들은 (최근에 나온 수많은 책에 표현된) 해석의 다원주의에 대한 우려에 공감하는 경향을 보일 수도 있다.

알리스터 맥그래스(Alister McGrath)는 두 가지 개념의 폭발—이 두 개념이 결합되었을 때 중세 사회에 치명적인 영향을 미쳤다—을 "기독교의 위험한 사상"이라고 부른다. 이 개념들은 성경이 지닌 최고의 권위(오직 성경으로)와 그것을 해석할 수 있는, 개인이 지닌 최고의 권리(모든 신자의 제사장직)이다.[4]

디아메이드 맥클로흐(Diarmaid MacCulloch)는 개신교 종교개혁이 성경을 "읽는 법에 관한 혁명이었다"고 말한다.[5] 개인들은 제도 교회의 권위를 따르는 대신에 이제 스스로 판단하라고 격려받았다. "내가 여기 서 있다." 브래드 그레고리(Brad Gregory)는 교회의 권위에 대한 종교개혁의 비판이 초래한 의도하지 않은 결과가 해석의 무정부 상태였다고 주장한다.[6] 문제는 로마의 권위를 거부한 이들이 성경이 무엇을 말하는지에 관해 서로 의견을 달리했다는 점이다. 그게 다가 아니다. 카를로스 에이레(Carlos Eire)는 종교개혁을 "탈신성화"의 과정으로 묘사한다(이 과정은 다르게 표현해서 '세속화'로도 알려졌다). 왜냐하면 개혁자들이 자연과 은혜의 관계를 새롭게 개념화하면서, 본문의 의미를 확정하는 데에 문법으로 충분하다고 주장했기 때문이다. 또한 그는 개신교인들이 성도의 교제를 수직적으로(하늘에 있는 성도와의 교제) 깨뜨렸을 뿐만 아니라 동시에 수평적으로(지상에 있는 성도와의 교제) 깨뜨렸다고 말한다.[7] 동방 정교회 신학자인 게오르기 플로로프스키(Georges Florovsky)는 '오직 성경으로'라는 원리가 "종교개혁의 죄"였다고 지적한다.[8] 종교개혁은 꼭 필요했을지도 모르지만, 성도의 교제를 약화시키고 크리스천 스미스(Christian Smith)가 "만연한 해석의 다원주의"라고 부른 것을 만들어 냈다는 점에서 비극적이었다는 평가를 받는다. 스미스는 다음과 같이 말했다. "중요한 문제에 관해 수많은 상이한 가르침을 야기하는 상황에서……본문이 유일하게 권위 있다고 주장하는 것은 논점에서 빗나간 주장이 되고 만다."[9]

비텐베르크여, 우리에게 문제가 있다(비텐베르크는 마르틴 루터가 종교개혁을 일으킨 곳이다—옮긴이). 비판자들에 따르면 성경주의의 문제점은 "모든 사람이 자신의 소견에 옳은 대로 읽는다"는 것이다. 이것은 심각한 문제다. 특히 잠언 12:15에서 "미련한 자는 자기 행위를 바른 줄로 여"긴다고 말하기 때문이다.

이것이 제자를 삼는 공간인 교회와 무슨 관계가 있을까? 매우 중요한 관계가 있다. 왜냐하면 제자는 살아 있는 말씀이신 예수 그리스도의 길을 따르기 위해 성경의 말씀을 따르는 사람이기 때문이다. 어느 길로 가야 하는지 우리는 어떻게 알 수 있을까? 목회자와 교인들은 권위

들음과 행함

있는 본문에 대한 누구의 해석이 정당하며 왜 그런지를 결정해야 하는 어려움을 점점 더 명확하게 인식하게 되었다. 나는 고백주의적인 전통에서 자라지 않았거나, 그런 전통에서 자랐지만 다른 전통들이 존재하며 그 각각이 '개신교'나 '복음주의' 혹은 단순히 '성경적'이라는 명칭을 주장한다는 사실을 발견하고 충격을 받는 학생들을 신학대학원 교실에서 만나곤 한다. 개신교는 제자들을 언제나 참된 교회에 대한 지식을 추구하지만 결코 발견하지 못하는 항구적인 소비자로 만들고 만 것일까?(딤후 3:7을 보라) 목회자로서 여러분 역시 이와 비슷한 질문을 분명히 들어 보았을 것이다. 왜 개신교인들은 서로 사이좋게 지낼 수 없을까?

건설적인 대답을 제시하기 전에 또 하나의 비판적인 목소리를 추가해 보자. 피터 레이하르트(Peter Leithart)는 최근에 개신교의 "종말"을 촉구했다. 예수께서는 그분의 교회가 일치되기 원하셨지만—심지어 이를 위해 기도도 하셨지만(요 17:21)—현재 그분의 교회는 일치를 이루지 못하고 있다.[10] 고대의 고린도에 있었던 교회가 그랬듯이 현재의 교회는 분열되어 있다. "너희가 각각 이르되 나는 바울에게, 나는 아볼로에게, 나는 게바에게, 나는 그리스도에게 속한 자라 한다는 것이니"(고전 1:12). 이름만 바뀌었을 뿐이다. "나는 칼뱅을 따른다", "나는 루터를 따른다", "나는 웨슬리를 따른다", 혹은 어쩌면 "나는 파이퍼를 따른다", "나는 맥아더를 따른다", "나는 스프롤을 따른다." 레이하르트는 종교개혁이 서양 교회를 분열시켰으며, 개신교 교파주의는 이러한 분열을 영속화한다고 말한다. 또한 우리는 영향력 있는 인물에 대한 숭배와 대형교회의 대두가 분열을 훨씬 더 심화시켰다고 덧붙일 수 있다. 개혁자들의 의도에도 불구하고 오늘날 개신교회의 모습을 보면 "바벨탑의 분열을 극복할 성령이 아직도 오지 않으셨다고 결론 내릴 수 있을지도 모른다"라고 레이하르트는 말한다.[11]

문제는 우리가 교회 안에서 어떤 제자들을 길러 내고 있는지에 관한 것이다. 그들은 예수 그리스도를 따르는가, 아니면 교단이나 특정한 성경 교사 혹은 자신의 변덕을 따르는가? 우리는 어떻게 제자들을 훈련해 그리스도의 몸을 분열시키는 사람이 아니라 하나 되게 하는 사람이 되도록 할 수 있는가? 무엇보다 먼저, 어떤 종류의 일치가 그리스도의 교회를 특징지어야 하는가? 모든 교리적이고 교파적인 차이가 분열로 귀결될 수밖에 없는가? 이는 '오직 성경으로'라는 원리를 고백하는 교회들에게 중요한 물음이며, 이에 관해서는 뒤에서 다시 다루게 될 것이다. 여기서는 우리의 주제를 상기함으로써 이 논의를 마무리하려고 한다. 곧, 교회는 말씀의 피조물이며 제자들을 길러 내는 공간, 다시 말해 "말씀의 작은 피조물들"을 훈련하고 듣는 이들을 행하는 이들로 만드는 공간이다.

우리가 추구해야 할 방향은, 우리 자신의 교회나 교단을 보편적인 교회의 지역적인 표현으로 보는 것이다. 지역 교회는 예수께서 우리보다 먼저 기도로 간구하셨던 일치의 현실을 위해서 기도하고 이를 드러내는 법을 배우는 공간이다. "그들도 하나가 되게 하옵소서"(요 17:11). 그리고 말씀과 성령이 결합되어 있듯이, 성령과 교회 전통도 그러하다는 사실을 우리는 이해하게 될 것이다. 칼뱅의 말처럼 "우리의 반대자들은 교회의 권위를 하나님의 말씀 바깥에 두지만, 우리는 그것이 말씀과 결부되어야 한다고 주장하며 전자가 후자와 분리되도록 내버려 두지 않는다."[12]

그렇다면 '오직 성경으로'와 모든 신자가 제사장이라는 원리(성경 해석이 모든 신자가 지닌 특권이자 책임이라는 종교개혁 사상)는 예수께서 기도로 간구하신 일치에 반하는 것일까? 개신교인들은 (마치 개개인이 자신을 위한 해석자이기라도 한 듯) 각 개별 신자의 제사장직을 가르치는가, 아니면 모든 신자의 제사장직을 가르치는가? 그리고 이 둘을 구별하는 일이 왜 중요한가? 이는 중요한 질문이다. 특히, 점점 더 많은 교인들이 다원주의에 노출되지만 이에 관해 어떻게 대처해야 할지 모르는 시대에는 더욱더 그러하다. 권위주의적인 절대주의(옳든 그르든 나의 집단뿐이다)나 냉소주의적인 상대주의(옳은지 그른지 누가 판단할 수 있는가?)의 입장을 취하려는 유혹이 존재한다. 어느 쪽이든 이런 태도는 제자를 길러 내는 책무에 도움이 되지 않는다.

이 문제의 근원을 파악하기 위해 우리는 '범죄의 현장'으로 돌아갈 필요가 있다. '오직 성경으로'와 모든 신자의 제사장직에 관해 말할 때 개혁자들이 정말로 의도한 의미는 무엇이었을까? 두 질문은 연결되어 있다. '오직 성경으로'라는 원리는 이론과 공동체의 실천을 모두 지칭하기 때문이다.

권위에 관한 개신교의 원리: 오직 성경으로

다시 한 번 분명히 말하고자 한다. 나는 한순간도 성경이 최고의 권위라는 종교개혁의 원리를 버리지 않을 것이다. 하지만 개신교의 이 원리는 그것만으로 존재하는 것이 아니라 권위에 대한 개신교적인 태도의 일부다. 하지만 먼저 이 원리를 살펴보려고 한다.

성경의 권위는 그것이 지닌 거룩한 본질, 곧 하나님이 그분의 목적을 위해 성경을 구별하셨다는 사실에서 유래한다. 여기서 나는 '오직 성경으로'라는 원리가 지닌 다섯 가지 전제를 제시한 다음, 이 원리에 따를 때 성경이 어떤 의미에서 제자를 삼는 일에서 권위를 지닐 수 있는지 설명하려고 한다. 제자들은 기록된 하나님의 말씀을 따르기 때문에, 성경의 본질과 기능 그리고 목적에 관해 알고 있어야 한다.

첫째, 성경은 성령의 영감에 의해 인간의 말로 기록된 하나님의 말씀이다. 하나님은 특정한 인간 저자들을 택하시고 세우시고 구별하셔서 그들이 그분의 말씀을 전달할 도구가 되게 하셨다.

둘째, 하나님은 성경의 저자이신 동시에 성경에 권위를 부여하신다. 성경의 특별한 책무, 곧 피조물에 의해 기록되었지만 하나님의 특별한 자기 계시의 권위 있는 매개체가 되는 것은 하나님이 그 책의 저자라는 사실에서 유래한다.

셋째, 하나님의 말씀은 하나님의 담화, 곧 하나님이 어떤 것에 관해 누군가에게 특정한 방식으로 말씀하신 무엇이다. 성경은 기록으로 고정된 하나님의 담화다. 곧, 하나님이 어떤 것(창조와 구속과 구원의 완성

들음과 행함

이라는 드라마)에 관해 누군가(복음의 무리)에게 특정한 방식(성경의 문학적인 형식)으로 특정한 목적(복음의 시민권에 합당한 제자를 길러 내는 것)을 위해 말씀하신 것이다. 성경은 정보를 담고 있는 안내서, 곧 역사 속에서 하나님이 하신 행동에 관한 기록이 아니라 하나님의 말씀, 곧 지금 하나님이 하시는 행동의 매개체다. 하나님은 여러 가지 방식으로 교회를 향해 말씀하신다. 왜냐하면 하나님은 진리를 말하고 약속을 맺고 명령을 내리고 역사의 종말을 계시하는 것을 비롯해, 인간의 말로 한 가지 이상의 일을 하실 수 있기 때문이다. 각각의 종류의 발화 행위는 제자의 믿음과 소망과 사랑의 형성에 기여한다.

넷째, 여러 유형의 담화는 여러 영역에서 여러 방식으로 권위를 발휘한다. 예를 들어, '고양된 산문'(exalted prose)의 권위는 율법이나 역사서의 권위와는 다른 방식으로 작동한다. 이사야 55:11에서 우리가 읽는 바는 참이다. "내 입에서 나가는 말도 이와 같이 헛되이 내게로 되돌아오지 아니하고 나의 기뻐하는 뜻을 이루며 내가 보낸 일에 형통함이니라." 하지만 우리는 특정한 성경 본문이 지닌 의도와 영역을 분별해야 한다.

마지막으로, 하나님이 저자이신 모든 담화는 궁극적으로 동일한 신적 목적에 기여한다. 성경 담화를 구성하는 상이한 형식들은 하나님이 택하신 백성에게 그리스도를 전하는 목적에 기여한다. 여러 다양한 방식으로 성부께서는 성경의 인간 저자들, 곧 예언자와 사도들을 세우셔서 그들이 그분의 빛과 생명, 그리고 그분의 성자와 성령을 전하게 하신다. 제임스 패커(James I. Packer)가 탁월하게 표현했듯이, 성경은 "성부 하나님이 성령 하나님의 능력으로 성자 하나님에 관해 설교하신 말씀"이다.[13] 그러므로 성경이 지닌 의사소통적인(communicative) 권위를 공동체적인(communal) 목적과 분리하지 않는 것이 중요하다. 모든 성경은 제자들을 훈련하여 그들이 복음의 시민권에 합당한 삶을 살게 한다는 목적에 부합하도록 만들기에 유익하다.

'오직 성경으로'라는 원리를 비판하는 이들 중에는 제자들이 책이 아니라 예수 그리스도를 따라야 한다고 주장하는 이들이 있다. 이는 유익하지도 않고 오해를 불러일으키는 이분법이다. 왜냐하면 루터가 정확히 묘사했듯이, 성경은 그리스도의 홀(笏)이기 때문이다. 다시 말해, 성경적이라는 것은 그리스도를 따르는 것에 대한 우상 숭배적인 대안이 아니라 참된 제자도의 표지이자 수단이다. '오직 성경으로'는 성경이 그리스도에게서 독립된 권위로서 기능한다는 의미가 아니다!

루터의 중세 후기의 맥락에서 '오직'이라는 원리는 배타적이었다. 하지만 그 원리가 무엇을 배제했는지를 말할 때 우리는 주의를 기울일 필요가 있다. 예를 들어, '오직 은혜로'(sola gratia)와 '오직 믿음으로'(sola fide)라는 원리는 선행의 공로적인 성격을 부인했지만 인간의 순종이 중요하다는 사실을 부인하지는 않는다. 마찬가지로, '오직 성경으로'라는 원리는 교회의 전통이 성경과 동등한 권위를 지닌다는 주장을 거부하며, 성경 해석이 옳은지를 판단한 권위를 로마가 가지고 있다는 주장 역시 거부한다. 루터는 교리 논쟁이 뜨겁게 달아오른 상황에서 요한 에크(Johann Eck)가 자신의 입장을 뒷받침하는 성경적인 근거를 제시하지 못하고 교부들만 인용하자, 더 이상 참지 못하고 분노를 터트렸다. 전통이 궁극적으로 성경에서 유래한 것이 아니라면, 전통에 대한 호소는 아무런 유익이 없다고 루터는 믿었다. 하지만 '오직 성경으로'라는 원리는 신학의 자료로서 교회의 전통을 완전히 배제하지 않으며, 오히려 권위의 더 광범위한 맥락 안에서 전통을 올바른 위치에 두어야 한다고 주장할 뿐이다.

그리스도인이든 아니든 모든 사람이 제자, 곧 특정한 말을 따르는 사람이다. 제자는 스스로 경로를 정하지 않고 다른 이의 가르침을 따른다. 달리 말하자면, 제자는 스승의 권위를 받아들인다. "제자가 그 선생보다, 또는 종이 그 상전보다 높지 못하나니"(마 10:24). 권위라는 개념을 떠올리지 않고서는 제자도에 관해 이야기할 수 없다. 여기서 우리는 제도로서의 교회와 '오직 성경으로'라는 종교개혁의 원리에 대한 의심 가운데 일부는 궁극적으로 권위, 특히 해석의 권위에 대한 의심이라는 점을 지적할 필요가 있다. 나에게 무엇을 하라고 명령하는 당신은 누구인가? 여기서 우리는 들음과 행함이라는 문제의 핵심에 다가간다. 나는 왜 나 자신의 목소리가 아니라 목회자의 목소리나 신학자의 목소리 혹은 교단의 목소리를 들어야 하는가? '오직 성경으로'라는 종교개혁의 원리는 이렇게 권위에 대한 의심이 제기되는 상황에서 효과적으로 사용할 수 있다. 하지만 먼저 우리는 권위를 주의 깊게 정의해야 한다.

권위는 정당한 발언권, 곧 특정한 영역에 관해 신념을 권하고 순종을 명령하는 권력이다. 예를 들어, 의사는 신체적인 건강이라는 영역에서 권위를 지니며, 그렇기 때문에 우리는 의사의 처방을 따른다. 그렇다면 어떤 영역을 만든 사람보다 더 전문적인 지식과 발언권을 지닌 사람은 누구인가? 창조주로서 하나님은 궁극적인 '전문가', 곧 모든 것을 아시는 분이시다. 왜냐하면 그분은 모든 영역을 창조하셨기 때문이다(시 50:11, 139:2, 딤후 2:19). 그렇기 때문에 그분은 발언권, 곧 만물에 대한 궁극적인 권위를 지니신다. 이제 핵심적인 질문은 다음과 같다. 하나님은 그분의 권위를 표현하셨는가? 표현하셨다면 어디에 하셨는가? 권위는 언어적으로 표현되어야 한다. 왜냐하면 의미를 가진 내용 외에는 다른 어떤 것도 사람들에게 책임을 물을 수 없기 때문이다. 개신교인들은 하나님이 그분의 권위를 언어적으로 표현하시며, 신구약은 이를테면 하나님의 마지막 유언이라고 고백한다.

권위를 우리의 자유를 침해하는 억압적인 권력으로 묘사하는 태도가 근대와 후기 근대의 많은 사람들을 사로잡고 있다. 하지만 하나님은 우리를 억압하기 위해서가 아니라 죄와 무지와 포로 상태로부터 해방하기 위해서, 그리스도 안에 있는 새로운 창조로 우리의 방향을 바꾸기 위해서, 이로써 그리스도 안에 있는 참된 인간적 번영을 촉진하기 위해서 그분의 권위를 사용하신다. 창조주이신 하나님은 무엇이 우리에게 최선인지 알고 계시며, 그분의 율법과 지혜 문학을 통해 인간의 번영을 위한 지침을 제공하셨다. 하나님의 말씀은 권위를 지니고 있으며, 건전하지 못한 방식으로 우리에게 제한을 가하기 위해서가 아니라 우리에게 유익이 되는 방식으로 다른 이들과 더불어 살아갈 수 있게 함으로써 그 효과를 발휘한다.

또 다른 그림(개인이 다른 어떤 권위의 도움도 없이 스스로 성경을 해석하는 것)이 종교개혁에 대한 근대적인 비판자들을 사로잡고 있다. 하지

들음과 행함

만 이것이 '오직 성경으로'라는 구절이 의미하는 바인가? 만약 문자적인 의미가 그 구절을 만든 사람들이 그 구절을 사용할 때 의미했던 바이며, 그들이 그 구절을 실제로 사용했던 방식이라고 한다면, 이 물음에 대한 대답은 단호한 "아니오"다.

'오직 성경으로'라는 구절이 의미하는 바가 "성경만이 존재하는 유일한 신학적 권위다"라고 한다면, 이 구절을 본래의 맥락에서 떼어 놓는 일과 다름없다. 예를 들어, 종교개혁자들은 결코 '오직 성경으로'라는 원리가 이차적인 자료를 사용하는 일을 배제한다고 보지 않았다. 오히려 그들은 하나님의 말씀을 듣기 위해 노력할 때 문법이나 심지어는 주석을 기꺼이 참고했다. 배제하는 차원이 존재한다면, 이는 권위에 관해 첫째이자 가장 중요한 것에만 적용된다('첫 번째' 권위가 될 수 있는 것은 단 하나만 존재할 수 있다). 하지만 성경만이 최고의 혹은 일차적인 권위라고 말할 때 다른 이차적인 권위가 존재할 가능성이 열린다. 그리고 이것이 바로 개혁자들이 믿었던 바이며, 따라서 교회의 전통은 이러한 이차적인 권위에 해당한다.

그러므로 나는 다음과 같은 정의를 제시하려고 한다. 곧 '오직 성경으로'라는 원리는 하나님이 친히 거룩하게 구별하신 담화인 성경만이 교회의 (상상력을 비롯해) 삶과 사상에서 유일하게 전적으로 신뢰할 만하며, 충분하고, 최종적인 권위를 지닌다는 의미다. 성경만이 하나님이 권위를 부여하신, 인간의 말로 기록된 그분의 자기 계시다. 그렇기 때문에 루터의 간결한 공식을 사용하자면 "성경만이 다스린다." 그렇다면 성경은 다스리는(magisterial) 권위에 있어서 유일하다. '오직 성경으로'라는 원리는 배제를(exclusionary) 의미하는 동시에 감탄하는 (exclamatory) 말로 이해하는 것이 최선이다! 성경은 다른 모든 지상의 권력과 권위를 초월한다.

따라서 성경만이 권위를 행사하지만, 권위를 행사하는 성경만이 존재하는 것은 아니다. '오직 성경으로'라는 원리는 신학적 권위의 더 광범위한 경향이라는 맥락 안에서 특정한 종류의 신학적 공동체(교회)에 의한 신학적 권위의 실천을 의미하는 약칭이며, 여기에는 교회가 특정한 정통 교리를 공식화하는 것(전통)이 포함된다.

'오직 성경으로'라는 원리에 관한 우려 가운데 하나는 이것이 해석의 교만을 부추긴다는 것이다. 곧, 모든 개인이 마치 성경의 의미를 다루는 대제사장인 것처럼 행동할 수 있다는 것이다. 나는 '오직 성경으로'라는 원리가 전혀 다른 방식으로, 곧 교만한 확실성으로 흐르는 이런 경향성에 대한 영속적인 도전으로 작동한다고 이해한다. 바르게 이해된다면, '오직 성경으로'라는 원리는 성경에 대한 우리의 해석이 아니라 오직 성경만이 권위를 지닌다고 가르친다. 예수 그리스도만이 주님이시지만, 우리에게 그분의 말씀을 읽는 법을 가르치는 다른 스승들이 존재한다. 성경은 예수 그리스도의 도를 우리에게 분명히 보여주며, 동시에 오늘날 제자도가 무슨 의미를 지니는지 다른 이들과 의논할 기회를 우리에게 제공한다. 개신교 종교개혁자들이 발견한 것은, 성경을 다른 이들과 읽는 것 자체가 겸손을 배우는 수단이라는 사실이다. 이 역시 우리가 행하는 말씀 사역의 일부다. 그 사역은 '그 책의 사람들', 곧 신실한 해석의 공동체(담대하지만 겸손한 독자들로 이루어진 왕 같은 제사

장의 무리)의 형성을 촉진하는 것이다. 그렇기 때문에 '오직 성경으로'라
는 원리는 절망적인 분열의 근원이 아니라 제자를 삼는 필수적인 수단
이 될 수 있다.

권위에 대한 개신교적인 이해:
단독적인 권위가 아니라 최고의 권위를 지닌 성경

개신교인들은 제자 삼는 일에서 사람들이 진리의 말씀을 바르게 다룰
수 있도록 훈련하는 것이 중요하다고 강조해 왔다. 복음의 시민권이라
는 목적에 합당한 사람이 되기 위해서는 제사장, 곧 하나님의 말씀을
읽고 전할 수 있는 제사장이 되기에 합당해야 한다. 루터는 모든 신자
에게 제사장직이 있음을 강조했다. 그러나 그가 모든 신자에게 '교황직'
이 있다고는 말하지 않았음을 기억하는 것이 중요하다. 성경 해석에 관
해 개별 신자는 발언권을 가지고 있지 않다. 그와 반대로, 모든 신자는
제사장이지만 "그러나 너희는 택하신 족속이요. 왕 같은 제사장들이요.
거룩한 나라요"(벧전 2:9)라고 말하듯이, 모든 제사장은 제사장 무리의
일원이다.

왕 같은 제사장직의 본질과 기능은 무엇이며, 목회자는 그 안에서 어
떤 역할을 하는가? 모든 권위가 예수 그리스도께 주어졌지만, 그리스도
께서는 하나님의 권위를 마땅히 "취할 것"으로 여기지 않으시고(빌 2:6)
이를 다른 이들에게 위임하셨다. 예수께서는 복음을 전하고(막 3:14) 하
나님의 나라를 선포할(눅 9:2) 책임을 사도들에게 맡기신다. 그분은 사

도들을 세우시고 성령으로 기름 부으셔서, 그들이 자신의 권위 있는 책무, 곧 그분의 증인이 되어야 할 책무를 수행할 능력을 주신다(행 1:8).

교회와 교회의 전통은 어떨까? 교회와 교회의 전통 역시 신학적 권위의 구조 안에서 자리를 차지하고 있는가? 아니면 '오직 성경으로'라는 원리가 이를 배제하는가? 결코 그럴 수 없을지어다! '오직 성경으로'는 '신앙 공동체를 제외한 성경' 혹은 '교회의 전통과 독립적인 성경'이라는 의미가 아니다. 이 원리는 최고의 권위에 관한 문제에서만 교회의 가르치는 직무나 인간이 만든 전통과 같은 경쟁자를 배제한다. 그것은 신학의 다른 원천이나 자료를 전적으로 배제하지는 않는다. 간단히 말해, 이 원리는 말씀 사역자들을 배제하지 않는다.

그러나 이 원리는 자율적인 개인들을 배제한다. "하나님의 말씀은 하나님의 백성 없이 존재할 수 없으며, 반대로 하나님의 백성은 하나님의 말씀 없이 존재할 수 없다."[14] 말씀 사역자의 책무는 단순히 그 내용을 가르치는 것이 아니라, 다른 이들이 성도의 교제라는 맥락 안에서 스스로 말씀을 읽는 법을 가르치는 것이다. 그렇기 때문에, 모든 신자의 제사장직이라는 원리가 루터의 교회 "개혁의 핵심에 자리 잡고 있었다."[15] 모든 신자가 왕 같은 제사장이 되어야 한다는 가르침은 자율적인 개인에게 권위를 부여하는 병리 현상이 아니라, 교회 안에서 권위를 배분하기 위한 하나님의 계획의 일부다. "왕 같은"이라는 말은 (복음 안에 자리 잡고 있는) 권위를 의미하며, "제사장들"이라는 말은 해석의 공동체(하나님의 도성으로서의 교회)를 의미하고, "모든 신자"는 개인들이 자율적인 행위자가 아니라 복음의 시민임을 의미한다. 모든 신자가 서로에

들음과 행함

게 말씀을 전하는 제사장이지만, 그들 가운데 일부만 목회자의 직분을 수행하도록 임명을 받는다(루터는 목회자에 대한 안수를 계속 인정했다).

왕 같은 제사장직을 확언하는 것은 사실 또 다른 '오직', 곧 '오직 교회'라는 원리를 확언하는 것이다. 놀라운 말처럼 들릴 수도 있지만, 교회의 유일성에 대한 올바른 개신교적 이해를 인정하는 것이 중요하다. 곧, 교회만이 그리스도께서 그분의 나라를 다스리시며 그분의 살아 있는 성전을 위해 특정한 선물을 주시는 공간이다. 우리가 개신교 종교개혁이 가진 병리 현상을 배제하고 그 약속만을 되찾으려고 한다면, 모든 신자가 왕 같은 제사장이라는 사상뿐만 아니라 그 실천까지 되찾아야 한다. 개신교인들이 그 책의 사람들이 되는, 하나님이 정해 두신 양식(방법)이 존재하며, 이 양식이 교회와 교회의 전통이 중요한 이유를 설명한다.

성경은 유일하게 다스리는 권위다. 그리스도의 정경적인 요람인 동시에, 루터의 말처럼 승천하신 그리스도께서 지금 교회를 다스리시는 홀이다. 그러나 왕 같은 제사장들과는 독립적으로 성경이 이 역할을 수행하지 못하며, 이는 곧 성령께서 교회의 전통과 가르치는 사역을 비롯해 하나님의 백성 안에서 일하심을 의미한다. 아브라함이 소유한 모든 것에 대해 책임을 지고 있던 그의 종처럼(창 24:2), 교회와 교회의 전통은 섬기는(ministerial) 권위를 지닌다. 스콧 스웨인(Scott Swain)은 이렇게 말한다. "우리가 성경을 읽을 수 있도록 능력을 주시며 계속해서 성경을 읽을 수 있게 하시는 성령께서 우리의 읽기를 도울 공동체도 제공하신다."[16]

루터도 칼뱅도 전통 없는 해석을 옹호하지 않았다. '오직(sola) 성경으로'를 '성경만으로(solo)'와 혼동하지 않는 것이 중요하다. 개인들만이 성경을 해석한다는 생각, 곧 교회나 전통과 고립되어서 그들 혼자서 자신의 힘으로 해석한다는 생각이 지닌 문제점은, 그들의 해석에 대한 견제와 균형이 결여될 뿐만 아니라, 그 결과 필연적으로 성령께서 주시는 은사를 무시하게 된다는 점이다. 특히, '성경만으로'는 성도와의 교제 속에서 성경을 읽는 것이 중요하다는 사실을 부인한다. 이제 우리는 공교회가—특히 나는 고대의 신조 안에 보존된 전통을 염두에 두고 있다—성경 본문에 대한 개인의 해석이 (성령의 조명 덕분에) 합당한 의미를 지니게 되고 또한 권위를 행사하는 맥락이라는 사실을 더 잘 이해할 수 있게 되었다.

이것은 중요한 논점이므로 더 분명하게 진술하려고 한다. 종교개혁자들은 교권이 전통을 자료로 사용했기 때문이 아니라 공교회성을 로마에 본부를 둔 기관으로 축소했기 때문에 교권에 반대했다. 그들은 공교회성을 옹호했지만 로마에는 반대했다.[17] 루터와 칼뱅은 섬기는 권위를 지닌 이들이었던 교부들에게 호소하는 일이 전혀 문제가 없다고 생각했다. 따라서 나는 대문자 T로 시작하는 전통(Tradition)을 언급할 때, 사도들의 담론의 의미와 함의에 관한 사도 이후 시대의 대화, 곧 성령께서 교회 전체('공교회')를 모든 진리로 인도하기 위해 사용하시는 대화라는 의미로 이 용어를 사용한다.

전통 역시 개신교 권위 구조의 한 요소이며, 교회처럼 예수의 공동체를 성숙하게 하기 위해 존재한다. 전통을 "시간이 흘러도 사도들의 가르침 안에 머물려는 교회의 자세"로 이해하라.[18] 나는 전통을 "성령께서 성경의 진리가 교회의 의식과 삶 속으로 전해지게 하기 위해 사용하시는 수단"이라고 이해했던 헤르만 바빙크(Herman Bavinck)의 설명을 좋아한다.[19] '오직 성경으로'라는 원리는 성경 안에서 말씀하시는 성령께, 동시에 그분과 똑같이 하는 사람들에게 주의를 기울이는 훈련이다. '오직 성경으로'라는 원리는 이 개념과, 또한 개혁주의 공교회성(Reformed catholicity)이라고 부를 수 있는 것과 완벽하게 양립 가능하다. 나는 개혁주의 공교회성을 무엇보다 먼저 정경성(성경)에 의해 통제되는 공교회성(전통)으로 이해한다. 그러므로 하나님이 짝지어 주신 것(정경성과 공교회성)을 사람이—특히 종교개혁 개신교인들이나 복음주의자들이—나누지 못할지니라!

해석자들은 에티오피아의 내시처럼 도움을 필요로 하는 경우가 많다. 그는 "읽는 것을 깨닫느냐"라는 빌립의 물음에 "지도해 주는 사람이 없으니 어찌 깨달을 수 있느냐"라고 답했다(행 8:30-31). 여기서 빌립은 전통이 할 수 있는 최선의 역할, 곧 성경을 읽을 때 우리를 돕기 위해 성령께서 주시는 공동체의 역할을 수행한다. 성경만이 최고의 권위를 지니지만, 은혜로우신 하나님은 성경이 홀로 존재하는 것이 좋지 않다고 판단하셨다. 따라서 그분은 전통에 권위를 부여하셨고, 전통을 바라보실 때 "이것이 마침내 내 규범 중의 규범이요, 내 빛 중의 빛이다. 이것은 사도들의 증언으로부터 취한 것이므로 사도 이후의 증언이라고 불릴 것이다"라고 말씀하셨다.

다음 두 사례는 '오직 성경으로'라는 원리와 왕 같은 제사장직이 어떻게 결합될 수 있는지 보여주기에 충분하다. 첫째는 사도행전 15장에 있는 예루살렘 공의회에 관한 서술이다. 쟁점(이방인들이 그리스도인이 될 때 할례를 받아 유대인처럼 되어야 하는가?)은 논쟁적이었으며 "적지 아니한 다툼과 변론"(행 15:2)을 촉발했다. 어떤 한 사람의 해석도 압도적이지 않았다. 대신 그들은 공의회를 열었고, 하나님의 은총이라는 전제에 기초해 해법을 모색했다. 그들은 이방인 개종자의 할례가 필수적이지 않다는 아모스 9:11-12에 대한 야고보의 해석(행 15:16-17)과 성령의 감동(행 15:28)에 도움을 받아 합의에 도달했다.

예루살렘 공의회는 '오직 성경으로'라는 원리를 실천했다. 그들이 왕 같은 제사장으로서 심사숙고하여 도달한 의견은 하나님이 성경에 말씀하신 바와 그분이 이방인들 가운데서 행하시는 일을 목격한 바에 근거했다. 공의회는 성경과 동시대의 상황을 고려해서 미래를 향해 나아가기에 적합한 길을 가리키는 신학적 판단을 내렸다. 그것은 상황에 맞는 해법인 동시에 성령의 영감에 의해 얻은 해법이었다. 뿐만 아니라, 그것은 권위 있는 결정이었다. "여러 성으로 다녀갈 때에 예루살렘에 있는 사도와 장로들이 작정한 규례[τὰ δόγματα]를 그들에게 주어 지키게 하니"(행 16:4). 따라서 이것은 왕 같은 제사장들이 주어진 상황 속에서 성경으로 권위 있는 교의를 도출해 낸 사례다.

둘째는 예루살렘 공의회 이후 약 300년이 지났을 때 니케아(Nicaea)에서 열린 또 다른 공의회다. 다시 한 번 논점은 복음의 통일성에 필수적인 무엇인가에 관한 것이었다. 하지만 이번에는 교리를 둘러싼 논쟁이었다. 하나님의 아들이 피조물 가운데 최고의 존재라고 말하는 것이 옳은가? 아니면 우리는 성자께서 신적인 본성을 공유하신다고 말해야 하는가? 이 교리 안에는 몇 가지 실천적인 문제가 걸려 있었으며, 그 대부분은 신자와 성자 사이의 관계의 속성에 관한 것이었다. 성자께 기도하고 그분을 예배하는 것이 옳은가? 제자들이 예수를 주님이라고 고백하는 것이 옳은가? 성자 안에 영원한 생명이 있는가?

그들은 이 문제를 어떻게 처리했는가? 먼저, 기독교 세계 전체에서 대표를 보냈다는 점에서 공의회가 '공교회적'(catholic)이었다는 사실에 주목하라. 둘째, 니케아에 모인 교회 지도자와 신학자들은 예루살렘 공의회의 사도들처럼 성경에 부합하는(곧, 성경과 일치하는) 동시에 상황에 적합한 해결책을 생각해 내야 했다. 성경 자체가 그들이 합의에 이를 수 있다고 기대할 만한 근거를 제공했다. 예루살렘 공의회라는 선례가 있었을 뿐만 아니라 성령께서 교회를 모든 진리 가운데로 인도하실 것이라고 예수께서 그분의 사도들에게 약속하셨기 때문이다(요 16:13). 더 나아가, 바울은 교회를 "진리의 기둥과 터"(딤전 3:15)라고 묘사했다. 칼뱅이 설명하듯이, "바울은 교회가 하나님의 진리가 세상에서 사라지지 않도록 이를 신실하게 지키는 곳이라는 의미로 이렇게 말했다."[20]

니케아의 교부들은 다시 한 번 상황에 적합한 해결책을 생각해 냈다. 그들은 성자께서 성부와 동일한 본질(ὁμοούσιος)이라고, 다시 말해 그분이 참으로 온전한 하나님이시라고 말했다. ὁμοούσιος라는 새로운 용어는 성경에 무엇인가를 더하지 않고, 오히려 그리스도인들이 예언자와 사도들에 기초해 성자에 관해 말하도록 허락된 바를 명시적으로 만들 뿐이다. 따라서 이는 교회의 공의회가 암시적인 성경의 가르침을 명시적으로 만드는, 교의를 상황에 적합하게 공식화한 또 다른 예다. 이 교의는 니케아뿐만 아니라 모든 곳에서 모든 이에게 권위가 있다. 그러므로 삼위일체 교리는 제자를 위한 교과 과정의 필수 요소이며, 모든 복음의 시민이 알아야 하는 바다. 제자들을 목적에 합당하게 길러 내기 위해 우리에게는 성경과 교리 그리고 후자의 본질적인 요소인 교회 전통이라는 지혜가 필요하다.[21]

요약하자면, '오직 성경으로'라는 원리는 개인들이 자신의 독특한 성경 해석을 뒷받침하기 위해 마음대로 인출할 수 있는 백지 수표가 아니라, 더 광범위한 개신교의 권위 구조에 주의를 기울이고 교회의 성경 해석이라는 역사 안에서 말씀하시는 성령께 귀를 기울이라는 요청이다.

니케아 신조처럼 전통이 만들어 낸 것들은 성령께서 교회를 모든 진리 가운데로 인도하기 위해 사용하시는 성별된 도구이자 "가르치는 은총의 결과"다.[22] 전통은 성경에 새로운 내용을 더하지 않으며, 빛을 전달하는 독립적인 능력을 가지고 있지도 않다. 여기서 핵심 단어는 빛이다. 하나님은 빛이시다(요일 1:5). 그리스도는 세상의 빛이시며(요 8:12, 9:5), 빛에서 나신 빛이시다. 성경은 그리스도께서 비추시는 빛을 통해서, 곧 빛으로부터 더 많은 빛을 비추는 성별된 도구다. 하나님은 빛이시다. 하지만 흥미롭게도 그분은 지구에 빛을 주시려고 하늘의 궁창에 빛들을 두셨다(창 3:15). 창세기 1:16은 "하나님이 두 큰 광명체를 만드사 큰 광명체로 낮을 주관하게 하시고 작은 광명체로 밤을 주관하게 하시며 또 별들을 만드시고"라고 말한다. 전통은 더 작은 빛이다. 그것은 성경이라는 해를 반사하는 달과 같다. 달이 비추는 빛은 언제나 그리고 오직 해의 반사지만, 여전히 진짜 빛이다. 실제로 보름달은 순례자가 길을 발견하기에 충분한 빛을 비춘다. 전통도 마찬가지다. 전통은 신조와 신앙 고백이 성경 본문으로부터 빛나는 빛을 반사하는 한, 파생적이며 이차적이고 섬기는 권위를 지닌다.

탁상담화: 교파, 제자도, 대화를 통한 일치

지금까지 살펴보았듯이, 성숙한 제자를 길러 내는 과정의 한 부분은 당신 자신의 성경 해석을 보물 창고 전체가 아니라 왕 같은 제사장들이 지닌 부의 하나라는 점을 받아들이는 것이다. 우리가 개신교회들이 성경을 다루는 방식을 바라볼 때, 만연한 해석의 다원주의라는 절망이 아니라 하나가 되게 하는 해석의 다원성이라는 지혜를 볼 수 있기 원한다. 이는 자명하지 않을지도 모른다. 비판자들이 개신교회를 바라볼 때, 다양한 개인들이 내놓는 성경 해석 사이의 충돌뿐만 아니라 해석의 공동체들(곧, 교파들) 사이의 충돌을 본다. 개신교회가 제도적으로 하나가 아니라는 사실 때문에 많은 이들이 낙심하고 있으며, 이로 인해 성경을 믿는 일부 그리스도인들은 어떤 교회에도 참여하지 않고 독자적인 영적 행보를 하면서 혼자 예배드리는 편을 선택한다.

이는 매우 불행한 일이다. 개별 그리스도인들이 용서나 인종적인 화해 혹은 사랑의 행위와 같은 것들을 몸소 실천하기란 어렵다. 내가 주장해 왔듯이, 예수께서는 거룩한 나라와 왕 같은 제사장들, 곧 분리된 일군의 개인들이 아니라 한 백성을 만들기 위해 죽으셨고 부활하셨으며 성령을 보내셨다. 또한 제자도를 위해서는 교회가 반드시 필요하다는 점을 명심하라. 내가 아는 한 『당신 자신의 제자가 되는 법』과 같은 책은 존재하지 않는다. 물론 그런 책이 나오는 것은 시간문제일 뿐일지도 모르지만…….

그렇다면 제자들은 수많은 개신교회와 신앙 고백 전통 그리고 교파들을 어떻게 이해해야 할까? 교파는 마치 집과 같다. 제자들이 몸을 피하고 양육을 받는 공간이다. 낯선 이들에게 환대를, 이웃에 사는 이들에게 이웃 사랑을 실천하는 한, 집 안에서 사는 것은 아무런 문제가 되지 않는다(집 없이 사는 것보다 훨씬 낫다). 추문은 교파가 아니라 교파주의다. 교파주의는 오직 한 집단만 복음의 참된 시민권을 구현한다는 이데올로기다. 교파주의를 주민이나 이웃보다는 집과 그 구조적인 통일성에 더 많은 관심을 기울이는 태도로 생각해 보라.

핵심은 우리가 우리의 가족 전통 안에서만 제자들을 훈련하는 것이 아니라 좋은 이웃이 되도록 훈련해야 한다는 것이다. 부디 각각의 집(각 교파 혹은 각 지역 교회)이 동네 전체를 대표할 책임을 부여받았음을 명심하라. 지역 교회의 첫 번째 책임은 특정한 교파가 아니라 그리스도를 대표하는 거룩한 제사장들이 되는 것이다. 어떤 의미에서 다양한 교파들은 상이한 인종 집단과 비슷하다. 무엇보다 먼저 우리는 인간이며, 이차적으로만 스코틀랜드인이나 프랑스인 혹은 나이지리아인이다. 그와 비슷하게, 제자들은 무엇보다 먼저 그리스도를 따르는 이들이며, 이차적으로만 칼뱅주의자나 웨슬리주의자 혹은 루터주의자다.

만약 우리가 교회가 하나라는 사실을 정말로 믿는다면, 이러한 가시적인 일치의 모습은 어떠해야 할까? 이는 대답하기 까다로운 질문이지만, 적어도 그것이 어떻게 보일 필요는 없다고 말할 수 있다. 그것은 제도적인 통일성일 필요가 없다. 신약에서 우리가 볼 수 있는 교회의 모습은 공식적인 조직보다는 비공식적인 연결망(유기적인 연합)에 더 가깝다.

내가 여기서 주장하는 개신교 공교회성의 가장 중요한 표현은 공의회주의(conciliarism)다. 곧, 예루살렘 공의회와 니케아 공의회처럼 온전한 대표성을 지닌 교회의 공의회를 통해 복음의 순수성과 교회의 일치를 위협하는 문제에 관해 신학적인 판단을 내리는 것이다. 존 맥닐(John McNeill)은 공의회주의가 "일치를 추구하는 개신교"의 "구성 원리"라고 주장한다.[23] 나는 이를 "순전한 개신교 기독교"라고 부르고 싶다.[24]

개별적인 이단자들이 자신들의 길을 가겠다고 선택했듯이, 교회 역시 자신의 해석이나 제자도를 실천하는 방식만이 성경적으로 공인되었다고 생각하고 싶은 유혹에 빠지지 않도록 경계해야 한다. 모든 신자의 제사장직은 인식적인 자기중심주의를 허용하는 면허증이 아니라, 인식에 있어서 양심적인 태도를 취하라는 명령이다. 곧, 다른 교단에 있는 기독교 신자들도 "우리와 동일하게 진리를 향한 자연스러운 욕망과 동일한 능력 및 재능을 지니고 있다는 사실"을[25] 인정하라는 명령이다. 각 교회 전통은 문화적으로, 사회적으로, 때로는 교리적으로 맹점을 가지고 있다. 따라서 이런 의미에서 '독립적인' 성경 교회라는 것은 존재하지 않는다. 제자가 된다는 것은 동일하게 행하는 다른 이들과 함께 성경의 그리스도를 따르는 것을 의미한다. 종교개혁은 해석에 관한 개인주의를 용인하지 않았고, 오히려 '오직 성경으로'라는 원리와 왕 같은 제사장직, 정경성 그리고 공교회성을 함께 지켜 내야 한다고 주장했다.

종교개혁자들은 내가 "탁상담화"라고 부르는 것, 곧 대화를 통한 일치를 추구했다. 칼뱅이 살았던 16세기 제네바에서 지역의 목회자들과 그 밖의 다른 이들은 매주 금요일 오후에 콩그레가시옹(congrégations)이라고 불렸던 모임에서 함께 성경을 공부했다. 한 명의 목회자가 발표했지만, 이는 설교라기보다는 세미나였다(그들은 이것을 "회의"[conference]라고 불렀다). 이러한 콩그레가시옹은 가르침과 또한 필요하다면 교정을 위한 시간이었다. 이를 위해서는 겸손과, 좋은 듣기 및 대화에 필수적인 모든 대화의 미덕이 꼭 필요했다. 칼뱅은 "이것이 교리의 합의를 유지하게 하는 가장 좋은 끈이다"라고 말하며, 다른 지역의 목회자에게도 이런 관행을 채택하라고 촉구했다.[26] 나는 함께 대화하고 권위 있는 말씀에 함께 순종하는 이 과정이 개신교 기독교가 보일 수 있는 최선의 모습이라고 생각한다.

탁상담화는 본문에 새로운 의미를 추가하지 않고, 대화에 참여하는 이들이 각자의 통찰을 나눌 기회를 제공한다. 탁상담화에는 시간이 필요하다. 시간은 하나님이 교회에게 주신 선물이다. 더 큰 일치와 더 깊은 이해에 이를 수 있는 기회. 시간은 성화를 위해서도 필수적이며, 탁상담화는 제자들에게 성화를 위한 기회도 많이 제공한다! 대화는 내가 대화를 위한 덕이라고 부르는 것을 요구하며 이를 촉진한다. 대화를 위한 덕은 지적인 미덕 및 성령의 열매와 가장 가까운 미덕이다. 목회자는 제자들이 듣는 법과 교정을 받아들이는 법을 배우는 사람, 곧 성경을 알지만 다른 이들이 알고 있는 것도 알기 원하는, 겸손하고 인내심이 많은 대화 참여자가 될 수 있도록 도와야 한다. 탁상담화는 제자들을 위한 탁월한 교과 과정이며, 사랑 안에서 (자신이 분별해 낸) 진리를 말함으로써 교회의 일치를 위해 노력하는 탁월한 기회를 제공한다.

지역 교회는 참으로 공교회적인 교회가 되기 위해 탁상담화를 실천해야 한다. 목회자에게는 자신의 지역 교회가 다른 지역 교회와 다른 나라 그리고 다른 시대에 존재하는 성도들과의 교제 안에서 성경을 읽도록 도와야 할 의무가 있다. 우리는 성경의 권위를 성경을 읽고 성경이 다스리는 해석의 공동체로부터 분리할 수 없다. 이렇게 표현할 수도 있다. 제자들의 공동체는 하나님의 온전한 뜻을 분별하며, 따라서 전체 교회의 공의회라는 맥락 안에서만 온전한 진리를 말한다. 종교개혁의 후예인 개신교에서 정경성과 공교회성은 똑같이 궁극적이다. 나는 교파적인 차이가 더 심한 분열이 아니라 더 풍성하고 깊은, 대화를 통한 일치를 만들어 내는 대화에 기여하기를 기대하고 꿈꾼다. 제임스 패커가 말했듯이, "그리스도인들은 선한 양심으로 함께 할 수 있는 것을 따로 떨어져서 하는 상황에 결코 만족해서는 안 된다."[27]

◊

경로를 유지하고 지구력을 높이기 위한 코어 운동

이번 장에서 나는 제자들이 다른 무엇보다 성경 말씀을 따를 뿐 아니라 교회 전통의 이정표와 기준점을 따르도록 목회자가 권면해야 한다고 주장했다. 바르게 듣고 행하는 이들은 교회 전통의 오랜 지혜, 곧 교회 전체가 하나님이 성경 안에서 말씀하시는 것으로 듣고 이해하는 바에도 귀를 기울인다. 이는 종교개혁이 해석의 무정부 상태를 세상에 초래했고 모든 그리스도인이 스스로 성경을 읽도록 부추겼다는 비판에 답하는 한 가지 방법이 될 수 있다.

교회 전통은 성경과 나란히 계시의 독립적인 원천이 될 수 없다. 추가적인 내용을 제공함으로써 성경에 기록된 바를 넘어서지 못한다. 오히려 교회 전통의 권위는 오직 성경으로부터 유래하며, 그러므로 섬기는 권위일 뿐이다. 전통은 성경을 보충하지도 않고 성경의 권위를 대체하지도 않는다. 왜냐하면 내가 염두에 두고 있는 전통은 성경이 실제로 말하고 의미하며 암시하는 바에 관한 교회의 공의회적인 합의를 의미할 뿐이기 때문이다. '오직 성경으로'라는 원리는 교회의 공교회적인 전통과 분리될 때만 "기독교의 위험한 사상"이다.

이 주장이 지닌 함의는 이중적이다. 첫째, 제자들은 정경적인 맥락과 모든 시공간을 아우르는 하나님의 백성 전체의 맥락에서 성경을 읽어야 한다. 특히 예루살렘과 니케아 공의회에서 그랬듯이, 보편적인 동의를 얻어 낸 해석적 판단에 주의를 기울여야 한다. 둘째, 제자들은 삼위일체처럼 이러한 공교회적 교리에 비추어 성경을 읽어야 한다. "성도에게 단번에 주신 믿음의 도를 위하여" 싸워야 할 뿐 아니라(유 1:3), 성도들에 의해 단번에 분별된 믿음의 도(정통)를 위해서도 싸워야 한다. 지역 교회는 자신이 보편 교회(공교회)에 속해 있음을 자각하는 한 목적에 합당하다고 말할 수 있다.

들음과 행함

우리가 복음과 일치를 이루는 제자들을 길러 내려고 한다면 사도적인 교회가 되는 것만으로는 충분하지 않다. 동시에 공교회적인 교회가 되어야 한다. 전통에 귀를 닫을 때 교회는 오류에 더 취약해진다. 이단의 역사를 배우지 못한 이들은 그 오류를 반복할 가능성이 더 높다. 거꾸로 말하면, 신자들에게 교리를 교육한다는 것은 그들이 단지 듣는 이들이 아니라 탁월하게 행하는 이들, 교회의 삶에 적극적으로 참여하는 이들, 그리고 하나님이 구속의 드라마 안에서 연기하도록 맡기신 장면에서 적합하게 즉흥 연기를 할 수 있는 배우들이 되기 위해 그들이 알아야 할 바를 가르치는 것을 의미한다. 그러므로 제자들에게 교리를 교육하고 그들에게 신앙의 근본 교의를 가르친다는 것은 그들을 공교회의 신자로 만드는 것(catholicize)을 의미한다. 곧, 그들을 교회 전체의 신앙 안으로 들어가게 하는 것을 의미한다.

아래에 제시한 성경을 신학적으로 읽는 세 가지 훈련의 목적은 각각 경로를 유지하고(바른 길을 따르고) 지구력(계속 그 길을 따라가는 능력)을 높이기 위한 목적에 합당하게 제자들을 훈련하도록 목회자를 돕는 것이다.

첫 번째 운동: 규칙을 따르기

제자들을 사회화하여 성도의 교제 안으로 들어가게 하는 최선의 방법은 아마도 그들에게 삼위일체 교리의 성경적인 근거와 역사적인 정황을 가르치는 것이다. 목회자는 예배 중에 정기적으로 사도신경을 함께 고백하는 것을 진지하게 고려해야 한다. 개신교 종교개혁의 몇몇 교리문답 역시 사도신경의 구조를 따른다. 사도신경은 지역 교회의 성도들을 성도들의 공교회적인 교제 안으로 들어가게 하는 놀라운 교육 도구다. 교리 교육이 곧 공교회화임을 기억하라.

바울은 갈라디아서 6:16에서 독자들에게 "이 규례[κανών]를 행하"라고 권면한다. 이는 곧 할례에 관한 예루살렘의 교의를 고수하라는 의미다. 초대교회는 성경의 이야기를 요약한, 따라서 제자들이 믿어야 하는 '신앙의 규칙' 혹은 '진리의 규칙'을 고수했다.[28] 사도신경처럼 이 규칙도 삼위일체의 구조를 지닌다. "나는 성부 하나님과……그분의 아들 그리스도 예수와……성령을 믿습니다." 오늘날 니케아의 성도들과 또한 모든 시대의 성도들과 더불어 예수 그리스도, 곧 성자 하나님이 성부 하나님과 동일한 본질이심을 고백하는 것이 중요하다.

신조를 고백하고 신앙의 규칙을 따름으로써 이를 교회의 사회적 상상으로 만드는 일은 물론 대단히 힘든 운동이다. 하지만 바울은 예수 그리스도를 아는 지식이 "가장 고상하"다고 말하며(빌 3:8), 이것이 궁극적으로는 삼위일체가 중요한 이유다. 이를 통해 예수 그리스도를 알기 때문이다. 수고가 없으면 얻는 것도 없다. 이 운동의 목표는, 성자와 성령께서 온전히 하나님이실 때만 성령 안에서 성자를 통해 성부와의 사귐 안으로 들어갈 수 있다는 사실을 제자들이 이해하도록 돕는 것이다. 삼위일체는 불가사의한 교리가 아니라 그리스도인의 삶에서 생명선이자 복음의 핵심이다.[29] 삼위일체 교리를 이해하지 못한다면 성경을 바르게 읽을 수도 없고, 어떻게 성자의 사역이 성령을 통해 성부와의 사귐을 가능하게 하는지도 이해할 수 없다. 삼위일체 교리가 없다면 기독교도 존재할 수 없다.

하나님이 세상을 창조하실 때 어둠으로부터 빛을 분리하셨듯이(혹은 구별하셨듯이), 목회자는 올바르게 구별함으로써 성도들의 이해를 돕고 제자들을 길러 낼 수 있다. 여기서 핵심적인 구별은 만듦과 낳음이다. 아리우스(Arius)는 성부께서 (다른 피조물들처럼) 성자를 만드셨다고 말했다. 아타나시우스(Athanasius)는 성자께서 나셨다고 주장했다.[30] 아리우스는 성자께서 "모든 피조물보다 먼저 나신 이"라고 말하는 골로새서 1:15과 같은 구절을 근거로 삼았다. 삼위일체적인 사고를 위한 이 훈련의 목적은 제자들이 아리우스의 주장과 같은 도전, 곧 오늘날 유니테리언주의(Unitarians)와 여호와의 증인(Jehovah's Witnesses) 그리고 단일 오순절주의(Oneness Pentecostals)가 제기하는 도전에 올바르게 대응할 수 있도록 돕는 것이다.[31]

두 번째 운동: 전 지구적으로 규범화하기

처음부터 예수께서는 "예루살렘과 온 유대와 사마리아와 땅 끝까지 이르러"(행 1:8) 그분의 증인이 되라고 교회에게 명령하셨다. 20세기와 21세기의 교회사를 서술하게 될 때 틀림없이 신앙의 전 지구화를 강조하게 될 것이다. 우리는 복음의 세계 시민으로 살아가는 제자들을 길러 내는 것이 중요함을 그 어느 때보다도 분명히 이해하게 되었다. 이를 위해 멀리 여행할 필요가 없다. 현대에 여행과 전 지구적인 의사소통이 가능해진 덕분에 세계가 서양으로 찾아왔기 때문이다. 우리는 새로운 탐험의 시대로 들어서는 문턱에 와 있다. 16세기에 항해를 통한 신대륙의 발견이 옛 유럽 세계를 뒤흔들었듯이, 텔레비전과 이민과 여러 기술들이 이전에 한 나라와 다른 나라를 분리했던 거리를 단축했다.

두 번째 운동은 "성도의 교제 안에서 성경 읽기"라고 부를 수 있다. 여기에는 다른 문화의 그리스도인들이 성경을 읽고 신앙을 이해하며 제자도를 실천하는 방식을 배우는 일이 포함된다. 이를 행하는 다양한 방식이 존재한다. 어쩌면 이미 당신의 교회 안에 다른 문화에서 온 사람들이 있을지도 모른다. 그렇다면 그들에게 그들의 경험을 나누어 달라고 부탁하라. 이를 행할 수 있는 또 다른 방법은, 제2차 세계대전 후에 전에는 원수였던 사람들의 이해와 우정을 증진하기 위한 목적으로 개발된 자매 도시 프로그램처럼, 세계의 다른 지역에 있는 교회와 자매 결연을 맺는 것이다.

첫 번째 운동이 시간을 관통하는 공교회성을 강조한다면, 이 운동은 공간을 가로지르는 공교회성에 초점을 맞춘다. 새롭게 전 지구화된 세계 속에서 서양의 그리스도인들은 우리의 문화가 어느 정도까지 성경 해석에 영향을 미치고, 따라서 제자도에도 영향을 미치는지 깨닫게 되었다. 더 이상 서양이 내리는 해석이 다른 곳에 있는 그리스도인들에게 규범이 된다고 주장하기 어려워졌다. 『성경과 편견』(*Misreading Scripture with Western Eyes*)의 저자들은 자신들의 목적을 이렇게 밝힌다. "이 책을 쓰게 한 핵심적인 신념은, 서양(미국과 캐나다와 서유럽) 출신인 우리가 성경을 읽을 때 우리가 지닌 습관 때문에 원래의 독자와 다른 문화에 사는 독자들은 매우 자연스럽게 이해할 수 있는 해석을 놓치기도 한다는 사실이다."[32]

이 운동이 주는 유익은 교회의 공교회성을 더 잘 이해하도록 돕고 성경 해석에 관한 협소한 시각을 바로잡아 준다는 것이다. 2천년이 지난 후 우리는 완전히 한 바퀴를 돈 것처럼 보인다. 기독교적인 서양은 점점 더 탈기독교화되고 있고 서양 선교사들이 복음을 전하던 나라들은 점점 더 기독교화되고 있어서, 전 세계적인 그리스도의 몸의 무게 중심이 전 지구적인 남부로 이동했다.[33] 찰스 밴 엥겐(Charles Van Engen)은 "예수의 제자들로 이루어진 건강한 회중은 '글로컬한' 방식에 따라 그리스도의 선교에 목적 지향적이자 적극적으로 참여함으로써 공교회성을 실천한다"라고 말한다.[34] "글로컬"(glocal)이라는 말은 지역적이면서도 전 지구적이라는 의미의 신조어로서, 공교회성이 지닌 한 측면(공간적인 통일성)을 잘 보여준다. 이것이 중요한 이유는 다음과 같다. 첫째, 복음에 대한 모든 지역적인 이해는 부분적이다(우리는 문화를 통해서 희미하게 볼 수 있을 뿐이다[고전 13:12]). 둘째, 어떤 하나의 이해도 복음에 관한 모든 것을 파악하지는 못한다. "우리는 혼자서 읽기 때문에 오독한다.……우리는 우리와 비슷한 사람들의 해석만 듣는 경우가 많다."[35]

성도의 교제 안에서 읽을 때 우리 자신의 문화적인 근시안을 깨닫게 된다. 동시에, 우리가 속한 지역 교회가 다른 교회들이 보아야 하는 무언가를 보고 있을지도 모른다. 예를 들어, 아프리카 교회에 속한 어떤 사람들은 예수께서 하나님과 동일한 본질이시기 때문이 아니라 그분이 우리의 조상이시기 때문에 "모든 피조물보다 먼저 나신 이"라고 주장한다.[36]

나는 아프리카인들이(또한 많은 미국인들이) 형이상학적으로 사고하지 않는다는 점을 알고 있다. 그럼에도 불구하고 '두 본성 안에 한 위격'

이라는 공식은 예수의 정체성에 관해 올바르며 적합한 어떤 것을 잘 설명한다. 칼케돈 공의회(451년)는 서구적이지 않고 공교회적이었음을 기억하는 것이 중요하다. 전 지구적인 교회가 예수에 관해 해야 할 새로운 합당한 말을 공식화할 수도 있다. 하지만 시대적인 요구에 부응하기 위한 새로운 공식들은 칼케돈의 공식과 같은 방식으로 진술되어야 하며, 적어도 그것을 거슬러서는 안 된다. 공교회적인 교리는 서양과 전 지구적인 남부 모두의 문화적 근시안을 막아 주는 중요한 안전장치로 남아 있다.

세 번째 운동: 먼 거리에서 혹은 큰 시차를 극복하고 관계를 이어 가기

먼 거리에서 의사소통하는 일은 매우 어렵다. 하지만 공교회성을 위해서는 이것이 필수적이다. 성도의 교제 안에서 성경을 읽는다는 것은, 다른 시간과 공간에 속한 그리스도인들이 성경을 어떻게 해석하고 교리를 공식화하며 제자도를 실천해 왔는지를 의식하는 것을 의미한다. 하지만 오늘날의 다문화적인 세계에서는 '다른' 그리스도인들이 바로 이웃에 있을지도 모른다. 공교회성을 실현하는 일은 지역적으로 실천해야 하는 과제인 경우가 많다.

회중은 다른 지역 교회들을 알아 가기 위해 노력해야 한다. 가능하다면, 공동의 복음의 교제를 통해 교파의 차이를 극복해서, 지역 교회들이 연합하여 선교할 수 있는 가능성을 모색해 보는 일도 좋다. 교파의 차이 때문에 그런 협력 사역을 하기 어렵더라도, 교리적인 차이를 이해하고 존중하려고 노력하는 것은 가치 있다. 이 운동은 듣는 이들 대부분이 이미 아는 내용, 곧 어떤 교회나 교인도 성경을 같은 방식으로 읽지 않는다는 사실을 명시적으로 만든다. 익숙한 본문을 골라 그 본문이 시대적으로, 심지어는 집에서 가까운 곳에서도 얼마나 다양하게 해석되었는지 당신의 회중에게 알려 주라.

목회자는 하나의 고백적인 전통이나 시대를 다른 전통이나 시대와 구별하는 차이점에 관해 정직한 태도를 보여야 한다. 마치 우리의 거룩 지수(GQ, godliness quotient)가 이전 세대보다 더 높기라도 한 것처럼, 그들보다 성경을 더 잘 해석한다고 생각하는 것은 연대기적인 우월 의식일 뿐이다.

과거와 현재를 사는 이들이 성경을 어떻게 해석하는지를 발견하는 데 유익한 여러 자료가 존재한다. 교부 시대와 종교개혁 시대 주석 시리즈 외에 클리프튼 블랙(C. Clifton Black)이 쓴 『성도들과 함께 성경 읽기』(*Reading Scripture with the Saints*)나 스티븐 파울(Stephen Fowl)이 쓴 『성경의 신학적 해석』(*The Theological Interpretation of Scripture*)처럼 한 권으로 된 책도 많다.[37] 차이에 관해 이야기할 때, 무엇보다 먼저 교회가 성경을 읽는 이유를 염두에 두는 것이 유익하다. 이에 관해서도 상이한 견해들이 존재할 수 있지만, 하나님과 이웃을 더 많이 사랑하기 위해 성경을 읽으라는 아우구스티누스의 권면이 그 목록에서 상위를 차지해야 한다. 왜냐하면 이는 예수께서 가르치신 대계명(눅 10:27)과 거의 일치하기 때문이다. 이 책에서 강조하는 바는, 목적에 합당한 제자들을 길러 내기 위해 우리가 교회 안에서 성경을 읽는다는 것이다. 곧, 그들이 복음의 시민권을 삶으로 실천하고, 삼위일체 하나님과 더불어, 또한 그리스도 안에 있는 다른 이들과 더불어 사귐을 누리고, 이를 통해 점점 더 거룩해짐으로써 하나님께 영광을 돌리게 하기 위해서다.

더 광범위한 기독교 공동체 안에서 성경을 읽는 이 훈련을 통해 배워야 할 세 가지 교훈이 있다. 첫째로, 제자들은 빌립보서 2:3에 기록된 바울의 말이 성경 읽기에도 적용될 수 있다는 사실을 배워야 한다. "아무 일에든지 다툼이나 허영으로 하지 말고 오직 겸손한 마음으로 각각 자기보다 남을 낫게 여기고." 대부분의 교회에는 성경을 믿는 신실한 신자들과 탁월한 성경 해석자들이 존재하며, 우리가 이를 인정하지 않는다면 이는 해석의 교만일 뿐이다. 성숙한 제자들은 해석의 양심이라고 부를 수 있는 것을 보여주어야 한다. "내가 양심적이라면, 평범하고 성숙한 다른 사람들이 나와 마찬가지로 진리를 향한 타고난 욕망과 일반적인 능력과 자질을 가지고 있다고 믿게 될 것이다."[38] 성경 해석에 관한 문제에서 겸손은 거룩함 다음으로 중요하다.[39]

해석에서 겸손은 미덕이다. 자신의 생각의 중요성을 과장하지 않고 다른 해석자들의 생각에 귀를 기울이는 습관을 지닌 독자들은 본문이 말하는 바를 파악할 가능성이 더 높다. 하지만 정당한 다양성을 인정한다고 해서 그것이 무책임한 해석에 대한 변명이 될 수는 없다. 이것이 내가 생각하는 두 번째 교훈이다. 그렇게 한다면 이는 해석의 태만일 뿐이다. 이것은 저자가 말하는 바를 아무도 알 수 없다는 믿음이며, 이런 믿음은 들음과 행함 사이의 관계를 단절할 뿐이다. 목회자는 위에서 설명한 첫 번째 운동으로 돌아가 삼위일체처럼 가장 중요한 교리에 관해 공교회적인 합의가 존재한다는 것을 회중에게 상기시킴으로써, 교

들음과 행함

회 안에 있는 해석적인 태만을 제거해야 한다.[40]

마지막으로, 제자들은 교파 사이의 의견 차이 이면에 자리 잡고 있는 2급, 3급 교리에 관한 차이를 받아들이고 살아가는 법을 배워야 한다. 차이와 이견을 받아들이며 살아가는 어려움이나 혹은 고통을 묘사하기에 적합한 용어는 인내다. 2급 교리에 관한 의견 차이 때문에 같은 교회의 교인이 될 수 없고 선교에 함께 참여하지 못할 수도 있다. 하지만 이것이 그리스도인의 사귐을 나누지 못할 이유가 될 필요는 없다. 그렇게 생각할 때, 차이와 이견을 받아들이며 사는 일이 조금 더 쉬워질 것이다. 목회자는 어떤 교리가 본질적이며 일치를 요구하는지, 또한 어떤 교리가 비본질적이며 자유(와 관대함)를 요구하는지 구별할 수 있도록 제자들을 도와야 한다. 바울은 "그러므로 형제들아, 굳건하게 서서 말로나 우리의 편지로 가르침을 받은 전통을 지키라"(살후 2:15)라고 말할 때, 1급의 본질적인 교리를 염두에 두고 있었다. 이것이 제자들이 힘써 싸우고 지켜야 할 신앙이다(유 1:3).

결론: 몸의 조화를 이루라
개신교 목회자가 공교회적인 제자를 길러 내야 하는 이유

'오직 성경으로'라는 원리와 모든 신자가 왕 같은 제사장이라는 가르침은 성도들의 교제를 심각하게 위협하는 개신교의 위험한 공식인가? 종교개혁자들은 신자들이 혼자서 개인으로서 성경을 읽기 원했는가? 모든 신자의 제사장직이 그리스도의 몸의 해체로 귀결된다는 말은 참인가? 우리는 제자들을 어떤 종류의 성경 해석자로 만들고 있는가? 이번 장에서 우리는 제자들이 스스로 성경을 읽지만 지역적이며 공교회적인 교회라는 맥락 속에서(하나님의 백성 전체와 더불어) 성경을 읽도록 도와야 한다고 주장했다.

지금까지 살펴보았듯이, 개신교인들이 공동체적인 성경 연구를 옹호했던 수많은 선례가 존재한다. 사실 이것은 종교개혁자들이 성경 자체로부터 도출했던 원리일지도 모른다. 왜냐하면 성경에서 우리는 예수와 바울과 다른 사도들이 회당에서 성경을 읽는 모습을 발견할 수 있기 때문이다(눅 4:16-21, 행 13:14-44).

4장에서 언급했던 글렌 파우는 오늘날 교회가 고대의 회당으로부터 세 가지를 배울 수 있다고 믿는다. 그것은 첫째로, 공적인 성경 읽기를 우선시하는 태도의 중요성이고, 둘째로, 성경 본문과 위대한 전통에 익숙하며 낭독되는 내용에 관한 참된 이해를 가르칠 수 있는 목회자-신학자를 갖추는 일의 중요성이며, 셋째로, 소모임이 본문 안에서 살아가고 겸손히 다른 해석자들의 목소리에 귀를 기울이는 법을 배우는, 성경 공부와 왕성한 성경 해석의 중요성이다.[41] 관대한 대화에 대한 다른 대안은 비슷한 공동체를 발견할 때까지 교회를 옮겨 다니는 것뿐이다. 그리고 교회를 옮겨 다니는 제자들의 문제는 그들이 하나님이 성경을 주신 목적대로, 곧 거룩한 나라를 형성한다는 목적대로 성경을 읽지 못한다는 것이다.

나는 개신교인들도 공교회성에 관심을 기울여야 한다고 주장해 왔다. 개신교인들은 제국적인 구조(로마의 영토)가 아니라 제국적인 복음

(하나님 말씀의 영토)에 초점을 맞추는 통일성과 일치 그리고 보편성을 주창한다. '오직 성경으로'라는 원리를 받아들이는 개신교인들은 성령께서 인도하시는, 바른(곧, 성령의 조명에 의한) 성경 이해의 구현인 공교회의 전통도 받아들여야 한다.

필립 샤프(Philip Schaff)는 1844년에 행한 펜실베이니아주 머서스버그(Mercersburg)에 있는 신학대학원 교수 취임 연설에서 종교개혁이 지닌 교회 일치의 가능성을 주장했다. 그는 공교회가 한 "가장 위대한 행동"이 종교개혁이었다고 주장했다.[42] 샤프는 '개신교 원리'에 대한 가장 큰 위협은 로마 교회가 아니라, 개인이 하나님과 맺는 인격적인 관계에 지나치게 초점을 맞춘 나머지 교회의 객관성을 인정하는 데 실패한 과장된 주관주의라고 생각했다. 복음주의자들은 "이 본문이 나와 내 삶에 무슨 의미가 있는가?"라고 묻기를 잘한다. 하지만 "이 본문이 우리 공동체와 공동체로서 우리의 삶에 무슨 의미가 있는가?"라는 공동체적인 질문들을 붙잡고 씨름하는 데에는 서툴다. "우리 공동체"라는 구절이 보편적인 교회의 지역적인 표현임을 염두에 두는 일 역시 중요하다. 샤프에 따르면, 우리가 나아가야 할 방향은 두 가지 정신, 곧 '개신교' 정신과 '가톨릭' 정신의 결혼이다.

분명히 말하자면, 개신교인들은 결코 이혼을 원하지 않았다. 종교개혁은 더 깊고 더 넓은 공교회성을 촉구하는 운동이었다. 루터교 신학자 칼 브라텐(Carl Braaten)은 이렇게 설명한다. "종교개혁자들은 참된 공교회에 대한 사랑과 충성의 마음으로 전체 교회를 대신해 로마에 항의했다.……종교개혁은 하나의 교회를 위한 항의 운동이었다."[43] 로마 가톨릭에 대한 종교개혁자들의 주된 반대는 그 교회의 공교회성이 아니라 그 교회가 협소하게 로마에만 초점을 맞추고 있다는 점이었다. 칼뱅은 1559년에 사돌레토(Sadoleto) 추기경에게 보낸 편지에서 이렇게 말한다. "우리가 당신들보다 고대 교회에 훨씬 더 가깝습니다.……우리는 고대적인 형태의 교회를 갱신하려고 노력해 왔을 뿐입니다."⁴⁴

이 말을 곰곰이 생각해 보라. 루터와 칼뱅 모두 공교회성이 로마가 아니라 로마서, 곧 바울이 "모든 믿는 자에게 구원을 주시는 하나님의 능력"(롬 1:16)이라고 말한 복음에 의해 규정되는 한 공교회의 전통을 매우 높이 평가한다. 공의회가 참으로(그리고 협소하지 않게) 공교회적이라면 그것은 유용하다고(하지만 오류가 없는 것은 아니라고) 루터가 인정했을 때, 이것이 '오직 성경으로'라는 원리에 위배되는 것은 아니다. 야로슬라프 펠리컨은 루터의 입장을 이렇게 요약한다. "그는 개신교인으로서 공의회의 권위를 하나님의 말씀의 권위 아래에 두었다. 그는 공교회의 교인으로서 공의회의 교의에 따라 하나님의 말씀을 해석했다.……공교회의 내용과 개신교의 원리는 서로 결합되어 있다."⁴⁵

우리는 개신교의 원리(성경이 지닌 최고의 권위)와 공교회의 내용(모든 시간과 공간에 적용되는 합의된 성경 해석)을 결합해야 한다. 성령께서 많은 교인들 안에서 이루시는 대화적인 일치를 위해 제자들이 노력하고 기도할 때, 그들은 가장 성경적인 태도를 견지할 수 있다. 예수 그리스도의 제자는 한 책의 사람(오직 성경으로)인 동시에 한 교회의 사람(오직 교회로)이다. 교회만이 그리스도께서 그분의 몸을 세우기 위해 말씀 사역자를 주시는 공간이다(엡 4:11-13). 우리는 침례교인이나 장로교인

들음과 행함

혹은 다른 무엇일 수도 있지만, 반드시 공교회의 교인이어야 한다. 그러므로 이제 정경성(그리스도인의 믿음과 삶을 위한 규칙으로서 성경이 지닌 최고의 권위)과 공교회성(신자를 믿음 안에서 자라게 하기 위해 하나님이 교회와 교회의 합의된 전통에게 주신 역할)을 전심으로 받아들이는 이들에게는 정죄함이 없다.

성경은 결코 절대적으로 '홀로' 존재하지 않는다. 왜냐하면 성경이 말하며 다루는 공동체의 영역인 하나님의 백성 없이는 결코 존재할 수 없기 때문이다. '공교회성' 역시 신학적인 권위의 구조에 속한다. 최소한으로 말하자면 성경 읽기의 적합한 맥락이며, 최대한으로 말하자면 "하늘에 있는 것이나 땅에 있는 것이 다 그리스도 안에서 통일되게 하려 하"시는(엡 1:10) 삼위일체 사역의 첫 번째 지상적인 단계다. 교회의 공교회성('그리스도 안에서' 세례를 받은 사람들의 범위)은 하나님의 나라에서 성취될 우주적인 통일성에 대한 비유다. 순전한 개신교적 기독교는 다섯 가지 '오직'의 원리와 모든 신자의 제사장직이라는 자원을 사용해서, 지역 교회들이 그리스도 안에서 가지고 있는 (교파적인 다양성 안에 있는) 통일성을 표현한다.

계속되어야 할 개신교의 모습은 개인의 자율성이나 집단적인 교만을 부추기는 등의 비극적으로 희화화된 모습이 아니라, 교회를 향해 복음을 고수하고 그리스도 안에서 서로를 붙들라고 촉구하는 본래의 공교회적인 모습이다. "예수를 따르는 이들은 새로운 폴리스, 곧 그들의 시민권이 이제 하나님의 영토 안에 있는 사람들이다."[46] 좋은 개신교인은 반드시 공교회적인 그리스도인(교회 전체로부터 배우며 교회 전체를 위해 열매를 맺는 사람)이다.

목회자는 성경과 교회 전체가 합의한 전통을 함께 가르칠 때 제자들이 성경을 바르게 읽는 법을 배우도록 도울 수 있다. 그것 말고 어떻게 제자들이 거룩하며 사도적인 하나의 교회의 일원임을 깨닫고, 복음의 시민권이라는 '목적에 합당한' 사람들이 될 수 있겠는가? 그러므로 개신교인들은 '오직 성경으로'라는 노래를 부를 수 있고 또 불러야 한다(이것을 「오 솔레 미오」['o sole mio, '나만의 태양']의 가사와 혼동하지 않는 한). 태양도 성경도 개인들에게만 속한 것이 아니라 하나의, 거룩하고, 사도적이며, 공교회적인 그리스도의 몸을 이루는 개인들에게 속한 것이다.

교회는 그리스도와 연합하고 그분과 사귐을 나눌 뿐 아니라 서로 연합하고 사귐을 나눔으로써 함께 하나님께 영광을 돌리고 그분 안에서 기뻐하는 제자들을 길러 내는 공간이다. 지역 교회, 곧 정경 의식과 공교회적인 감수성을 지닌 사람들이 개신교 종교개혁의 참된 목표이다.

그리스도의 합당한 형상으로 살아가는 제자

지난 세 장에서 우리는 목회자의 책무가 신자들이 동시대의 문화적인 맥락 안에서 본문에 충실하게 살아갈 수 있는, 성경에 뿌리내리고 예전적으로 형성되며 공교회적으로 인도를 받는 즉흥 연기자가 될 수 있도록 그들을 훈련하는 것임을 살펴보았다. 제자도의 형태와 기준에 관해서 일반적으로 이야기했지만, 현장에서 그리고 구체적인 내용에서 그것이 어떤 모습일지에 관해서는 충분히 다루지 못했다. 선이 무엇을 의미하거나 그것을 실천했을 때 어떤 모습일지 우리가 알지 못한다면, 누군가에게 선한 사람이 되라고 말하는 것으로는 충분하지 않다. 마찬가지로, 우리가 거룩함에 관한 이미지를 가지고 있지 않다면, 누군가에게 거룩한 사람이 되라고 말하는 것으로는 충분하지 않다.

감사하게도, 신약에서는 우리에게 그런 그림을 제공한다. 바울은 예수를 "하나님의 형상"(고후 4:4), "보이지 아니하는 하나님의 형상"(골 1:15)이라고 부른다. 하나님의 구원 계획에는 "그 아들의 형상을 본받게"(롬 8:29) 될 사람들에 대한 하나님의 미리 아심이 포함된다. 우리는 "흙에 속한 자"인 아담의 형상을 지닌 것처럼, 장차 "하늘에 속한 이의 형상"을 지니게 될 것이다(고전 15:49). 이는 우리가 소망할 수 있는 장래의 일이지만, 현재 일어나고 있으며 우리가 참여할 수 있는 일이기도 하다. "우리가 다……주의 영광을 보매 그와 같은 형상으로 변화하여 영광에서 영광에 이르니"(고후 3:18).

기독교 제자도는 예수께 지적으로 동의하는 것 이상을, 그리고 그분의 계명에 순종하려고 노력하는 것 이상을 요구한다. 제자도는 궁극적으로 예수를 더욱 닮아 가는 것에 관한 문제다. "제자가 그 선생 같고 종이 그 상전 같으면 족하도다"(마 10:25). 그리스도를 닮는 것이 제자도의 목표다. 이는 삶의 방식일 뿐 아니라 존재의 상태이기도 하다.[1] 더 정확히 말해, 그리스도 안에 있으며 그분과 더불어 살아가는 상태다.

예수를 비추기?: 제자도의 이미지들

그리스도는 하나님의 형상이시며, 제자들은 그리스도의 형상들이다. 하지만 어떤 종류의 형상인가? 거울에 비친 형상인가? 앞에서도 거울에 비친 형상에 관해 언급한 적이 있다. 하나님의 말씀을 듣고도 행하지 않는 사람은 거울을 들여다본 후 자신이 어떤 모습인지 잊어버리는 사람과 같다. 그와 대조적으로, 자유의 법(그리스도 안에 있는 자유의 복음)을 들여다보는 사람은 듣고 잊어버리는 사람이 아니라 듣고 행하는 사람이다(약 1:22-25). 여기서 내가 덧붙이고 싶은 말은, 행하는 사람이 된다는 것은 '그리스도 안에 있는' 자신의 존재를 실현하는 것을 의미한다는 것이다. 목회자는 사람들이 그리스도와 그리스도 안에 있는 그들의 새로운 정체성을 발견하기 위해 성경을 바라보도록 일깨움으로써 그들을 제자로 길러 낸다. 결국 우리는 그런 방식으로 복음에 귀화한 시민들이 된다. 들음으로부터 나오는 믿음을 통해 성령께서 우리를 성자와 연합하게 하신다.

예수께서 제자들에게 깨어 있으라고 말씀하실 때(막 13:37, 눅 21:36), 그분은 주의를 기울이고 깨달으라고 말씀하신다. 정확히 무엇을? 6장에서 나는 제자들이 어떤 드라마 안에 들어와 있는지를 알고 그에 따라 행동할 수 있어야 한다고 주장했다. 구속의 드라마는 제자들이 하나님이 주도하시는 일에 반응하는 하나님 드라마다. 성부께서 하시는 일을 성자께서 아시고 같은 일을 하시듯이(요 5:19-20), 제자들은 성부께서 성자 안에서, 그리고 우리 안에서 성령을 통해 하시는 일에 대해 주의를 기울이며 그 일을 알고 있어야 한다.

제자들이 정확히 성자께서 하신 일을 해야 한다는 말이 아니라(히브리서에서 말하듯이, 성자는 다른 모든 존재보다 더 우월하시며 그분의 희생적인 죽음은 "단번에" 영원한 효력을 지닌다), 성자께서 행하시는 것과 같은 종류의 일을 같은 능력으로, 곧 성령의 능력으로 행해야 한다는 말이다. 앞으로 살펴보겠지만, 이것이 제자도와 관련한 '하나와 여럿'의 문제라고 부를 수 있는 것에 대한 해법이다. 곧, 모든 제자는 그리스도를 닮아야(그분의 형상이 되어야) 하지만, 모든 제자가 똑같은 방식으로 그리스도를 닮는 것은 아니다. 제자들은 그리스도를 똑같이 닮은(spitting) 형상이 아니라 합당한(fitting) 그리스도의 형상이다.

제자를 위한 식단으로서 교리:
복음적인 건강 문화로서 교회

교회는 천편일률적인 예수의 형상을 만들어 내는 조립 공장이 아니다. 신약만 보아도 제자들이 서로 얼마나 달랐는지 알 수 있다. 베드로와 요한의 차이만 생각해 보면 된다. 그렇다면 목회자는 어떻게 제자들이 그리스도를 '입도록' 도와야 하는가? 그것은 모든 사람에게 맞는 원 사이즈 옷(one-size-fits-all)과 같은가? 아니면, 손님의 치수에 꼭 맞게 만든 옷과 같은가? 제자들이 거울로 자신을 비추어 볼 때, 그들은 어느 정도까지 그들 자신을, 곧 예수의 얼굴이 아니라 그들 자신의 얼굴을 보는가?

이번 장에서 나는 이러한 근본적인 목회적 과제에 대해 두 가지 연관된 대답을 제시하려고 한다. 먼저 목회자는 교인들이 개인적으로, 동시에 공동체적으로 '목직에 합당한' 사람들이 될 수 있도록 돕는 피트니스 트레이너다. 여기서 말하는 목적이란 그들이 실천적인 복음의 시민이 되게 하는 것이다. 둘째, 목회자는 적합한 곳을 찾아주는 사람(worker in fittingness)으로서, 제자들이 자신의 삶의 독특한 은사를 제공하여 구속의 드라마에 적합한 방식으로 참여할 수 있도록 돕는다. 목회자는 성경과 교리를 가르쳐서 교회 안에 있는 각 사람이 그리스도를 비추는 목적에 합당하게 되고, 언제 어디에서 누구에게나 그분의 정신과 마음을 구현하도록 도울 때 회중을 가장 잘 이끌고 사랑할 수 있다.

교리라는 식단

이 책에서 나는 줄곧 모든 사람이 제자라고 주장했다. 모든 사람이 특정한 말과 가르침을 내재화한다. 2장에서 우리는 여러 해 동안 제자들을 끌어모았던 몇몇 다이어트와 운동 프로그램을 살펴보았다. 이 제자들은 건강과 아름다움과 장수를 추구하기 위해 말 그대로 자신이 선호하는 다이어트 전문가나 트레이너의 입에서 나오는 모든 말에 따라 살려고 노력한다. 다이어트와 운동 프로그램은 훈련된 삶의 방식이다.

'훈련'(discipline)과 '제자'(disciple) 사이에 있는 연관성을 알아차렸는가? 신체적으로 건강해지는 것과 영적으로 건강해지는 것 사이에는 유사점이 존재한다. 두 경우 모두에게 중요한 것은 특정한 종류의 사람이 되는 것이다. 우리는 그것을 원해야 한다. 우리는 듣고 행하는 사람이 되어야 한다. 우리는 예수께서 원하신 것처럼 하나님 안에서 기뻐하고 그분께 영광 돌리기를 원해야 한다. "나의 양식은 나를 보내신 이의 뜻을 행하며 그의 일을 온전히 이루는 이것이니라"(요 4:34).

기독교 교리는 제자의 양식이자 음료다. 당신은 내가 신학자라서 그리스도인의 삶에서 교리가 지닌 역할을 지나치게 강조하고 있다고 생각할지도 모른다. 하지만 교리는 성경적이다. 헬라어 단어 διδασκαλία("가르침" 혹은 "교리")는 신약에서 스물한 번 등장한다. 그중 열다섯 번이 목회 서신에서 사용되고 있으며, 이는 교리가 회중을 목양하고 제자를 가르치는 수단으로서 교회 안에서 적합한 위치를 차지하고 있음을 강하게 암시한다. 실제로 바울은 디모데의 의무가 가르치는 것(διδάσκω, 딤전 4:11, 6:2)이라고 말한다.

제자들에게는 건전한 가르침이 필요하다. 왜냐하면 거짓 교리가 넘쳐나며 또 언제나 그러했기 때문이다. 예수께서는 거짓 예언자들에 대해 경고하셨고(마 7:15, 24:11), 요한도 그러했다(요일 4:1). 바울 역시 독자들에게 "귀신의 가르침(διδασκαλίαις)"에 대해 경고했다(딤전 4:1). 거짓된 가르침에 대한 해독제는 참된 가르침이다. 하지만 흥미롭게도 바울이 선택한 용어는 "건전한 교리"(딤전 1:10, 개역개정에서는 "바른 교훈"으로 번역했다—옮긴이)라는 구절에서 볼 수 있듯이 "참된"이 아니라 "건전한"이다.

"건전한 교리"라는 구절은 나의 주장의 핵심과도 맥이 닿는다. 나는 교리가 제자 삼는 기획에 기여하며, 따라서 매우 중요한 목회적 관심사라고 주장해 왔다. 내가 '목적에 합당한' 제자를 길러 내는 것에 대해 강조하고 있음을 감안할 때, 바울이 "교리"(διδασκαλία)를 수식하는 말로 "건전한"(헬라어로 ὑγιαίνω)이라는 용어를 사용했다는 점은 매우 놀랍다. 고전 헬라이에서 ὑγιαίνω는 "건강하다"라는 의미였다(형용사형은 "건강한"이라는 의미다). 영어 단어 hygienic(위생적인)이 이 헬라어 단어에서 유래했다. 핵심은 교리가 단순히 참되기 때문이 아니라 건강하게 만들기 때문에 건전하다는 것이다.

교리가 오류를 바로잡고 이해를 깊게 하며 지혜를 길러 주는 등의 목회적인 기능을 수행할 때 그리스도의 몸을 건강하게 만든다. 로버트 건드리(Robert Gundry)는 목회 서신에 대한 주석에서 "건전한 교리"

들음과 행함

를 "건강에 유익한 가르침"으로 번역한다.[2] 사실 우리는 정신적인 안정이라는 의미로 "건전한" 혹은 "건강한" 정신이라는 말을 사용한다. 하지만 놀랍게도 바울은 이단이 아니라 죄악 된 행동과 죄악 된 삶의 방식을 가리켜 "바른[건전한] 교훈을 거스르는" 것이라고 말한다(딤전 1:10). 이는 교리를 듣고 행할 때만 그것이 우리를 건강하게 만들 수 있음을 상기시킨다.

교리는 현실을 가리키기 때문에 '건전하다.' 올바른 가르침은 제자들이 예수 그리스도의 길, 곧 진리와 지혜와 생명의 길을 걷도록 인도한다. 그와 대조적으로, 환상과 허무와 어리석음을 향해 나아가는 것은 건전하지 못하다. 우상 숭배자들은 정신이 건전할 수 없다. 바울은 사람들로 하여금 바람을 뒤쫓아 헤매게 하는 거짓 교사들을 책망하라고 목회자-신학자들에게 권면한다(딛 1:9, 13).

따라서 건전한 교리는 현실을 가리키기 때문에 믿을 만하다. 건전한 교리는 하나님이 예수 그리스도 안에서 행하신 바의 뜻과 의미를 가리키기 때문에 우리의 이해를 돕는다. 건전한 교리는 복음과 일치되기 때문에(딤전 1:11) 제자들의 식단의 필수적인 요소다. 건전한 교리는 그리스도의 빛에 비추어 현실이 어떠한지, 그 빛 안에서 걷기 위해 무엇을 해야 하는지 말해 주기 때문에 우리는 그것을 듣고 행해야 한다. 라틴어를 사용해 표현하자면, 건전한 교리는 우리가 무엇을 믿어야 하는지(credenda), 우리가 무엇을 소망할 수 있는지(speranda), 그리고 우리가 무엇을 해야 하는지(agenda) 가르친다. 따라서 건전한 교리는 제자들이 믿음과 소망과 사랑으로 구속의 드라마에 합당하게 참여할 수 있도록 지침을 제공한다.

건강하게 만드는 교리라는 개념은 신앙이 계시된 명제에 대한 지적인 동의 이상을 의미함을 상기시킨다. 야고보가 말하듯이 "귀신들도 믿고" 떤다(약 2:19). 지적인 동의(이론적인 지식)에 "행함"(헬라어로 ἔργον)이 동반되지 않는다면, 그것은 참된 믿음에 미치지 못한다(약 2:20-22). 이것이 복음적인 신학의 궁극적인 목적이다. 곧, "듣고 잊어버리는 자가 아니요 실천하는 자"(약 1:25)가 될 제자들을 세우는 것이다. 그리고 여기서 실천한다는 말은 복음의 시민권에 합당한 일들을 행하는 것을 의미한다.

진리에 대해 동의하는 것과 그것에 의해 변화되는 것은 전혀 다르다. 다이어트는 정보만으로 사람을 바꿀 수 없다는 점을 보여주는 좋은 예다. 교리가 참으로 건전하려면, 우리는 그것을 우리의 기억 속에 저장하는 일 이상의 어떤 것을 해야 한다. 진리에 지적으로 동의하는 것만으로도 우리가 변화될 수 있다면, 틀림없이 우리 모두가 몇 킬로그램씩 덜 나갈 것이다. 하지만 그렇지 않다. 건강해지기 위해서는 먼저 올바른 식단을 따라야 하며, 그런 다음 처방된 훈련을 실천해야 한다. 영적인 건강도 마찬가지다.

의지력만으로는 건전한 교리라는 식단을 유지할 수 없다. 우리에게는 성령의 내주하심이 필요하다. 성령께서는 성경과 교리를 사용해서 우리의 마음을 새롭게 하신다(롬 12:2). 어떻게 우리는 우리의 마음을 새롭게 하는가? 복음의 현실을 가르치는 건전한 교리라는 식단을 따름으로써다. 바울은 자신의 편지의 절반을 할애해서 우리의 현실이 어떠

들음과 행함

한지를 직설법으로 이야기할 때가 많다(예를 들어, "우리의 옛 사람이 예수와 함께 십자가에 못 박힌 것은"[롬 6:6]). 그는 편지의 중간에서 "그러므로"라는 중요한 말로 방향을 전환하며 명령법으로 말하기 시작한다. 이 순서를 바르게 이해하는 것이 중요하다. 직설법(하나님이 그리스도 안에서 무엇을 행하셨는가)이 먼저이며, 다음으로 명령법(우리는 그리스도 안에서 무엇을 해야 하는가)이다. 직설법은 은총이며, 명령법은 감사다. 제자가 행하는 모든 일은 먼저 하나님이 우리에게 그렇게 할 수 있는 능력을 주셨다는 사실로부터 뒤따라 나온다. "그리스도께서 우리를 자유롭게 하려고 자유를 주셨으니(직설법) 그러므로 굳건하게 서서 다시는 종의 멍에를 메지 말라(명령법)"(갈 5:1).

성경이 우리를 변화시키는 가장 중요한 방법 가운데 하나는 하나님이 그리스도 안에서 행하시는 일뿐만 아니라 문화 안에서 일어나는 일에 대해 우리의 눈을 열어 주는 것임을 기억하는 것이 중요하다. 성경은 우리가 살고 있는 세상 안에서 실제로 무슨 일이 일어나고 있는지를 자각하게 해준다. 이와 관련해 우리는 제자들에게 잠들지 말라고 하셨던 예수의 절박한 권고를 떠올릴 수도 있다. 너무나도 많은 사람들이 몽유병에 걸린 것처럼 살아간다. 실존의 동작을 반복하지만 자신이 무엇을 하고 있는지, 그 행동이 무엇을 의미하는지, 그리고 그 행동이 어떤 결과를 낳을지 주의를 기울이지 않는다. 그들은 자신이 행하는 것에 대해 부주의하며, 하나님의 존재와 활동과 심판에 대해 잊고 있다.

정신이 번쩍 들게 하는 진실은, 우리의 머릿속을 관통하는 대부분의 생각은 예수의 이야기가 아니라 다른 어떤 이야기라는 것이다. 예를 들어, 안타깝게도 많은 사람들이 성경을 읽는 것보다 영상을 시청하는 데 더 많은 시간을 소비하는 것처럼 보인다. 2017년 2월에 유튜브는 전 세계 사람들이 매일 수십억 시간 동안 자신의 웹사이트에서 영상을 시청하고 있다고 발표했다.[3] 스마트폰을 위한 비디오 게임과 앱 가운데 다수는 소프트웨어 개발자뿐만 아니라 응용 심리학자와 행동 경제학자들에 의해서 설계되고 있다. 실리콘 밸리에 있는 몇몇 앱 설계자들은 스탠퍼드 대학교에 있는 설득 기술 연구소(Persuasive Technology Lab)에서 강박적이며 충동적인 행동 양태를 만들어 내는 방법을 연구한다. 이 연구소는 1998년에 B. J. 포그(Fogg)가 설립했다. 포그는 "설득 기술로서의 컴퓨터"(computers as persuasive technology)라는 문구의 첫 글자에서 유래한 '캡톨로지'(captology)라는 새로운 학문 분야를 만든 사람이다.[4] 캡톨로지 학자들은 사람들의 관심을 사로잡고 앱 사용에 초점을 맞춘 충동적인 행동 양태를 조장하는 방법을 찾는다. "헛된 속임수"(골 2:8)에 사로잡히지 말라는 바울의 경고를 새롭고도 더 교묘한 방식으로 해석하고 있는 셈이다. 이런 패스트푸드 식단은 건강에 유익하지 않다. 문화적인 정크푸드를 소비하는 것은 인간의 영혼에 좋지 않다. 정크푸드처럼 앱과 게임과 영상은 그것을 소비할 때 쾌락을 주지만, 역시 정크푸드처럼 영혼에 양분을 주지 못한다.

21세기에 예수를 따르기 원하는 제자들은 잠에서 깨어나야 하며 깨어 있어야 한다. 그들은 문화적인 상품을 소비하는 행동과 문화적인 교리의 식단, 곧 이야기와 실천과 상상에 따라 살아가려고 하는 태도의 본질과 영향을 자각해야 한다. 그리스도인은 현대의 통신 기술과 미디

들음과 행함

어 문화 전체가 우리에게 어떤 영향을 미치고 있는지, 그것이 어떤 종류의 인간을 길러 내고 있으며 어떤 종류의 영혼을 형성하고 있는지 이해해야 한다.[5] 나의 주장은 이것이다. 곧, 성경과 건전한 교리는 사로잡힌 이들을 자유롭게 한다. 그들을 일깨워 현실을 깨닫게 하고, 문화적인 패스트푸드(궁극적인 만족을 줄 수 없는 행동과 가치의 양식)에 대한 노예 상태로부터 해방하며, 성령과 함께 일하여 그들이 하나님과 서로를 위해 살 수 있도록 해방함으로써다. 우리가 궁극적으로 추구해야 하는 건강은 세속 문화가 아니라 무엇보다 먼저 복음에 의해 규정되어야 한다.

"당신이 먹는 것이 바로 당신이다." 격언처럼 유명한 이 문구는 다양한 영양학자들이 일반 대중의 마음과 정신(그리고 위장)을 얻으려고 노력하던 시기와 거의 같은 때였던 약 100년 전에 영어에 들어왔다. 나는 신체적인 건강보다 영적인 건강에 더 관심이 있지만, 이 격언이 여전히 참되다면(나는 그렇다고 믿는다) 목회자는 자신의 제자들이 바른 식단, 곧 건전한 교리를 섭취하도록 하기 위해 모든 노력을 다해야 한다.

복음적인 건강 문화로서의 교회

나에게 당신의 식단을 말해 보라. 그러면 내가 당신에게 당신의 문화를 말해 주겠다. 2장에서 살펴보았듯이, 사회의 많은 부분은 현대 건강 문화의 주된 구성 요소인 신체적인 건강과 아름다움에 강박적으로 집착하고 있다. 하지만 '총체적인 건강'이 무엇으로 이루어지는지에 관한 상이한 이미지들이 사회적 상상의 장 안에서 유포되며 서로 경쟁하고 있다.

목회자는 회중을 깨워 그들의 영혼을 형성하고 있으며, 어쩌면 그들의 시각을 흐리고 있는 문화적인 힘을 자각하도록 도와주어야 한다. 교회는 세상 안에 있으며, 다른 나라 가운데 있는 거룩한 나라다. 따라서 우리의 회중은 어떻게 하면 잘 살 수 있는지, 혹은 구원받는다는 것은 무엇을 의미하는지에 관한 문화적 이야기들의 영향력으로부터 안전하지 않다. 어쩌면 이러한 문화적인 영향력의 가장 극적이며 오싹한 예는 이른바 부와 건강의 복음일 것이다. 어떤 이들은 이 운동이 아메리칸드림의 기독교화 된 판본이라고 생각한다.[6] 2006년에 「타임」지가 실시한 설문 조사에 따르면, 미국 기독교인의 17퍼센트가 스스로를 이 운동과 동일시하고 있다.[7] 이 운동은 급속히 확산되어, 브라질과 나이지리아 그리고 싱가포르와 같은 나라의 교회에도 영향을 미치고 있다. 하나님의 뜻은 그분의 백성이 언제나 건강할 뿐 아니라 잘 사는(곧, 의료적으로도 재정적으로도 건강한) 것이라고 전제하는 이 번영 신학은 십자가의 신학과 정반대다.[8]

예수께서는 자신을 따르라고 제자들을 부르신다. '소명'(vocation)은 라틴어 vocare("부르다" 혹은 "소환하다")에서 유래했다. 목회자는 성경과 교리라는 꾸준한 식단을 제공함으로써 제자들을 길러 낸다. 그리고 제자를 삼으라는 대위임은 대계명과 연관된다. "네 마음을 다하고 목숨을 다하고 뜻을 다하여 주 너의 하나님을 사랑하라"(마 22:37). 이것이 제자의 궁극적인 소명이다. 왜냐하면 이것이 바로 한 사람을 그리스도처럼 만드는 것이기 때문이다. 예수께서는 이렇게 말씀하신다. "나의 양식은 나를 보내신 이의 뜻을 행하며 그의 일을 온전히 이루는 이것이니

들음과 행함

라"(요 4:34). 우리는 그리스도인으로서 우리의 소명에 응답할 것인가? 이 물음이 제자도 안으로 드라마를 밀어 넣는다. 우리는 하나님과 이웃을 사랑함으로써 그리스도를 닮아 가라는 부르심에 응답할 것인가? 만약 그렇다면 우리의 응답은 어떤 모습일까?

복음적인 신학은 단순히 복음주의자들이 연구하는 신학이 아니다. '복음적'이라는 말이 지닌 더 깊은 의미는 "복음과 일치된"이다. 말로 복음의 진리와 그 함의를 제시하는 신학이라는 의미에서 복음적인 신학은, 우리가 예수 그리스도 안에서, 또한 그분을 증언하는 성경을 통해서 하나님이 말씀하시는 바를 이해하여 제자들이 그리스도 안에 있는 바를 실천할 수 있도록 돕기 위해 존재한다. 따라서 교회는 그리스도의 몸짓과 그리스도를 닮은 행동을 장려하는 건강의 문화이자 양육의 환경이다. 목회자는 제자들이 복음의 진리와 그 안에 있는 시민권에 부응하는 방식으로 살아가는 목적에 합당한 사람들이 되도록 그들을 훈련하기 위해 하나님의 말씀을 가르친다.

그리스도를 배움

성경과 교리는 제자의 교과 과정이라고 말할 수 있지만, 주제는 예수 그리스도이며 학습 목표는 "그리스도의 몸을 세우"는 것이다(엡 4:12). 제자가 된다는 것은 그리스도를 배우는 것이다.

랍비이신 예수께서 제자의 가장 중요한 교사이시다. 그분은 오셔서 하나님의 나라를 선포하셨고, 그런 다음 비유를 통해 그 나라에 관해 가르치셨다. 하지만 우리가 그리스도를 배울 때 하나님에 대해서도 배운다. 성자와 "아들의 소원대로 계시를 받는 자" 외에는 그 누구도 성부 하나님을 알지 못한다(마 11:27). 이것은 교과서 학습이 아니다. 예수의 멍에를 멘다는 것은 그분의 길을 채택하고 그분의 본보기를 따르는 것이다. 이것은 그분의 제자가 되는 삶에 대한 비유다. 예수의 멍에를 메기 위해서는 듣고 행하는 사람이 되어야 한다.

그리스도를 배운다는 것은 바울이 중요하게 다루는 주제다. 근대 학문에서는 계량화되고 비판적인 거리에서 이론적으로 관찰할 수 있는 지식을 우선시한다. 하지만 그리스도에 관해 배우는 것과 그리스도를 배우는 것은 다르다. "오직 너희는 그리스도를 그같이 배우지 아니하였느니라"(엡 4:20)라고 말할 때, 바울은 하나님의 생명으로부터 소외된 이들의 특징인 허망한 마음과 굳어진 마음에 동반되는 행동을 의미했다(엡 4:17-19). 그리스도를 배운다는 것은 그분에 관한 지식을 습득하는 것 이상을 의미한다.

이 본문에 대한 칼뱅의 주석은 특별한 종류의 배움을 강조한다. "그 삶이 불신자의 삶과 다르지 않은 사람은 그리스도에 관해 아무것도 배우지 못한 셈이다. 왜냐하면 그리스도를 아는 지식은 육신을 죽이는 일과 분리할 수 없기 때문이다."⁹ 그런 다음 바울은 에베소인들이 어떻게 그리스도를 배웠는지 구체적으로 설명한다(엡 4:21-24). 그들은 그분에 관해 듣고 그다음 그분을 행함으로써, 곧 옛 자아와 그것의 특징적인 행동을 벗고 새 자아(곧, 그리스도 안에서 거듭난 자아)를 입음으로써 그리스도를 배웠다.

그리스도를 "배운다"고 말할 때 바울이 사용한 헬라어 단어(μανθάνω)가 '제자'를 의미하는 단어(μαθητής)와 연관되고, '제자'의 라틴어 어원(discipulus)이 '학문 분과'(discipline)라는 단어와 비슷하며 '학생'을 의미하는 것은 그저 어휘와 관련한 우연의 일치가 아니다. 이것은 예수께서 제자들에게 "내게 배우라"(마 11:29)라고 말씀하시는 동시에 "나를 따라오라"(마 4:19)라고 말씀하셨던 이유를 설명한다. "제자가 그 선생보다 높지 못하나 무릇 온전하게 된 자는 그 선생과 같으리라"(눅 6:40).

그리스도를 따르기 위해 성경을 읽는 법을 배우기 위해서는 정보 전달 이상의 무언가가 요구된다. 그저 한두 개의 새로운 사실을 배운다고 '그리스도 사람'이 되는 것은 아니다. 정보에 불과한 교리는 소리 나는 징이나 울리는 꽹과리와 다름없다. 그리스도를 배우기 위해서는 단순히 정보를 기억할 뿐만 아니라, 더 중요하게는 "그리스도의 마음"(고전 2:16, 또한 빌 2:5 참조)을 드러내는 판단을 하는 능력이 필요하다. 이것이 다소 추상적으로 보일 수 있기 때문에 바울은 더 구체적으로 말한다. "내가 그리스도를 본받는 자가 된 것같이 너희는 나를 본받는 자가 되라"(고전 11:1, 또한 고전 4:16, 살전 1:6 참조). 누군가를 본받는다는 것은 그들이 걸어간 길을 걷는 것을 의미한다. 이는 거울처럼 그대로 비추거나 정확히 모사하는 것에 관한 문제가 아니라, 예수의 태도와 반사신경을 다시 상황화하는 것에 관한 문제다. 이것이 곧 "그리스도의 마음"이 의미하는 바다. 간단히 말해, 그리스도를 본받는다는 것은 새로운 상황 속에서 그 상황에 맞게 그분의 길을 걷는 것을 의미한다.

여기에서 기독교 교육에 관한 논쟁에 참여하려는 것은 아니다. 근본적인 주장은 우리가 듣고 행함으로써, 곧 그리스도의 길(성경에서 "지혜로운 길"[잠 4:11], "의의 도"[벧후 2:21], "진리의 도"[벧후 2:2], "생명의 길"[렘 21:8]이라고 부르는 것)을 분별하고 이를 따름으로써 그분을 배운다는 것이다. 성경은 "교훈"(διδασκαλίαν)과 "의로 교육하기"(παιδείαν)에 유익하다(딤후 3:16). 이미 살펴보았듯이, 성경은 하나님이 왜 세상에 인간을 만드셨는지, 인간의 죄악 됨과 사탄과 죽음에도 불구하고 어떻게 하나님이 그리스도 안에서 성령을 통해 그분이 본래 의도하신 목적을 성취하시는지에 관한 큰 그림을 상상력을 통해 전해 줌으로써, 지혜와 진리와 생명으로 교육하기에도 유익하다. 마찬가지로, 기독교 교리는 사람들을 제자도로 훈련하기에 유익하다. 교리는 그 자체가 목적이 아니라 제자를 삼기 위한 교육의 도구이다. 칼뱅의 『기독교강요』 전체가 이러한 실천적인 목적에 기여한다. "칼뱅에게 제자도는 παιδεία, 곧 '형성적인 교육'이다."[10]

5장에서 언급했듯이 칼뱅은 성경을 "안경"에 비유하는데, (정신과 믿음과 마음의) 눈을 다시 훈련해서 사물을 바르게, 곧 예수 그리스도의 복음의 빛으로 볼 수 있게 해주는 교정 렌즈라고 설명한다. 성경은 우리가 모든 것(하나님과 세상과 우리 자신)을 있는 그대로, 곧 예수 그리스도 안에서 볼 수 있도록 도와주는 교육자다.

성경과 교리는 모두 어떻게 모든 것이 예수 그리스도 안에서 들어맞는지, 따라서 그리스도인들이 말하고 행하기에 합당한 것은 무엇인지 제자들이 분별할 수 있도록 도와준다. 성경은 도덕적인 원리를 진술할 뿐만 아니라 '선'과 '악'에 그 의미를 부여하는 이야기로 이루어진 틀을 제시함으로써, "선악을 분별하"도록(히 5:14) 우리의 정신적인 능력을 훈련한다. 결국 그리스도를 배우는 일에서 가장 중요한 것은 단편적인 정보를 얻는 것이 아니라 큰 그림을 이해하는 것이다. 제자들은 구속의 드라마 전체를 이해할 때만 모든 것에 관해 올바른 판단을, 특히 지금 여기에서 그들의 제자도가 어떤 형태를 취해야 하는지에 관한 판단을 내릴 수 있다. 우리가 이해하는 바는 우리가 행하는 바에 의해 드러난다.

정경은 독자들을 그리스도께로 이끌고, 그런 다음 그들 안에 그리스도의 삶을 형성하여 그들이 계속해서 그리스도의 길을 걸을 수 있게 한다. 그리스도를 배운다는 것은 그리스도를 따르는—혹은 '실천하는'이라고 말할 수도 있다—것에 관한 문제다. 제자들은 성령의 조명을 통해 하나님의 말씀을 읽음으로써 올바르게, 곧 그리스도를 닮은 방식으로 생각하고, 보고, 판단하고, 행동하는 법을 배운다. 성경은 믿음의 '안경' 이상이다. 그것은 가상 현실이 아니라 종말론적 현실, 곧 그리스도 안에 있는 실재를 보고 경험할 수 있게 해주는 오큘러스 리프트(Oculus Rift, 가상 현실 헤드셋—옮긴이)다. 우리는 성경을 배우는(정경적인 교육을 받는) 학생이 됨으로써, 그리스도께서 이스라엘의 성경을 읽는 방식을 포함해 그분의 마음을 배운다(빌 2:5).[11] 제자들은 성경을 배우는 교육생이자, (단순히 진리와 의에 관한 정보만 받는 것이 아니라 진리와 의로 형성되는, 곧 그리스도 안에서 형성되는) 성경 해석자들이다.

그리스도를 배우기 위해 성경을 읽는 법을 알려면 성경에 대한 이해와 정경에 관한 풍부한 지식, 그리고 탁월한 해석 능력이 필요하다. 궁극적으로 이는 지혜로워지는 것에 관한 문제이며, 이를 위해서는 이론적인 지식 이상이 필요하다. 듣기만 한다면 지식을 얻을 수 있을 뿐이다. 그와 달리, 지혜와 이해는 실천적인 지식으로서 실천을 요구한다.

지혜란 무엇인가? 이에 관해서도 우리는 성경으로부터 지침을 얻어야 한다. 성경에 나오는 지혜는 창조 질서와 조화를 이루고 있고 주를 경외함으로 얻을 수 있기 때문에 번성하는 삶과 관계가 있다. 제자들은 지혜를 얻기 위해 그리스도를 배워야 한다. 왜냐하면 예수 그리스도는 성육신하신 지혜이기 때문이다(고전 1:24, 30). 지혜란 하나님을 영화롭게 하고 신실한 제자에게 어울리는 방식으로 예수를 따르기 위해 특정한 상황에서 무엇을 해야 하는지 아는 것을 의미한다. 한마디로, 신학적인 지혜는 언제 어디에서 누구에게나 그리스도의 마음으로 행동하는 법을 아는 것을 의미한다.

그리스도를 입음

바울은 로마서의 독자들에게 "주 예수 그리스도로 옷 입"으라고 명령한다(롬 13:14). 그리스도로 옷 입는 것은 그리스도를 배우는 일과 무슨 관계가 있을까? 둘 다 단지 들음이 아니라 행함을 요구한다. 그리스도로 옷 입는다는 것은 두 가지 의미로 이해할 수 있다. 첫째, 이것은 우리가 옷을 입는 것에 관해 말하는 방식이다(예로, 우리는 잠옷을 입는다). 둘째, (적어도 영어에서는) 연극을 무대에 올릴 때처럼 연극과 관련한 의미를 지닌다. 나는 의상과 연기라는 두 가지 의미 모두에서 그리스도로

들음과 행함

옷 입는다는 것에 관해 생각해 보려고 한다.

개인으로서

바울이 독자들에게 "이[그리스도의] 마음을 품으라"고 권면할 때, 그는 속사람(영혼) 안에 겸손이라는 그리스도의 습관적인 태도와 다른 이들의 이익을 자신의 이익보다 우선시하시는 그분의 성향을 채택하라고 권면하는 셈이다(빌 2:3-4). 바울이 독자들에게 그리스도로 옷 입으라고 당부하는 것은, 그들을 이미 그리스도 안에서 세례를 받은 사람들로 보았기 때문이다. 실제로, 로마서 13:14에서 명령법으로 제시된 내용이 다른 곳에서는 직설법의 사실로 진술된다. "누구든지 그리스도와 합하기 위하여 세례를 받은 자는 그리스도로 옷 입었느니라"(갈 3:27).

세례는 그리스도로 옷 입는 것과 관계가 있다. 하지만 어떤 관계가 있는가? 짧게 답하자면, 물세례란 신자가 성령으로 세례를 받았음을 의미하는 표징이자 성례전으로서, 우리가 믿음을 통해 예수의 죽음과 부활에 참여하며 따라서 거듭나고 새로워지는 것을 극적으로 재현하는 행위라는 것이다.

바울은 로마서 6장에서 그의 독자들이 세례를 통해 예수의 삶 이야기 안으로 들어가게 되었다고 설명함으로써 놀라운 방식으로 그들의 상상력을 사로잡는다. "그러므로 우리가 그의 죽으심과 합하여 세례를 받음으로 그와 함께 장사되었나니 이는 아버지의 영광으로 말미암아 그리스도를 죽은 자 가운데서 살리심과 같이 우리로 또한 새 생명 가운데서 행하게 하려 함이라"(롬 6:4). 그렇기 때문에 세례는 교회 안에서 대단히 극적인 순간이며, 말 그대로 의미와 중요성이 물처럼 뚝뚝 떨어지는 행동이다. 또한 세례는 그리스도로 옷 입는다는 것의 의미를 이해하는 실마리이기도 하다.

그리스도로 옷 입는다는 것은 도덕적인 노력, 곧 우리가 행하는 어떤 것이 아니라 먼저 이루어진 삼위일체 하나님의 일에 의해서만 가능해진 무엇이다. 따라서 세례는 제자도의 드라마에서 열쇠가 되는 장면이다. 한편으로, 하나님만이 우리가 예수 그리스도의 죽음과 부활에 참여할 수 있게 만드실 수 있다. 다른 한편으로, 우리는 하나님이 성령에 의해 믿음을 통해 이미 성취하신 바를 물로 재연함으로써 그리스도와의 연합에 참여한다. 세례는 제자가 그리스도와 연합함을 극적으로 재현한다.

구속의 드라마에서 성령의 역할은 필수적이다. 칼뱅이 말했듯이, "그리스도께서 우리 밖에 머물러 계시는 한……그분이 인류의 구원을 위해 당하신 모든 고통과 행하신 모든 일이 우리에게는 무익할 뿐이다."[12] 그리스도께서 먼저 제자들 안에 계실 때만 그들이 그리스도의 삶을 실천할 수 있다. 제자들을 그리스도 안으로 들어가게 하시고 그리스도를 제자들 안으로 들이가게 하시는 것이 하나님이 새로운 백성을 창조하시는 오순절 사건이었으며, 이것이 바로 성령의 사역의 핵심이라고 말할 수 있다. 성령은 우리를 그리스도께 연합하게 하시기 때문에 '생명을 주시는 분'이시다. 그리스도의 생명이 우리 안에 형성되는 것은 성령 덕분이다. 성령은 제자들을 그리스도의 의로 옷 입혀 주시는 연극의 '의상 담당자'이시다(엡 4:24, 또한 사 61:10 참조). 그분은 제자들이 그리스도로 옷 입도록 도우시고 공연 전체에서 의상의 질을 유지하시는 분이시다.

들음과 행함

믿음으로 말미암아 성령을 통해 그리스도와 연합한 사람들에게 그리스도로 옷 입는다는 것은 허구가 아니라 현실이다. 제자들은 자신의 외부에 있는 모범을 흉내 내기 위해 그리스도처럼 행동하지 않는다. 오히려 그들은 안으로부터 밖으로 그리스도로 옷 입는다.

성령을 통해 그리스도 안에 있다는 것은 그분의 왕국으로 옮겨졌으며(골 1:13), 따라서 천국의 시민권을 누리는 것을 의미한다(빌 3:20). 이러한 시민권의 변화는 경험적으로 입증할 수 없지만, 그렇다고 해서 환상이나 허위인 것도 아니다. 그와 반대로, 교리는 그리스도 안에서 실제로 존재하는 바를 분명히 진술하려는 시도다.

그리스도 안에 있는 바를 말한다는 것은 '이미' 존재하지만 '아직' 완성되지 않은 것을 묘사하는 것이다. 그러므로 그리스도로 옷 입는다는 것은 우리가 장차 올 시대에 참여하는 것을 지금 실천하기 시작하는 것이다. 그리스도의 삶을 실천할 때, 제자들은 자신의 도덕적인 노력에 의존하지도 않고 자신이 아닌 어떤 존재인 것처럼 가장해서 행동하지도 않는다. 오히려 그들은 이미 종말론적으로 성취된 현실, 다시 말해 "그가 만드신 바", 곧 "그리스도 예수 안에서 선한 일을 위하여 지으심을 받은 자"라는 현실에 참여할 뿐이다(엡 2:10).

성령 덕분에 예수 그리스도를 주로 고백하는 이들은 참으로 그분의 생명에 참여하며, 여기에는 그분의 아들 되심, 하나님의 뜻을 행하려는 갈망, 그리고 다른 이들에 대한 긍휼(그분의 "마음")이 포함된다. 믿음을 통해 제자들은 '우리가 그리스도 안에' 있고 '그리스도께서 우리 안에' 계시는 현실을 믿을 뿐만 아니라 경험할 수 있게 된다. 성령께서는 성경 말씀을 가르치시고 이로써 우리의 상상력, 곧 그들이 그리스도의 왕국으로 옮겨졌다는 구속의 드라마의 영광과 탁월함을 맛보고 이해할 수 있는 능력을 새롭게 하신다.

그리스도 안에 있다는 것은 참된 인간성으로 회복되는 과정, 곧 우리의 참여를 반드시 필요로 하는 과정에 있음을 의미한다. 그리스도로 옷 입는다는 것은 우리 안에 있는 그분의 생명을 실천하는 일을 의미한다. 바울의 말처럼, "내가 그리스도와 함께 십자가에 못 박혔나니 그런즉 이제는 내가 사는 것이 아니요, 오직 내 안에 그리스도께서 사시는 것이라"(갈 2:20). 만약 우리가 우리 안에 있는 그리스도의 생명을 실천하지 않는다면, 우리의 행함은 우리의 존재와 조화를 이루지 못할 것이다. 그리스도 안에 있는 바를 실천한다는 것은 사무엘("내가 여기 있나이다"[삼상 3:4])과 마리아("말씀대로 내게 이루어지이다"[눅 1:38])처럼 하나님의 부르심에 응답할 수 있는 사람이 되는 것을 의미한다. 이러한 복음의 현실에 참여하고, 그리스도 안에서 이미 존재하지만 아직 완성되지 않은 바를 맛보고 이해하기 위해서는 믿음에 의해 형성된 상상력이 필요하다. 제자도의 드라마의 핵심은, 하늘에 있지만 그리스도 안에서 이미 우리의 것인 새로운 인간성을 실천하는(땅에 뿌리박은 몸으로 일상적인 실천을 통해 극적으로 재현하는) 것이다.

교회로서

좋은 성경 주석은 본문의 역사적, 문학적, 신학적 측면을 제대로 다루어야 한다. 하지만 중요한 의미에서 제자의 삶, 특히 지역 교회에 속한 제자의 삶이 가장 적합한 형태의 성경 주석이라고 말할 수 있다. "우리가 하나님의 백성으로 행하는 바가 성경에 대한 우리의 해석이다."[13] 신학 교육의 궁극적인 목적은 제자들이 살아 있는 주석, 곧 "그리스도의 편지"(고후 3:3)가 되도록 돕는 것이다.

5장에서 우리는 복음의 극장이 되기 위해서는 개인들뿐만 아니라 소집된 공동체('극단')가 필요한 이유를 살펴보았다. 내 주장의 골자는, 그리스도 안에 있는 새로운 피조물을 증언하고 화해의 사역을 실천하기 위해서 교회는 그리스도 안에 있는 이 새로운 피조물과 화해에 관해 이야기할 뿐 아니라 이를 보여주어야 한다는 것이었다. 교회는 그 자체가 됨으로써, 곧 죄인들의 공동체이자 성도들의 공동체가 됨으로써 이를 실천한다.

제자들은 자신의 시간과 공간 속에서 그리스도를 대표하기 위해 모인다.[14] 그리스도를 대표하기 위해서는 공동체가 필요하다. 용서를 실천하기 위해서는 적어도 두 사람이 필요하기 때문이다. 그리스도 안에서 이루어진 사회적, 인종적 그리고 대인 관계에서의 화해를 온전히 실천하기 위해서는 다문화적인 극단이 필요하다. 교회는 전에는 서로 낯설었던 사람들이 복음 안에 있는 공동의 시민권이라는 새로운 현실을 실천하는 공간이다(엡 2:19). 에베소서 6장에서 바울은 그리스도인들이 함께 입어야 할 하나님의 전신 갑주에 관해 이야기한다. 또한 분함과 노여움, 악의 그리고 비방처럼 우리가 벗어야 할 것들도 있다(골 3:8). 특히 "옛 사람과 그 행위"(9절)를 벗어야 한다.

교회는 성만찬의 식탁에서 가장 교회다워진다. 왜냐하면 교회는 그리스도의 몸에 참여할 때 그리스도의 몸이 되고 하나가 되기 때문이다. 그 모든 행위를 통해, 특히 주의 만찬을 통해 지역 교회는 공동체의 삶 속에서 그리스도 안에 있는 화해라는 놀라운 현실을 "옷 입고", 하나님 나라의 비유를 재연할 뿐 아니라 그 자체로서 하나님 나라의 비유가 된다.

◊

그리스도 안에서 힘을 기르는 코어 운동

우리가 우리의 몸으로 무엇을 할 수 있는지는 우리의 코어가 얼마나 건강한지에 달려 있다. 여기서 우리는 코어의 힘을 살펴보려고 한다. 힘은 변화를 이루고 무언가를 행하기 위해 필요한 에너지와 연관이 있다. 그리스도의 몸, 곧 지역 교회와 보편 교회는 그 부르심과 사명을 성취하기 위해 필요한 힘을 지녀야 한다.

사도들은 처음부터 교회의 코어 근력(사명을 완수하는 능력)에 관심을 기울였으며, 따라서 '굳세게 함'(헬라어로 στηρίζω)을 강조했다. 바울은 루스드라와 이고니온과 안디옥에서 복음을 전한 후 돌아와서 "제자들의 마음을 굳게 하여 이 믿음에 머물러 있으라"(행 14:22)고 권했다. 다른 곳에서 유다와 실라는 "여러 말로 형제를 권면하여 굳게"했다(행 15:32). 바울의 사역 전체를 "교회들을 견고하게"(행 15:41) 하거나 "모든 제자를 굳건하게"(행 18:23) 한다는 관점에서 묘사할 수 있다. 여기서 굳세게 함이란 뒷받침하고 안정시키며 굳건히 서게 하고 확고하게 하는 것을 의미한다.

따라서 우리는 오늘날 목회자가 수행해야 할 말씀 사역이 제자들과 교회를 굳세게 하는 주된 수단이었으며 또한 여전히 그러하다는 사실을 알 수 있다. 하지만 목회자는 이차적인 원인이고 따라서 은총의 수단이며, 굳세게 하시는 분은 궁극적으로 하나님이심을 기억하는 것이 중요하다. 따라서 바울은 로마서를 마무리하는 송영에서 하나님을 이렇게 묘사한다. "이 복음으로 너희를 능히 견고하게 하실[στηρίξαι] 지혜우신 하나님께"(롬 16:26, 또한 살전 3:13, 살후 2:17; 3:3, 벧전 5:10을 보라).

이와 관련해서 주목해야 할 또 다른 헬라어 단어는 δύναμις("능력")과 ἐνδυναμόω("능력을 주시다")다. 예수 그리스도께서는 "하나님의 능력"(고전 1:24)이시며, 그렇기 때문에 바울은 ἐνδυναμόω라는 말을 사용해 그리스도께서 그분을 믿고 따르는 이들에게 능력을 주실 수 있다고 설명한다. 그리스도께서는 바울의 능력이셨듯이 제자들의 능력이시다. "내게 능력 주시는 자[그리스도] 안에서 내가 모든 것을 할 수 있느니라"(빌 4:13). 이것은 대단히 중요하다. 우리는 우리 자신의 노력만으로는 제자로서 자랄 수 없다. 우리에게는 은혜가 필요하다. 우리는 성령(우리 안에 있는 그리스도의 생명) 덕분에 그리스도를 따를 수 있는 능력을 얻을 수 있다.

우리는 처음에 아기처럼 아장아장 걷는다. 하지만 계속해서 성령 안에서 걷는다면 점점 더 오래 걸을 수 있을 것이다. 웨이트 트레이닝을 하는 사람처럼, 우리는 서로의 짐을 함께 지는 것과 같은 운동을 반복함으로써 더 강해진다. 그리스도께서는 제자들에게 능력을 주셔서 사랑의 운동을 반복할 수 있게 하신다.

이 책 전체에서 나는 이 세상을 하나님이 그리스도 안에서 만물을 새롭게 하기 위해(계 21:5) 행하시는 일을 위한 무대로 바라볼 수 있게 하는, 성경에 기초하고 성경에 의해 변화된 상상력을 기르는 일이 중요하다고 주장했다. 세상을 있는 그대로 보기 위해서는 세상을 종말론적으로, 곧 예수 그리스도의 위격과 사역 안에서 하나님의 나라가 침투해 들어오는 곳으로 보아야 한다.

믿음은 본래 그리스도에 관한 보고를 들음에서 나며(롬 10:17), 제자들의 믿음을 강화하는 한 가지 방법은 그들이 모든 성경을 그리스도에 대한 증언으로 읽도록 도와주는 것이다. 뿐만 아니라 우리는 교리가 이 증언이 지니는 의미와 함의를 분명히 진술하고 있다는 점을 살펴보았다. 누가는 바울과 디모데가 예루살렘 공의회를 통해 도출된 '교리'를 다른 교회들에게 전했을 때 이 교회들의 "믿음이 더 굳건해"졌다고 말한다(행 16:5). 우리가 성경과 교리 모두를 통해 그리스도 안에 있는 현실을 더 많이 알게 될수록 믿음은 더 강해진다.

첫 번째 운동: "들고 읽으라, 와서 보라"

아우구스티누스가 『고백록』(Confessions)에서 말한 것처럼 그는 "집어 들고 읽어라"라는 아이들의 노랫소리를 들었다. 그 소리에 그는 로마서 13:13-14("낮에와 같이 단정히 행하고 방탕하거나 술 취하지 말며……오직 주 예수 그리스도로 옷 입고")을 읽었으며 이로써 회심했다. 그 순간 그는 들을 뿐 아니라 행하는 사람이 되었다. 아우구스티누스는

들음과 행함

사람을 변화시키는 본문의 능력을 경험했다. 예수께서 설명하신 것처럼 (성경) 본문의 능력은 하나님의 능력이다(마 22:29, 또한 막 12:24 참조). 물론 예수께서 "하나님의 능력이요 하나님의 지혜"(고전 1:24)이시다. 아마도 그렇기 때문에 빌립이 나다나엘에게 예수께서 무엇을 말씀하시며 행하시는지 "와서 보라"(요 1:46)고 권면했을 것이다. 목회자는 제자들이 성경이라는 구유에 누우신 그리스도를 '와서 보고' 하나님의 능력을 경험할 수 있도록 돕는다.

이렇게 하는 최선의 방법 가운데 하나는 구약으로부터 그리스도를 설교하는 것이다. 믿음을 굳세게 하는 일에서 말씀 사역이 핵심이라는 점에 비추어 볼 때, 제자 삼기에서 설교의 중요성으로 다시 돌아가는 일은 매우 적절하다. 복음은 "구원을 주시는 하나님의 능력"(롬 1:16)이다. 이것이 중요하다. 복음을 설교하는 일은 도덕적인 원리를 추천하는 일 이상을 의미한다. 복음은 원리가 아니라 이미 일어난 사건에 대한 선포이며, 구약을 떠나서는 그리스도 안에서 하나님이 행하시는 일을 궁극적으로 이해할 수 없다. 왜냐하면 복음은 이스라엘 이야기의 제2부이며, 그 정점은 예수이시기 때문이다.[15] 이스라엘 이야기라는 배경에 비추어 예수의 이야기를 바라볼 때, 우리는 그리스도 안에 있는 구원이 개별적인 영혼들의 운명 이상에 관한 것임을 깨닫는다. 그것은 거룩한 나라의 운명에 관한 것이다.

목회자는 구약의 모든 본문에서 그리스도를 '찾는' 것에 대해 예민한 반응을 보일지도 모른다. 하지만 나는 그렇게 주장하지는 않는다. 나는 예수께서 엠마오로 가는 길에서 제자들에게 가르쳐 주신 바를 염두에 두고 모든 성경을 읽자고 제안할 뿐이다. "이에 모세와 모든 선지자의 글로 시작하여 모든 성경에 쓴바 자기에 관한 것을 자세히 설명하시니라"(눅 24:27, 또한 눅 24:44 참조). 나는 이것이 상상력을 동원해 우연적인 세부 사항과 그리스도의 삶을 연결하는 억지스러운 풍유적 해석이 아니라, 하나님의 구속사를 관통하는 주제이자 이 드라마의 핵심 주제, 곧 예언자와 제사장과 왕들이 어떻게 그리스도의 사역의 여러 양상을 기대하게 하는지, 그리고 하나님이 이스라엘을 그들의 원수로부터 (그리고 궁극적으로는 그들 자신으로부터) 거듭해서 구원해 주신 것이 어떻게 그분이 교회를 죄와 사망과 파멸로부터 구원해 주실 것을 기대하게 하는지를 분별해 내는 해석이었을 거라고 생각한다.

하나님의 백성에게 주시는 그분의 말씀에 귀를 기울이며 교회 안에서 성경을 취하고 읽고 설교한다는 것은 성경을 그리스도와 그분의 위격과 사역, 그리고 그분의 고통과 영광에 대한 증언으로 읽는 것을 의미한다. 교회 안에서 믿음으로 성경을 읽는다는 것은 하나님이 보물처럼 소중히 여기시는 백성, 곧 그분의 성령을 통해 그분의 아들과 연합된 백성이 될 다인종적인 가족을 만들어 내심으로써 아브라함의 후손을 통해 모든 민족에게 복을 주시려는 하나님의 계획에 관한, 하나님이 친히 쓰신 통일된 이야기로 성경을 읽는 것을 의미한다.[16]

나는 성경이 그리스도에 관해 어떻게 말하는지 이해하기 위해 루터가 쓴 『성경에 부치는 서문』(*Prefaces to the Bible*)을 읽어 보라고 목회자에게 추천한다. 루터는 신구약에 대한 서문뿐 아니라 신구약의 각 권에 대한 서문도 썼다. 루터가 설명하듯이, 서문은 성경을 읽는 사람이 "이 책에서 무엇을 찾으려고 노력해야 하는지" 이해할 수 있도록 돕기 위한 가르침의 도구다.[17] 예를 들어,『복음서에 부치는 서문』(Preface to the Gospels)에서 루터는 "그리스도를 본보기로 삼기 전에……그분을 선물로 받아들이고 인식하라"고 독자들에게 말한다.[18] 구약에 관해서 루터는 이렇게 조언한다. "올바르고 확실하게 해석하고 싶다면 당신 앞에 그리스도를 세워 두라. 왜냐하면 그분은 모든 것이, 그리고 모든 조각이 적용되는 분이시기 때문이다."[19]

루터의『서문』들은 그의 성경 해석학을 이해할 수 있게 해주는 중요한 실마리다. 나는 구약에서 그리스도를 발견하려는 태도가 문법적이고 역사적인 해석을 거스를 수 있다고 우려하는 이들에게, 앞에서 인용한 예수의 말씀에 비추어 구약의 의미를 인간 저자의 의도로만 환원하는 일에 대해 경계해야 한다고 말하고 싶다. 또한 더 깊은 기독론적인 관점에 초점을 맞추려고 한다면, 윌리엄 마쉬(William Marsh)가 루터에 관해 연구한 바를 참고하라고 추천한다. 마쉬는 루터가 성경을 기독교 성경으로(하나님의 말씀으로) 읽었으며, 그리스도를 구약의 문자적인 의미로 보았다는 점을 보여준다. 어떻게 그럴 수 있는가? 약속된 메시아를 율법과 예언서와 성문서의 인간 저자의 말로 표현된, 신적 저자가 의도하신 지시 대상으로 바라봄으로써다.[20] 오늘날의 목회자도 그렇게 해야 한다.

두 번째 운동: "자기 십자가를 지라"

근력 훈련에서 가장 힘든 과제는 예수께서 제자들에게 명하신 운동이다. "누구든지 나를 따라오려거든 자기를 부인하고 자기 십자가를 지고 나를 따를 것이니라"(마 16:24, 막 8:34). 누가복음의 경우에는 여기에 "날마다"(눅 9:23)라는 단어가 추가되었다. 제자들은 취하고 읽어야 할 뿐만 아니라, 날마다 순교의 훈련을 통해 그분을 따르기 위해 (예수의 십자가가 아니라) 자기 십자가를 져야 한다.

여러 해 전에 내가 휘튼 칼리지에서 가르칠 때, 실물 크기의 십자가를 끌고 강의실을 다니던 학생이 있었다. 이것은 예수께서 하신 말씀에 대한 하나의 해석이다. 목에 더 작은 십자가를 걸고 다님으로써 예수께 대한 그들의 충성을 드러내는 그리스도인들도 있다. 이러한 다양한 반응은 예수의 말씀에 대한 최대한의 혹은 최소한의 문자적인 해석을 보여준다.

본문의 맥락을 고려하면, 박해라는 대가를 치르더라도 자신에 대한 충성을 지키는 일이 중요함을 말씀하셨다고 해석하는 것이 타당하다. 왜냐하면 다음 절에서 그분은 "누구든지 자기 목숨을 구원하고자 하면 잃을 것이요, 누구든지 나와 복음을 위하여 자기 목숨을 잃으면 구원하리라"(막 8:35)라고 말씀하시기 때문이다. 예수의 십자가가 수치스러운 죽음이었듯이, 예수를 따르는 이들은 기꺼이 수치와 조롱과 박해를 당할 각오를 해야 한다. 이것이 바로 바울에게 일어난 일이었다. 그는 자신의 고통이 "세계 곧 천사와 사람에게 구경거리[θέατρον]가 되었노라"(고전 4:9)라고 말한다. 히브리서에는 θέατρον의 동사형이 사용되는데, 여기서 히브리서 기자는 독자들에게 그들 역시 "고난의 큰 싸움을 견디어" 냈으며, 때로는 "비방과 환난으로써 사람에게 구경거리가 되"

들음과 행함

었음[θεατριζόμενοι]을 상기시킨다(히 10:32-33).

바울은 그리스도의 고난에 동참하는 것에 관해서, 그리하여 그분의 죽으심을 본받는 것에 관해서 이야기한다(빌 3:10, 또한 고후 4:8-10 참조). 예수의 죽음은 죄를 용서하기에 충분했다. 따라서 제자들은 예수의 구속 사역을 완성하기 위해서가 아니라 이를 증언하기 위해서 자기 십자가를 진다. 제자들은 날마다 자기 십자가를 져야 하며, 더 이상 전도가 필요 없을 때까지 복음의 진리를 위해 고난받을 준비가 되어 있어야 한다.

제자들은 날마다 순교의 다이어트를 따를 준비가 되어 있어야 한다. 첫째로 복음을 증언할 준비가 되어 있어야 하며, 둘째로 증언하기 위해 기꺼이 고통을 감수해야 한다. 이러한 고통은 조롱과 사회적인 배척일 수도 있고, (어디서 살고 있는지에 따라) 법적인 고발과 신체적인 박해일 수도 있다. 그럼에도 불구하고, 제자들은 예수의 이야기에 사로잡혀 있기 때문에 그 이야기에 참여하지 않을 수 없다. 이것이 바로 목회자가 목적에 합당한(곧, 세상에서 그리스도의 이야기에 참여하기에 합당하며, 복음의 시민에게 어울리는 것을 말하고 행하는) 제자들을 훈련한다는 의미다. 그리스도를 배운다는 것은 복음의 증인으로서 고난을 당하며 그분의 인내와 한결같은 신실하심을 배우는 것을 의미한다. 하지만 "우리를 자신과 같이 만드시려고 우리와 같이 되신"[21] 그분에 대한 경의와 사랑과 찬양에 몰두하는 이들에게 십자가를 지는 것은 무거운 짐이 아니다.

세 번째 운동: "죽음(과 부활)을 실천하라"

오늘날 세속적인 사회적 상상에서 인생은 존재하는 전부이며, 이는 곧 죽음이 해결해야 할 기술적인 문제일 뿐임을 시사한다. 어쩌면 죽음과 죽어 감을 대하는 법을 배우는 것이 제자들의 교과 과정에서 가장 어려운 과목일지도 모른다.

사도 바울은 "나는 날마다 죽노라"(고전 15:31)라고 선언한다. 그리스도의 삶을 재연하는 제자들은 자신이 죽는 장면을 연기할 준비를 해야 한다. 유럽에 창궐했던 흑사병에 익숙했던 중세의 그리스도인들은 '죽음의 기술'에 관한 지침서인『아르스 모리엔디』를 사용했다. 종교개혁 그리스도인들에게는 1519년에 루터가 했던「죽을 준비에 관한 설교」가 있었다. 우리 시대에 죽음은 대체로 의료 전문가들에게 맡겨지고 무대 뒤에서 일어나는 경우가 많다. 목회자는 루터의 설교를 갱신하여 제자들이 소망과 기쁨과 그리스도의 부활의 능력으로 죽음 및 죽어 감을 직면할 수 있도록 도와줄 방법을 생각해 볼 필요가 있다. 바울은 자신이 죽을 수밖에 없는 존재임을 예리하게 자각했으며, 이를 깨어지기 쉬운 질그릇에 비유했다(고후 4:7). 예수처럼 바울은 복음을 증언한다는 이유로 신체적인 처벌을 받았으며, 그 때문에 자신이 "항상 예수의 죽음을 몸에 짊어"진다고 말했다(고후 4:10). 하지만 제자인 바울은 예수의 이야기에 완전히 사로잡혔기 때문에, 예수의 십자가 고통뿐만 아니라 부활하신 예수의 능력과 생명까지도 드러낼 수 있었다. "그리스도께서 약하심으로 십자가에 못 박히셨으나 하나님의 능력으로 살아 계시니"(고후 13:4, 또한 고후 4:11 참조).

제자도의 역설("내가 약한 그때에 강함이라"[고후 12:10])이 은혜에 대한 증거다. "그러므로 도리어 크게 기뻐함으로 나의 여러 약한 것들에 대하여 자랑하리니 이는 그리스도의 능력이 내게 머물게 하려 함이라"(9절). 그리스도와의 연합에는 그분의 죽음과 부활에 참여하는 일이 포함된다. 주께서 다시 오실 때까지 제자들은 자신이 죽는 장면을 연기해야 한다. 하지만 이를 바르게 연기하기 위해서는 생명과 기쁨과 부활의 능력을 전달해야 한다.

이에 관해서도 목회자는 제자들의 마음에 있는 종말론적인 시각, 곧 '이미'와 '아직' 모두를 분별하는 종말론적인 상상력을 강화하기 위해 성경을 읽도록 그들을 훈련해야 한다. 베드로전서 1:3-5에서는 예수의 부활을 통해서 오는 "산 소망", 곧 하나님의 자녀들을 위해 하늘에 예비된 불멸의 유산에 관한 소망에 대해 이야기한다. 이것은 그림의 떡과 같은 환상이 아니다. 오히려 이것은 믿음의 대상이며, 믿음 자체가 하나님의 능력에 대한 증거다(벧전 1:5). 믿음은 제자들을 현실, 곧 하나님이 예수 그리스도 안에서 행하셨고 행하시며 장차 행하실 일에 뿌리를 내리게 하기 때문에 보호하시는 하나님의 능력이다.

나는 제자도가 그리스도 안에서 현실적인 사람이 되는 법을 배우는 과정이라고 주장했다. 여기에는 육체적인 죽음이라는 가혹한 현실로부터 물러서지 않는 것도 포함된다. 대신 우리는 죽음을 예수의 죽음과 부활이라는 빛 아래서 있는 그대로 바라본다. 곧, 그리스도께서 이미 정복하신 것으로 본다. "사망아, 너의 승리가 어디 있느냐. 사망아, 네가 쏘는 것이 어디 있느냐"(고전 15:55). 앞에서 언급한 설교에서 루터는 그리스도께서 십자가 위에서 죽음과 죄와 사탄을 정복하셨음을 믿는 것이 중요하다고 강조한다. 루터는 죽어 가는 사람이 "그리스도의 이러

한 이미지들을 묵상함으로써 악한 이미지들[곧, 절망]을 극복할 수 있다"고 믿었다.[22]

사람들이 더 잘 살고 있는 것은 아니지만 더 오래 살고 있는 이 시대에, 교회는 잘 죽는 기술을 되찾아야 한다. 다행히도 최근에 유익한 증언들이 많이 나오고 있다. 그중에는 죽음을 앞둔 성도들의 증언도 있고,[23] 호스피스 자원봉사자로서 죽어 가는 이들과 함께했던 사람들의 증언도 있다.[24]

오늘날 목회자가 제자들에게 가르칠 수 있는 '죽음의 기술'은 존재하는가? 15세기의 지침서에서는 죽어 가는 사람이 직면하는 유혹(두려움과 분노, 절망, 심지어 하나님께 배신당했다는 느낌)을 열거한 다음, 이에 맞서기 위해 필요한 덕목을 추천한다. 또한 죽음이 몸으로부터, 그리고 지상의 염려로부터 영혼이 해방되는 것이라고 칭송했다.[25]

부활하신 그리스도에 대한 복음 중심적인 전망은 우리 자신이 죽는 장면을 연기하기 위해 지침을 제공한다. 먼저 이것은 우리의 의료화된 사회적 상상에 맞서 "죽음에 대한 승리는 기술의 승리가 아니라 하나님의 승리"라고 주장한다.[26] 또한 그 어떤 것도, 심지어는 죽음도 "우리를 우리 주 그리스도 예수 안에 있는 하나님의 사랑에서 끊을 수 없"다는 (롬 8:39) 확신은 예수께서 자신의 죽음을 대하실 때 보여주신 인내와 용기를 제자들이 본받을 수 있도록 도와준다.

우리는 잘 죽는 법을 알기 어렵게 만들었다고 의료계를 비난해서는 안 된다. 이는 교회가 남긴 공백을 메우려는 시도일 뿐이다. 제자들에게 죽는 법을 가르치는 일은 목회자의 책임이다. 제자들은 교회의 규칙적인 실천을 통해, 특히 말씀의 선포와 주의 만찬, 공동 기도 그리고 장례 예식을 통해 죽음과 부활을 실천하도록 형성된다. 바울은 데살로니가인들이 죽은 이들의 운명에 관해 "알지 못하기"를 원하지 않는다고 말하면서, 이는 그들이 "소망 없는 다른 이와 같이 슬퍼하지 않게" 하기 위해서라고 말한다(살전 4:13). 바울은 그리스도께서 다시 오시고 그리스도 안에서 죽은 이들이 다시 살아날 것이라는 이 드라마의 결말을 데살로니가의 독자들에게 알려 준다. 결말을 몰랐다면 비극이었을 것이 결말을 알 때 하나님의 희극으로 바뀐다. 그렇기 때문에 바울은 "그러므로 이러한 말로 서로 위로하라"(살전 4:18)라고 결론 내린다. 이에 관해서도 교회의 사회적 상상이 복음에 일치하도록 변화되어야 한다.

우리가 자신의 죽음 장면을 연기하는 방식은 우리가 삶의 장면을 연기하는 방식과 일치해야 한다. 이것은 곧, 우리에게 힘을 주시는 그리스도를 통해 우리가 모든 것을 할 수 있고 심지어 죽을 수도 있다는 믿음을 구현하는 기회가 된다.

결론: 그리스도의 형상을 본받는 제자들

성경이라는 거울에 자신을 비추어 볼 때, 제자들은 성차나 경력 혹은 인종이 아니라 자신이 그리스도 안에 있다는 사실이 가장 참되고 근원적인 정체성을 형성한다는 사실을 이해하게 된다. 그리스도 안에 있다는 것은 선물인 동시에 책무다. 하나님이 성령을 통해 우리를 성자와 연합하게 하셨으며, 그리스도 안에 있는 이들이 하나님의 자녀가 누리는 모든 특권을 지니고 있다는 의미에서 이것은 선물이다(롬 8:15; 23, 엡 1:5). 우리가 그리스도 안에 있는 우리의 정체성을 실천하고 재연하도록 부르심을 받았다는 의미에서 이것은 책무다. 이것은 바울의 직설법 이후에 이어지는 바울의 명령법이다. 당신은 당신 안에 계신 그리스도의 생명과 성령을 지니고 있다. 그러므로 그리스도의 마음과 정신을 실천하라.

제자도의 목표는 그리스도의 형상으로 변화하는 것이다. 이는 하나님이 세우신 구원 계획의 절정이기도 하다. "하나님이 미리 아신 자들을 또한 그 아들의 형상을 본받게 하기 위하여 미리 정하셨으니"(롬 8:29). 바울이 자신의 독자들을 자신의 자녀라고 부를 때, 그의 말은 가장 목회자다운 말처럼 들린다. "나의 자녀들아, 너희 속에 그리스도의 형상을 이루기까지 다시 너희를 위하여 해산하는 수고를 하노니"(갈 4:19).

목회자는 제자 안에 그리스도께서 형성되도록 돕는 일종의 산파다. 제자들이 그리스도의 형상을 닮아 갈 때 그리스도께서 제자들 안에 형성된다. 이것이 바울의 소망이다. "우리가 흙에 속한 자의 형상을 입은 것같이 또한 하늘에 속한 이의 형상을 입으리라"(고전 15:49). 제자들은 더 현실적인 사람이 될 때, 곧 그리스도의 형상이라는 자신의 종말론적인 실체를 현실화함에 따라 성장한다. 뿐만 아니라, 제자들의 공동체인 교회는 하나님 나라의 비유(하나님의 뜻이 하늘에서 이루어진 것처럼 땅에서도 이루어질 것임을 재연해 낸 삶)가 된다.

목회자는 한 번에 한 명의 제자를 길러 내지만, 반드시 지역 교회라는 맥락 안에서 이 일을 수행해야 한다. 제자들은 복음의 극단인 교회 공동체 안에 있을 때, 곧 교회 공동체와 함께할 때 구속의 드라마에 참여하는 법(그리스도와 자신을 동일시하고, 고통을 견디며, 사람을 변화시키는 하나님의 임재를 경험하고, 지혜의 길을 걸으며, 성숙한 본보기들을 모방하는 법)을 가장 잘 배울 수 있다.[27]

나는 이번 장의 첫머리에서 제자들이 그리스도의 거울 이미지가 되어야 하는지, 아니면 그분의 정확한 모사가 되어야 하는지 물었다. 이제 그 답이 분명해졌다. 그리스도를 닮는다는 것은 획일성을 의미하지 않는다. 신약 성경만 보더라도 예수의 제자들이 상이한 개성과 배경, 관심 그리고 은사를 가지고 있었음을 분명히 알 수 있다. 이런 다양성을 금지할 법은 없다. 동시에 우리는 모든 제자가 듣고 행하는 사람이 되기 위해 그리스도의 마음(동일한 근본적 성향, 무엇보다도 믿음과 순종으로 하나님의 부르심에 기꺼이 응답하는 마음가짐)을 지녀야 한다는 사실을 살펴보았다.

그리스도와 동일시한다는 말은 자신과 그리스도를 혼동한다는 의미가 아니다. 오히려 이것은 우리가 (성령을 통해) 그리스도와 연합하고 있으며, 우리와 마찬가지로 그리스도 안에 있는 다른 이들과 하나임을 인정하는 것을 의미한다. 제자의 정체성은 '그리스도 안에' 있지만, 이 정체성은 다양한 방식으로 실천될 수 있다.

특히 그리스도 안에 있다는 것은 우리의 경력이 우리 삶의 중심에 자리 잡고 있어서는 안 된다는 점을 의미한다. 중심은 그리스도께 속해 있다. 경력은 주변부에 속한 것이며, 우리가 그리스도의 부르심에 응답한 결과다. 우리의 삶에 대한 예수의 부르심은 우리의 직업보다 더 근원적이다. 이는 "우리가 그분의 부르심에 응답하여 우리 존재의 모든 것, 우리가 행하는 모든 것, 그리고 우리가 소유한 모든 것에 특별한 헌신과 역동성을 쏟아붓는다"는 것을 의미한다.[28] 우리의 소명은 우리의 일상적인 삶과 일 안에서, 그리고 그것을 통해서 하나님을 사랑하는 것이다.

제자들은 날마다 자신의 몸을 산 제물로 바침으로써 그리스도 안에 있는 바를 재연할 수많은 기회를 얻는다. 제자들은 성경을 읽고, 교리를 배우고, 공동 예배와 공동체의 삶에 참여함으로써, 모든 때와 장소와 상황에서 그리스도의 마음을 체현하도록 부르심을 받았음을 분별한다.

결국 하나님은 개인들이 아니라 백성을 만들고 계신다. 이것은 장기적인 기획이다. 이스라엘은 바르게 순종하고 예배하는 법을 아는 백성으로 형성되기 위해 광야에서 40년을 지내야 했다(하지만 그들은 이것을 결코 배우지 못했다). 바울은 우리에게 교훈을 주기 위해 그들의 이야기가 기록되었다고 말한다(고전 10장). 그들의 실수를 반복하지 말자! 성경의 목적은 한 백성을 하나님이 보물처럼 귀하게 여기는 백성, 곧 "거룩한 나라"가 되도록 준비시키는 것이다(출 19:6, 벧전 2:9). 하나님은 이스라엘 백성을 당신의 아들로 대하셨다("내 아들을 애굽에서 불러냈거늘"[호 11:1]). 하지만 이스라엘은 실망시켰고, 예수께서 오셔서 하나님이 언제나 원하셨던 아들이 되셔야 했다. 이것이 우리의 궁극적인 소명이며, 우리에게 주어진 최고의 특권이자 책임이다. 곧, 성부의 아들과 딸로서 양자된 우리의 신분을 삶으로 실천하는 것이다. 예수 그리스도를 통해 아들과 딸로 입양되는 것이 우리의 운명이자 우리를 향한 하나님의 예정하심이다(엡 1:5).

잠언 전체를 장차 왕이 되도록 교육받고 있던 아들을 위해 부모가 주는 교훈으로 읽을 수 있다. 하지만 이것은 인류의 이야기이기도 하다. 아담은 하나님을 대신해 땅을 다스리라는 왕적인 명령을 부여받았다. 우리에게 예수 그리스도의 길을 걷기 위한 지침을 준다는 의미에서, 제자들이 왕의 아들과 딸로 입양된 그들의 신분을 삶으로 실천하는 법에 관한 지침을 제공한다는 의미에서 성경 전체가 잠언과 같은 기능을 한다. 성경의 궁극적인 목적은 아들과 딸을 훈련해 그들이 예수처럼 아들로서 아버지께 순종하고, 마음과 목숨과 뜻과 힘을 다해 성부 하나님을 사랑하게 하는 것이다. 그런 의미에서 제자를 길러 내는 목회자는 부모의 역할을 대신한다.

성경과 교리를 가르치기 위해서는 이론보다 더 많은 것이 필요하다. 성경을 읽고 신학을 하는 올바른 목적은 제자들이 단단한 음식을 먹고 (고전 3:2, 히 5:12-14), 인내하며 믿음의 길을 걷고, 고단하고 복잡한 일상의 삶을 살아갈 준비가 된 사람들로 성장하도록 돕는 것이다.

제자들이 그리스도의 삶을 실천하도록 도우려고 할 때, 우리는 그들이 자신의 도덕적인 노력이 아니라 신뢰할 수 있는 하나님의 말씀을 의지하도록 권면한다. 제자도는 자기 계발의 기획이 아니다. 그와 반대로 "우리는 그가 만드신 바", 곧 "그리스도 예수 안에서 선한 일을 위하여 지으심을 받은 자"이다(엡 2:10). 개혁하시고 회복하시고 갱신하시는 분은 하나님이시다. 하지만 그분은 공동체 안에서 제자들을 그리스도의 형상으로 빚어 가시는 이 일에 동참하는 특권과 책임을 목회자에게 주셨다. 제자도는 그리스도 안에서 사람들이 범사에 머리이신 그리스도에게까지 자라 가는 성장의 기획이다(엡 4:15).

결론: "이제 우리는 합당하다"

너희가 내 말에 거하면 참으로 내 제자가 되고(요 8:31).

그런즉 너희 몸으로 하나님께 영광을 돌리라(고전 6:20).

대중문화 이야기(영화 「월-E」와 「영혼을 빌려드립니다」)로 이 책을 시작했다. 역시 대중문화 이야기로 이 책을 마무리하려고 한다. 그것은 프랭크 시나트라(Frank Sinatra)의 대표곡인 「마이 웨이」(My Way)에 관한 것이다. 화자가 자기 인생 이야기의 주인공이 될 수 있을지 의심스러워하는 『데이비드 코퍼필드』(David Copperfield)와는 달리, 시나트라는 전혀 의심이 없다. 그는 자신의 이야기의 주인공이었으며, 또한 그 이야기의 저자이기도 했다. 「마이 웨이」는 영국에서 싱글로 발표되었으며, 1969년 4월에서 1971년까지 75주 동안 차트 40위 안에 머물렀다. 미국에서도 히트곡이 되었다. 이 노래는 사람들의 심금을 울렸음이 분명하다.

이 노래의 가사는 시사하는 바가 크다. (개인적인 표현으로서 자유를 칭송하는) 현대의 사회적 상상이라는 관점에서 영웅적이라고 여기는 일생을 묘사하기 때문이다. 노래는 죽음을 앞둔 사람의 고백과 비슷하게 시작하며, 화자는 자신이 삶 자체의 흐름을 따르며 살아왔다고 말한다. 마지막 절에서 시나트라는 대단히 철학적인 방식으로 노래를 마무리한다.

> 남자란 무엇인가? 그는 무엇을 가졌나?
>
> 그 자신이 아니라면 아무것도 아니리.
>
> 무릎 꿇는 사람들의 말이 아니라
>
> 자신이 참으로 느끼는 것을 말해야 하리.[1]

「마이 웨이」는 너무나도 자기 충족적이어서 하나님께 말할 필요도 없다고 생각하는 사람의 노래다(나는 마지막 줄에 있는 "무릎 꿇는"이라는 말이 권위에 대한 인정이나 기도를 암시한다고 생각한다). 그렇다. 그는 자신의 방식대로 살았다. 하지만 그는 결국 어디에 이르렀을까?

제자를 길러 내기 위한 성경과 교리 교육

내가 이 책에서 하려고 했던 작업을 가장 잘 묘사하는 말은 전망 제시다. 특히 내가 생각하기에 교회 안에서 신학과 성경에 대한 신학적 해석이 지닌 더 성경적이며 건전한 이미지를 회복하기 위해, 신학과 교리가 지닌 더 익숙한 이미지에 대해 이의를 제기했다. 큰 그림은 이렇다. 하나님이 그리스도를 닮은 제자들을 길러 내기 위해 그들의 모든 생각과 상상력과 실천을 사로잡으심으로써 거룩한 나라를 만들고 계신다.

한 사람이 그리스도를 닮아 가도록 돕는 일은 결코 쉽지 않다. 목회자 혹은 우리 모두가 해야 하는 일 중에서 그리스도의 장성한 분량에 이르기까지 자라는 것(엡 4:13)보다 더 중요한 일은 없을 것이다. 영생과 평화 그리고 하나님과의 사귐은 말할 것도 없고 "지혜와 지식의 모든 보화"가 그리스도 안에 "감추어져" 있기 때문이다(골 2:3). 그리스도 안에 있는 이런 복을 받는다는 것은 더 현실적인 사람이 되는 것의 문제다. 부활하신 그리스도께서는 우리가 그분 안에서 누리는 새로운 피조물과 새로운 인간성을 미리 맛보게 해주신다. 우리는 '그리스도 안에' 있는 우리의 존재와 조화를 이루는 방식으로 살아갈 때 가장 현실적인 사람이 된다. 목회자는 제자들이 현실적인 사람이 되고 참된 인간성의 원형이신 그리스도를 더 닮아 갈 수 있도록 돕는 위대한 특권과 책임을 지니고 있다.

우리가 현실적인 사람이 되고 그리스도를 더 닮아 가는 일차적인 방식은 성경과 교리를 통해서다. 더 정확히 말하면, 성경을 신학적으로, 곧 하나님이 우리의 세상 안에서 행하신 일에 관한 참된 이야기로 읽음으로써다. 우리가 역사와 교회와 우리 자신의 삶을 하나님의 임재와 활동의 장으로 보게 될수록, 교회의 독특한 성경적 상상을 더 많이 회복할 수 있을 것이다. 성경을 신학적으로 읽는 일은 교회 안에서 교회에 의해 그리고 교회를 위해, 어제와 오늘 그리고 우리가 그분처럼 되고(요일 3:2) 얼굴을 마주하고 그분을 뵙게 될(고전 13:12) 내일을 위해 이루어진다. 나는 예배의 중요성을 잊어버리지 않았다. 오히려 앞의 장들에서 보았듯이 공동 예배, 곧 말씀 선포와 주의 만찬 모두가 제자들을 형성하여 그들이 구속의 드라마에 합당한 사람이 되게 하는 방식이다.

이 책에서 나는 목회자가 성경을 신학적으로(곧, 우리를 더 높이, 더 안

들음과 행함

으로 깊이 이끌어 주는 교리의 도움을 받아) 읽는 일과 다른 이들도 그렇게 하도록 가르치는 일을 자신의 핵심적인 책무로 이해하도록 권면하려는 목적과 관련해서 몇 가지 핵심 개념을 이해할 수 있도록 도우려고 노력 했다. 이제 우리가 지금까지 다룬 내용을 살펴보려고 한다.

첫째, 성경이란 무엇인가? 성경은 우리가 누구인지, 우리가 왜 여기에 있는지, 그리고 우리가 어디로 가고 있는지에 관한 참된 이야기다. 어떤 이들은 기독교가 민중의 아편이며 환상의 섬이라고 비난하지만, 진실은 성경이 우리로 하여금 현실을 직시하게 한다는 점이다. 하나님의 말씀인 성경은 진리이며, 우리가 우리 자신을 비추어 볼 때 우리 자신의 참모습과 예수 그리스도 안에서 자신을 계시하신 하나님의 참모습을 볼 수 있는 거울이다. 다른 모든 것(다른 모든 문화적 이미지와 신화 및 사회적 상상)은 금세 사라지는 연기와 반영된 상에 불과하다.

둘째, 복음이란 무엇인가? 복음은 '기쁜 소식'을 의미한다. 우리는 그야말로 소식의 홍수 속에서 살고 있다. CNN과 여러 뉴스 채널들은 하루 24시간 뉴스를 방송한다. 하루 중 어느 때든지 언제나 '속보'가 있다. 매 순간 어딘가에서 긴급한 무엇인가가 일어나고 있다(혹은 그들은 우리가 그렇게 생각하도록 만들어서 계속 채널을 고정하게 한다). 제자들은 이런 즉각성의 폭정에 저항해야 한다. 복음 역시 속보이지만, 그와는 전혀 다르며 훨씬 더 급박한 속보다. 이것은 예수 그리스도의 위격과 사역 안에서, 그리고 그것을 통해 하나님의 나라가 우리의 세상 안으로 침투했으며 계속 침투하고 있다는 소식이다.

하나님이 역사 안에서 행동하시고 말씀하셨다는 사실은 궁극적으로 뉴스의 가치를 지니고 있다. 기독교 안에 있는 모든 것이 두 가지 전제에 기초해 있다: 하나님이 행동하셨다(보도해야 할 뉴스가 있다). 그리고 하나님이 말씀하셨다(하나님이 이 보도의 원천이시기 때문에 이 뉴스는 믿을 수 있다). 호외, 호외! (성경에서) 이 소식을 읽으라. 하나님이 세상을 바로잡으셨다!

이 소식을 듣는 것으로, 심지어는 믿는 것으로도 충분하지 않다. 복음은 우리가 그것을 정말로 믿는다면 반드시 반응을 요구하는 메시지다. 하나님이 그리스도 안에서 피조물을 새롭게 하신다는 소식을 전파하는 목적은 이 갱신의 과정에 참여하도록, 곧 행하는 사람들이 되도록 우리를 소환하는 것이다. 지금까지 살펴보았듯이, 기독교는 사상의 체계가 아니라 진리와 생명의 길이다.

셋째, 제자도란 무엇인가? 제자는 따르는 사람, 곧 기록된 말씀과 궁극적으로는 육신이 되신 말씀이신 예수 그리스도를 따르는 사람이다. 우리는 어떤 본문을 해석할 때 '단어들이 가는 길을 따라간다.' 우리는 주장을 따르거나 특정한 장소에 도달하는 방법을 따른다고 말하기도 한다. 또한 어떤 이야기를 따른다고 말하기도 한다. 누군가가 이야기를 제대로 이해하고 있는지 확신이 들지 않을 때 우리는 "내 말을 잘 따라오고 있니?"라고 묻는다. 긴 이야기 속에서 길을 잃어버릴 수도 있다. 그렇기 때문에 교회는 고대로부터 신앙의 규칙, 곧 성경의 이야기에 대한 일종의 클리프 노츠(Cliffs Notes, 명작 소설의 줄거리를 간단하게 요약해 놓은 책이다—옮긴이)를 고수해 왔다.

성경을 신학적으로 읽는 일은 제자도를 위해 필수불가결하다. 왜냐하면 성경만이 우리가 누구를 따르고 있으며 어떻게 따라야 하는지 말해 주기 때문이다. 우리는 궁극적으로 이 말씀을 위임하셨으며 동시에 이 말씀이 지칭하는 분이신 예수 그리스도를 따르기 위해서 이 말씀과 이 이야기 그리고 이 이야기의 의미에 관한 주장을 따라야 한다.

6장에서 나는 극장의 모형을 사용해서, 성경의 이야기를 따라가는 가장 중요한 방식이 그저 우리가 생각하기에 그것이 의미하는 바를 말하는 것이 아니라 우리의 존재 전체로, 곧 몸과 영혼으로 하나님의 부르심에 응답하는 것이라고 설명했다. 성경을 신학적으로 해석한다는 것은 살아서 움직이는 하나님의 말씀에 응답하는 것을 의미한다. 여기서 우리는 제자도의 드라마에 관해 말할 수 있다. 제자도는 하나님의 말씀이 우리에게 따르라고 명령하기 때문에 극적이다. 그리고 이는 독자들이 무엇인가를 결단해야 함을 의미한다("오늘 당신이 누구의 각본에 따라 연기할지 결정하라"). 성경의 이야기에서 주의 말씀이 한 사람에 임할 때, 이것이 위기를 촉발하는 경우가 많다. "사무엘아, 사무엘아"(삼상 3:10)라는 부르심은 반응을 요구한다. "나를 따라오라"(마 4:19)라는 예수의 말씀도 마찬가지다. 하나님의 말씀은 무엇을 말하든지 하나의 물음을 던진다. 당신은 듣고 순종하겠는가? 당신은 신실하게 따르고 상황에 적합하게 행동하겠는가? 엄청난 무엇인가가 걸려 있는 일이기 때문에 제자도는 극적이다. 우리는 신실한 배우가 될 것인가? 아니면 다른 어떤 각본에 따라 살고 그 각본을 재연할 것인가?

넷째, 신학이란 무엇인가? 신학은 학계 안에 자리 잡고 있는 것처럼 보이지만, 무엇보다 먼저 교회 안에 있으며 교회를 섬기는 사역이다. 신학은 하나님이 어떤 분이시며(또한 하나님 앞에서 인간은 어떤 존재이며) 하나님이 피조물 전체, 특히 인간의 마음을 새롭게 하기 위해 그리스도 안에서 무슨 일을 행하시는지 더 깊이 이해하게 함으로써 신자들을 자라도록 돕는 가르침의 사역이다. 이해를 돕는 사역으로써 신학은 전체(창조, 타락, 구속, 완성의 통일된 성경 이야기)와 부분(예수의 십자가 죽음의 의미처럼 이 이야기 안에 등장하는 핵심 인물과 사건) 사이의 관계를 다룬다. 신학은 생각과 사회적 상상 모두를 사로잡기 위해 지성과 상상력을 다룬다.

다섯째, 기독교 교리란 무엇인가? 교리는 신학의 일차적인 형태의 가르침이다. 교리는 하나님이 누구이시며 하나님이 그분의 백성을 형성하기 위해 그리스도 안에서 성령을 통해 무엇을 행하시는지에 관한 성경의 이야기를 교회가 어떻게 이해하고 있는지 말로 제시한다. 교리를 알 때 그리스도의 몸이 강해진다. 교리는 그리스도의 몸인 교회의 구성원들이 "범사에 그[그리스도]에게까지 자랄" 수 있도록 돕는다(엡 4:15). 교리를 배우는 것은 보디빌딩과 같다. 교리는 그리스도인의 삶에 필수적이다. 왜냐하면 구속의 드라마와 그 안에서 우리의 역할을 이해할 때만 "그런즉 너희가 먹든지 마시든지 무엇을 하든지 다 하나님의 영광을 위하여 하라"(고전 10:31)라는 바울의 권면에 응답할 수 있기 때문이다.

여섯째, 목회자는 누구인가? 목회자는 많은 일을 한다. 하지만 이 책에서는 그 대부분이 말을 함으로써든(설교, 가르침, 상담, 기도), 그것을 재연함으로써든(성만찬 집례, 심방) 하나님의 말씀을 전하는 일과 관계가 있다고 주장했다. 이 책에서는 제자를 삼는 사람으로서 목회자의 역할, 혹은 내가 다른 책에서 "공공 신학자"(사람들과 더불어, 그리고 그들을 위해 신학을 하는 사람)의 책무라고 불렀던 것을 강조했다.[2]

엄밀히 말해서, 삼위일체 하나님만이 제자를 길러 내실 수 있다. 예수께서 말씀하시듯이, 그분을 따르는 이들은 "성령으로 난"(요 3:8) 사람들이기 때문이다. 목회자에게는 사람들을 거듭나게 하거나 거룩하게 만드는 능력이 없다. 하지만 하나님은 그분의 지혜로 토마스 아퀴나스(Thomas Aquinas)가 "이차적인 원인"이라고 부르는 것, 곧 일차적인 원인을 돕는 요인 혹은 일차적인 원인이 효력을 발휘하는 수단을 사용하셔서 제자들을 길러 내기로 결정하셨다.

승천하신 그리스도께서 목회자-교사를 교회에 선물로 주셨다는 바울의 말을 앞에서 인용했다(엡 4:11-16). 성경과 교회, 그리고 교회의 전통과 목회자는 기독교 교리와 더불어 제자도의 소중한 조력자다. 곧 "그리스도의 몸을 세우-"고(12절), "범사에 그에게까지 자"라며(15절), 그리스도를 배우도록(20절) 도와주는 조력자다.

엔진은 특정한 과정의 매개체나 도구이며, 힘을 운동으로 전환하는 기계다. 목회자는 하나님의 말씀을 듣는 것(진리의 능력)을 하나님의 말씀을 행하는 것(진리 안에서 걷기)으로 전환하는 엔진이다. 하나님의 말씀과 그것에 대한 이해를 가르침으로써 제자들이 진리 안에서 걷도록 돕는 것이 목회자의 특권이자 책임이다. 신자들이 듣고 이해하며, 그런 다음 합당한 바를 행함으로써 이 이해를 드러내도록 도울 때, 목회자는 이차적인 원인과 은혜의 수단, 곧 영적인 건강과 영원한 건강으로 이끄는 구원 은혜의 수단이 된다.

영광의 극장인 교회

"나는 내 방식대로 살았다"는 제자가 부르거나 말하기에 적합한 구절
이 아니라. 웨스트민스터 소요리문답에 따르면, 인간의 삶의 주된 목적
이자 최고의 선은 나 자신의 이름을 널리 알리기 위해 내 방식대로 사
는 것이 아니라 "하나님을 영화롭게 하고 영원히 그분 안에서 기뻐하
는 것"이다.[3] 제자들을 복음의 시민권, 그리스도를 닮은 삶, 그리고 거룩
함이라는 목적에 합당하도록 훈련하는 주된 목적은 하나님을 영화롭게
하는 것이다.

하나님을 영화롭게 한다는 것은 제자가 해야 할 일의 목록에 항목
하나를 더 추가하는 것을 의미하지 않는다. 하나님을 영화롭게 한다는
것은 제자가 하는 다른 모든 일에 더해지는 또 하나의 활동이 아니다.
오히려 우리는 이런 활동과 행위를 진심 어린 제물로 주님께 내드림으
로써 다른 모든 것 안에서, 그것에 의해, 그리고 그것을 통해 하나님을
영화롭게 한다. "그런즉 너희가 먹든지 마시든지 무엇을 하든지 다 하
나님의 영광을 위하여 하라"(고전 10:31).

하나님을 영화롭게 하는 것이 개별적인 활동이 아니듯이, 하나님의
영광도 그분의 개별적인 속성이 아니다. 하나님의 영광은 그분의 완전
하심과 탁월하심이 공적으로 나타나고 드러나는 것이다. 예수께서는
하나님의 속성을 드러내시기 때문에 "하나님의 영광의 광채"(히 1:3)이

들음과 행함

시다. 인간성을 취하신 하나님의 아들로서 예수께서 말씀하시고 행하시고 고통당하신 모든 것이 하나님의 속성을 드러내며, 이로써 하나님을 영화롭게 하셨다. "말씀이 육신이 되어 우리 가운데 거하시매 우리가 그의 영광을 보니"(요 1:14). 마찬가지로, 예수의 발자취를 따르는 제자들은 그들이 그리스도를 닮는 만큼 하나님을 영화롭게 한다.

결국 이것이 여러 다른 종류의 건강함에 대한 최종적인 목적이다. 교회를 세우고, 복음 안에 있는 우리의 시민권에 합당한 삶을 살며, 거룩함을 기르고 그리스도를 닮은 사람이 되려는 이유는 궁극적으로 하나님을 영화롭게 하기 위해서다.

목회자-신학자의 위대한 특권과 책임은 그들이 행하는 모든 일에서 하나님을 영화롭게 하는 제자들을 길러 내는 것이다. 그와 마찬가지로, 제자를 길러 내는 목회자-신학자의 일도 하나님의 영광을 위한 것이다. 한 사람이 거룩함 안에서 성장함으로써 하나님께 영광을 돌리는 것 말고 다른 어떤 반응이 존재하겠는가?

물론 제자도의 길은 결코 끝나지 않는다. 우리가 살아 있는 한 언제나 한 걸음을 더 내디뎌야 한다. 따라서 우리는 아직 목적지에 도달하지 못했다. "이생에서 그리스도인의 성숙은 그가 장차 올 세상에서 그리스도의 완벽한 인성으로 변화될 때 비로소 실현된다."[4] 하지만 우리는 목적지를 향해 가고 있으며, 그 목적지는 그리스도 안에서 이미 우리의 것이다. 우리가 우리 앞에 당한 경주에 인내와 기쁨으로 임할 수 있는 것은 우리의 믿음을 온전하게 하시는 분이 우리 안에서 살고 계시기 때문이다(히 12:1-2). 결승선뿐 아니라 달려가는 길에도 영광이 있다(골 3:1-4). "우리가 다 수건을 벗은 얼굴로 거울을 보는 것같이 주의 영광을 보매 그와 같은 형상으로 변화하여 영광에서 영광에 이르니" (고후 3:18).

여기에 경이가 있다. "하나님은 우리를 영화롭게 하심으로써 당신 자신께 최고의 영광을 돌리신다."[5] 하나님의 계획은 제자들을 영화롭게 하심으로써 당신 자신을 영화롭게 하시는 것이다. "또 미리 정하신 그들을 또한 부르시고 부르신 그들을 또한 의롭다 하시고 의롭다 하신 그들을 또한 영화롭게 하셨느니라"(롬 8:30). 제자들은 본래 그들이 창조된 목적, 곧 하나님의 형상으로 창조된 목적을 실현할 때 하나님을 영화롭게 한다. 하나님만이 빛이시며, 그리스도만이 세상의 빛이시다. 하지만 제자들이 예수처럼 될 때까지 그분을 따를 때, 그들은 작은 빛, 곧 하나님의 빛에 참여하는 이들이 된다. "이를 위하여 우리의 복음으로 너희를 부르사 우리 주 예수 그리스도의 영광을 얻게 하려 하심이니라"(살후 2:14).

실제로 이는 어떤 모습일까? 지상의 도성에서 선한 시민권을 무시해서는 안 된다. 하지만 그것은 우리의 궁극적인 소명이 아니다. 히브리서 기자의 말처럼, "우리가 여기에는 영구한 도성이 없으므로 장차 올 것을 찾"는다(히 13:14). 그렇기 때문에 바울은 그리스도께서 계시는 "위의 것을 찾으라"(골 3:1)고 골로새인들에게 권면한다. 우리는 천국과 새 예루살렘의 시민에게 합당한 삶을 살 때 하나님께 영광을 돌린다. 하지만 지금 여기에서 제자들이 성경과 교리에 귀를 기울일 때, 복음의 극단으로서 그들의 공동생활은 영광의 극장이 되며 장차 올 더 큰 영광을

들음과 행함

기대할 수 있게 한다.

제자들은 예수 그리스도의 길, 곧 진리와 생명 그리고 지혜와 번영의 길을 따름으로써 목적에 합당한 사람이 된다. 이것이 곧 좋은 소식이 가리키는 좋은 길이다. 요한은 자신의 세 번째 편지에서 이렇게 말한다. "사랑하는 자여, 네 영혼이 잘됨같이 네가 범사에 잘되고 강건하기를 내가 간구하노라"(요삼 1:2). 이것이 내가 이 책 처음부터 염두에 두었던 '잘됨'(건강)이다. 이에 해당하는 헬라어 단어는 εὐοδόω다. εὐαγγέλιον("복음")에 있는 것과 동일한 접두사 εὐ가 붙은 단어다. 따라서 이 말씀은 이 책에 대한 합당한 결론이다. 제자들이 복음의 메시지를 듣고 행할 때만 "잘되고" 잘 살 수 있음을 상기시키기 때문이다.

"나는 내 방식대로 살았다"가 아니다. "나는 그분의 방식대로, 내게 힘을 주시는 그분을 통해 살았다"이다. 이것이 대위임과 모든 그리스도인을 향한 예수의 부르심("나를 따라오라")에 합당한 반응이다. 이것은 훨씬 더 나은 반응, 곧 "잘하였도다. 착하고 충성된 종아"(마 25:21)라는 예수의 반응을 이끌어 낼 합당한 반응이다.

주

머리말

1 다른 두 책은 *Faith Speaking Understanding: Performing the Drama of Doctrine* (Louisville: Westminster John Knox, 2014)(『이해를 이야기하는 믿음』 [부흥과개혁사])과 *Pictures, at a Theological Exhibition: Scenes of the Church's Worship, Witness and Wisdom* (Downers Grove, IL: IVP Academic, 2016)이다. 이 3부작을, 내가 오언 스트래헌 (Owen Strachan)과 공저한 책으로서 목회자에게 신학자로서의 소명을 되찾으라고 촉구 했던 *The Pastor as Public Theologian: Reclaiming a Lost Vision* (Grand Rapids: Baker Academic, 2015)과 혼동해서는 안 된다. (『목회자란 무엇인가』 포이에마)

2 Kevin J. Vanhoozer, Charles A. Anderson, and Michael J. Sleasman, eds., *Everyday Theology: How to Read Cultural Texts and Interpret Trends* (Grand Rapids: Baker Academic, 2007). (『문화신학』 부흥과개혁사)

3 Dietrich Bonhoeffer, *The Cost of Discipleship* (London: SCM, 1959), 44-45. (『나를 따르라』 복 있는 사람)

4 나는 찰스 테일러가 근대 세계에 대한 자신의 권위 있는 연구서인 *A Secular Age* (Cambridge, MA: Belknap Press of Harvard University Press, 2007)에서 "사회적 상상"이라 고 부른 것이 지닌 힘을 염두에 두고 있다. 테일러의 사상을 간결하게 요약한 내용을 보려 면 James K. A. Smith, *How (Not) to Be Secular: Reading Charles Taylor* (Grand Rapids: Eerdmans, 2014)를 참조하라. 테일러의 사상을 교회의 사역에 적용한 예를 보려면, 콜 린 핸슨(Collin Hansen)이 편집한 *Our Secular Age: Ten Years of Reading and Applying Charles Taylor* (Deerfield, IL: The Gospel Coalition, 2017)를 참조하라.

5   Tony Reinke, *12 Ways Your Phone Is Changing You* (Wheaton, IL: Crossway, 2017), Andy Crouch, *The Tech-Wise Family: Everyday Steps for Putting Technology in Its Proper Place* (Grand Rapids: Baker Books, 2017).

6   나는 자녀들을 제자로 길러 내는 일에 관한 지침서를 찾는 부모에게 Dillon T. Thornton, *Give Them Jesus: Raising Our Children on the Core Truths of the Christian Faith* (New York: FaithWords, 2018)를 추천한다. 자녀들이 현대 문화를 이해하도록 도와주는 지침서를 찾는 부모에게는 John Stonestreet, Brett Kunkle, *A Practical Guide to Culture: Helping the Next Generation Navigate Today's World* (Colorado Springs: David C. Cook, 2017)를 추천한다.

7   내가 쓴 책 *The Drama of Doctrine: A Canonical-Linguistic Approach to Christian Theology* (Louisville: Westminster John Knox, 2005), 374-76을 보라. (『교리의 드라마』 부흥과개혁사)

들어가며: 교리에서 제자도로

1   John G. Stackhouse Jr., *Making the Best of It: Following Christ in the Real World* (Oxford: Oxford University Press, 2008), 5. 스택하우스의 물음은 "오늘날 우리에게 그리스도는 참으로 어떤 분이신가"라고 했던 본회퍼의 유명한 언급에 대한 변주다(Letter to Eberhard Bethge, April 30, 1944, in Dietrich Bonhoeffer, *Letters and Papers from Prison*, ed. Eberhard Bethge, rev. ed. [New York: Touchstone, 1997], 279). (『옥중서신』 복 있는 사람)

2   "Our Mission", Outward Bound, https://www.outwardbound.org/about-outward-bound/outward-bound-today/(2018년 6월 23일에 접속함).

3   William Ames, *The Marrow of Theology* (Grand Rapids: Baker Books, 1968), 77. (『신학의 정수』 CH북스)

4   C. S. Lewis, *Mere Christianity* (New York: Touchstone, 1996), 199. (『순전한 기독교』 홍성사)

5   나는 이것이 신학자들의 책임인 경우도 많다는 점을 인정한다. 예를 들어, *New Dictionary of Theology: Historical and Systematic*, 2nd ed. (Downers Grove, IL: IVP Academic, 2016)에 제자도를 다룬 표제어가 없다는 점은 실망스럽다. (『IVP 신학사전』 아가페)

6   John Webster, "Discipleship and Calling", *Scottish Bulletin of Evangelical Theology 23* (2005): 138.

제1부 준비 운동: 왜 제자도가 중요한가

1장 제자 삼기에서 신학의 역할

1 Dana Stevens, "Robot Wisdom: Wall-E Reviewed", *Slate*, June 26, 2008, http://www.slate.com/articles/arts/movies/2008/06/robot_wisdom.html. 또 다른 비평가는 이 영화가 '소비문화'에 대한 대담한 공격이라고 말한다(Joe Romm, "Wall-E Is an Eco-dystopian Gem-an Anti-consumption Movie(from Disney!)", ThinkProgress, July 16, 2008, https://thinkprogress.org/wall-e-is-an-eco-dystopian-gem-an-anti-consumption-movie-from-disney-eacc10a75b76/).

2 내가 쓴 글 "The Discarded Imagination: Metaphors by Which a Holy Nation Lives", *Pictures at a Theological Exhibition: Scenes of the Church's Worship, Witness and Wisdom* (Downers Grove, IL: IVP Academic, 2016), 17-46을 보라.

3 Walter Brueggemann, *The Prophetic Imagination*, 2nd ed. (Minneapolis: Fortress, 2001), 83. (『예언자적 상상력』 복 있는 사람)

4 Charles Taylor, *A Secular Age* (Cambridge, MA: Belknap Press of Harvard University Press, 2007), 171.

5 근원적인 은유에 관해서는 Stephen C. Pepper, *World Hypothesis: A Study in Evidence* (Berkley: University of California Press, 1970), 5장을 보라.

6 Peter Berger, *The Sacred Canopy* (Garden City, NY: Doubleday, 1967). (『종교와 사회』 종로서적)

7 Taylor, *A Secular Age*, 172.

8 Minucius Felix, *Octavius 30, Ante-Nicene Fathers*, ed. Alexander Roberts, James Donaldson, and A. Cleveland Coxe (Buffalo, NY: Christian Literature, 1885), 4:192, rev. Kevin Knight, New Advent, http://www.newadvent.org/fathers/0410.htm을 보라. 또한 Athenagoras, *Plea for the Christians* 35를 보라.

2장 북미의 사회적 상상 이해하기

1 Richard B. Hays, *The Faith of Jesus Christ: The Narrative Substructure of Galatians 3:1-4:11*, 2nd ed. (Grand Rapids: Eerdmans, 2002). (『예수 그리스도의 믿음』 에클레시아북스)

2 Eugene H. Peterson, *The Message: The New Testament in Contemporary Language* (Colorado Springs: NavPress, 1993), 459. (『메시지』복 있는 사람)

3 Richard B. Hays, *The Moral Vision of the New Testament: A Contemporary Introduction to New Testament Ethics* (San Francisco: HarperSanFrancisco, 1996), 299. (『신약의 윤리적 비전』IVP)

4 예를 들어, Carl Cederström and André Spicer, *The Wellness Syndrome* (Cambridge: Polity, 2015)(『건강 신드롬』[민들레])과 William Davies, *The Happiness Industry: How the Government and Big Business Sold Us Well-Being* (London: Verso, 2015)(『행복 산업』 [동녘])을 보라.

5 "About Us", Global Wellness Institute, https://globalwellnessinstitute.org/about-us/ (2018년 6월 28일에 접속함).

6 "History of Wellness", Global Wellness Institute, https://globalwellnessinstitute.org/ industry-research/history-of-wellness/(2018년 6월 28일에 접속함).

7 '세계 보건 기구 헌장'(Constitution of the World Health Organization)에 부치는 서문, World Health Organization, October 2006, http://www.who.int/governance/eb/who_ constitution_en.pdf.

8 Deepak Chopra, *Perfect Health: The Complete Mind/Body Guide*, rev. ed. (New York: Three Rivers Press, 2000), 7. (『완전한 건강』화동출판사)

9 디팩 초프라의 트위터(2014년 9월 25일, 오전 12:20), https://twitter. com/deepakchopra/ status/515038027367059456?lang=en(2018년 7월 13일에 접속함).

10 그것이 이데올로기, 곧 그것으로 이윤을 얻는 산업의 이익에 봉사하는 사상과 가치, 실천의 묶음이 되었다고 덧붙일 수도 있을 것이다. 또한 새로운 "삶의 도덕"(biomorality), 곧 "행복하고 건강해야 한다는 도덕적인 요구"에 관해 우려하는 사람들도 있다(Cederström and Spicer, *Wellness Syndrome*, 5).

11 Barbara Ehrenreich, *Natural Causes: An Epidemic of Wellness, the Certainty of Dying, and Killing Ourselves to Live Longer* (New York: Twelve, 2018). (『건강의 배신』부키)

12 그가 죽기 불과 두 달 전에 발표된 「뉴욕 타임스 매거진」의 기사에서는 "로데일에 따른 복음"에 관해 이야기한다: Wade Green, "Guru of the Organic Food Cult", *New York Times Magazine*, June 6, 1971, https://www.nytimes.com/1971/06/06/archives/guru-of-the-organic-food-cult-guru-of-the-organic-food-cult.html.

13 Elisabeth Rosenthal, *An American Sickness: How Healthcare Became Big Business and How You Can Take It Back* (New York: Penguin, 2017), 1.

14 Carl Elliott, *Better than Well: American Medicine Meets the American Dream* (New York: Norton, 2003), xxi.

15 미용에 관한 매혹적인 사회사를 보려면 Kathy Peiss, *Hope in a Jar: The Making of America's Beauty Culture* (University Park: University of Pennsylvania Press, 2011)를 참조하라.

16 Elliott, *Better than Well*, 53.

17 Atul Gawande, *Being Mortal* (New York: Metropolitan, 2014), 9. (『어떻게 죽을 것인가』 부키)

18 위의 책, 23.

19 가완디의 말을 들어 보라. "나의 할아버지와 같은 사람들이 기댈 수 있었던 것(그분이 그분 자신의 선택을 할 수 있도록 언제나 그 자리에 있어 준 거대한 확대 가족)이 없는 상황에서 우리 시대의 노인들에게 주어진 것은 통제와 감독을 받는 시설 안에서의 생존과, 고칠 수 없는 문제에 대한 의료적인 대응과, 안전을 위해 계획되었지만 그들이 중요하게 여기는 것은 아무것도 남아 있지 않은 삶이다"(위의 책, 108-9).

20 위의 책, 128.

21 John Swinton and Richard Payne, eds., *Living Well and Dying Faithfully: Christian Practices for End-of-Life Care* (Grand Rapids: Eerdmans, 2009)와 Matthew Levering, *Dying and the Virtues* (Grand Rapids: Eerdmans, 2018)를 보라.

22 Edith Wharton, *A Backward Glance* (New York: Charles Scribner's Sons, 1964), 365.

23 Kima Cargill, "The Psychology of Food Cults", in *Food Cults: How Fads, Dogma, and Doctrine Influence Diet*, ed. Kima Cargill (Lanham, MD: Rowman & Littlefield, 2017), 7.

24 위의 책, 12.

25 Louise Foxcroft, *Calories and Corsets: A History of Dieting Over 2,000 Years* (London: Profile, 2011), 195–96. (『칼로리 앤 코르셋』 삼화)

26 나는 거짓 약속에 관한 이 사례를 Leihann R. Chaffee and Corey L. Cook, "The Allure of Food Cults: Balancing Pseudoscience and Healthy Skepticism", in Cargill, *Food Cults*, 22에서 인용했다.

27 Hillel Schwartz, *Never Satisfied: A Cultural History of Diets, Fantasies, and Fat* (New

들음과 행함

York: Free Press, 1986).

28 Harvey Levenstein, *Fear of Food: A History of Why We Worry about What We Eat* (Chicago: University of Chicago Press, 2013). (『음식 그 두려움의 역사』 지식트리)

29 Susan Yager, *The Hundred Year Diet: America's Voracious Appetite for Losing Weight* (New York: Rodale, 2010).

30 더 자세한 논의를 위해서는 Marion Nestle, *Food Politics: How the Food Industry Influences Nutrition and Health*, rev. ed. (Berkeley: University of California Press, 2013) 를 보라. (『식품 정치』 고려대학교출판부)

31 T. Colin Campbell and Thomas M. Campbell II, *The China Study: The Most Comprehensive Study of Nutrition Ever Conducted and the Startling Implications for Diet, Weight Loss and Long-Term Health* (Dallas: Benbella, 2006), 1. (『무엇을 먹을 것인 가』 열린과학)

32 John Robbins, foreword to Campbell and Campbell, *The China Study*, xvii.

33 Campbell and Campbell, *The China Study*, 2.

34 위의 책, 7.

35 예를 들어, Denise Minger, "The China Study: Fact or Fallacy?", July 7, 2010, https://deniseminger.com/2010/07/07/the-china-study-fact-or-fallac/를 보라. 밍거는 *Death by Food Pyramid: How Shoddy Science, Sketchy Politics, and Shade Special Interests Ruined Your Health⋯⋯and How to Reclaim It!* (Malibu, CA: Primal Blueprint, 2013) 의 저자다.

36 Valter Longo, *The Longevity Diet: Discover the New Science Behind Stem Cell Activation and Regeneration to Slow Aging, Fight Disease, and Optimize Weight* (New York: Avery, 2018). (『단식 모방 다이어트』 지식너머)

37 위의 책, 39.

38 위의 책, 39.

39 Richard Watson, *The Philosopher's Diet: How to Lose Weight and Change the World*, rev. ed. (Boston: Nonpareil, 1998), 10.

40 *The Mayo Clinic Diet* (Intercourse, PA: Good Books, 2012), 13.

41 위의 책, 33. 마르틴 루터는 원래 이렇게 말했다. "당신은 새들이[유혹이] 당신의 머리 위로 날아오는 것을 막을 수 없지만, 당신의 머리카락 안에 둥지를 트는 것은 막을 수 있다."

42 Foxcroft, *Calories and Corsets*, 15에서 재인용함.

43 Shelly McKenzie, *Getting Physical: The Rise of Fitness Culture in America* (Lawrence: University Press of Kansas, 2013), 2.

44 위의 책, 8.

45 위의 책, 8.

46 Eric Chaline, *The Temple of Perfection* (London: Reaktion, 2015), 9.

47 더 자세한 논의를 보려면 Barry Glassner, "Fitness and the Postmodern Self", *Journal of Health and Social Behavior* 30 (1989): 180-91을 참조하라. 글래스너는 다음과 같이 지적한다. "헬스클럽과 가정에 있는 운동 기구들은 환영(simulacra)이다.…… 그 사용자들이 동경하는 몸처럼, 그 기구들은 기술에 의해 유도된 복제물의 복제물이다"(184쪽).

48 Peter Wyden, *The Overweight Society* (New York: Pocket Books, 1965), vii.

49 McKenzie, *Getting Physical*, 56.

50 Wyden, *The Overweight Society*, 17.

51 J. N. Morris et al., "Coronary Heart-Disease and Physical Activity of Work", *Lancet* 262, no. 6796 (1953): 1111-20을 보라.

52 추가적인 논의를 보려면 Fred Rohe, *The Zen of Running* (New York: Random House, 1975)과 Larry Shapiro, *Zen and the Art of Running: The Path to Making Peace with Your Pace* (Avon, MA: Adams Media, 2009)를 참조하라.

53 Chaline, *Temple of Perfection*, 224.

54 위의 책, 206.

55 Anastasia Toufexis, "The Shape of the Nation", *Time*, June 24, 2001, http://content.time.com/time/magazine/article/0,9171,142502,00.html.

56 McKenzie, *Getting Physical*, 177.

57 George H. Bender, "Physical Fitness Problem Faces Young Americans", *This Week in Washington*, August 27, 1955, 1(President's Council on Physical Fitness Records).

58 Dorothy Stull, "Conference at Annapolis: First Blow for Fitness", *Sports Illustrated*, July 2, 1956, 22-24.

59 또한 역대하 25:5("창과 방패를 잡고 능히 전장에 나갈 만한")과 26:11("웃시야에게 또 싸우는 군사가 있으니…… 나가서 싸우는 자라")을 보라.

60 고대 그리스에서 '가장 중요한 사회적 기관'이었던 체육관에 관해 알려면 Chaline,

들음과 행함

Temple of Perfection, 15-49를 보라.

61 Michael Mullen, "On Total Force Fitness in War and Peace", *Military Medicine* 175 (August Supplement 2010): 1을 보라. 또한 "Total Force Fitness: Your Roadmap to Peak Performance", Uniformed Services University, Consortium for Health and Military Performance, February 26, 2018, https://www.hprc-online.org/articles/total-force-fitness-your-roadmap-to-peak-performance를 보라.

62 Murray, "On Total Force Fitness", 2.

63 Douglas Young and Margaret T. Martin, *Spiritual Fitness and Resilience*, Rand Corporation, 2013, 5, https://www.rand.org/content/dam/rand/pubs/research_reports/RR100/RR100/RAND_RR100.pdf.

64 "What Is CrossFit?", CrossFit, https://www.crossfit.com/what-is-crossfit(2018년 7월 2일에 접속함).

65 McKenzie, *Getting Physical*, 180.

66 위의 책, 180.

3장 목적에 적합한 제자 삼기의 첫 단계

1 Robert H. Gundry, *Commentary on the New Testament: Verse-by-Verse Explanations with a Literal Translation* (Peabody, MA: Hendrickson, 2010), 840.

2 John Webster, "Discipleship and Obedience", *Scottish Bulletin of Evangelical Theology* 24, no. 1 (2006): 18.

3 '경륜'에 해당하는 헬라어 단어는 οἰκονομία(엡 1:10, 3:2; 9)이며, "계획"이나 "청지기직", 더 문자적으로는 "가정의 법"을 의미한다.

4 예수께서는 두 아들에 관한 비유에서 이 점을 예리하게 지적하신다(마 21:28-32).

5 Gundry, *Commentary on the New Testament*, 29를 보라.

6 Webster, "Evangelical Freedom", in *Essays in Christian Dogmatics*, vol. 2, *Confessing God*, 2nd ed. (London: Bloomsbury T&T Clark, 2016), 223.

7 Webster, "Evangelical Freedom", 225.

8 Nicholas Lash, *Voices of Authority* (London: Sheed and Ward, 1976), 24.

9 Dietrich Bonhoeffer, *Discipleship*, ed. Geffrey B. Kelly and John D. Godsey, trans. Barbara Green and Reinhard Krauss, Dietrich Bonhoeffer Works 4 (Minneapolis:

Fortress, 2001), 59. (『나를 따르라』 복 있는 사람)

10 *The Mayo Clinic Diet* (Intercourse, PA: Good Books, 2012), 13.

11 James K. A. Smith, *Desiring the Kingdom: Worship, Worldview, and Cultural Formation* (Grand Rapids: Baker Academic, 2009), 53. (『하나님 나라를 욕망하라』 IVP)

12 상상력과 제자도에 관해 더 자세한 논의를 보려면, 내가 쓴 글 "In Bright Shadow: C. S. Lewis on the Imagination for Theology and Discipleship", in *The Romantic Rationalist: God, Life, and the Imagination in the Work of C. S. Lewis*, ed. John Piper and David Mathis (Wheaton, IL: Crossway, 2014), 81-104를 참조하라.

13 스미스의 문화적 예전 기획에 관한 유익한 논의를 보려면 Ryan Jackson, "A Pauline Strategy for Challenging Cultural Liturgies: Making Corinthian Disciples", *Bulletin of Ecclesial Theology* 3, no. 1 (2016): 65-85, David S. Morlan, "A Review of James K. A. Smith's Cultural Liturgies Series", *Bulletin of Ecclesial Theology* 3, no. 1 (2016): 1-13 을 참조하라.

14 John Webster, "Discipleship and Calling", *Scottish Bulletin of Evangelical Theology* 23 (2005): 140.

15 Webster, "Discipleship and Obedience", 6.

16 "Physical Activity", Health.gov, https://health.gov/paguidelines/default.aspx (2018년 7월 11일에 접속함).

4장 제자도를 위한 교리

1 Eric Chaline, *The Temple of Perfection* (London: Reaktion, 2015), 13.

2 아리스토텔레스기 쓴 『국가』 제3권의 논의를 보라.

3 E. D. Hirsch Jr., *Cultural Literacy: What Every American Needs to Know* (New York: Vintage, 1988), xiii.

4 Keith L. Johnson, *Theology as Discipleship* (Downers Grove, IL: IVP Academic, 2015), 12. 또한 존슨의 동료인 베스 펠커 존스(Beth Felker Jones)가 쓴 *Practicing Christian Doctrine: An Introduction to Thinking and Living Theologically* (Grand Rapids: Baker Academic, 2014)를 보라. 이 책에서 존스는 "교리와 제자도는 언제나 함께 간다"고 주장한다(4쪽).

5 Johnson, *Theology as Discipleship*, 13.

6 위의 책, 15.

7 Trevin K. Wax, *Eschatological Discipleship: Leading Christians to Understand Their Historical and Cultural Context* (Nashville: B&H Academic, 2018), 28.

8 위의 책, 34.

9 왁스는 세 가지 경쟁적인 종말론, 곧 계몽주의적 자연주의와 성적 혁명, 그리고 소비주의에 대해 검토한다(위의 책, 99-187).

10 Johnson, *Theology as Discipleship*, 147.

11 더 자세한 논의를 보려면, 내가 쓴 글 "From Bible to Theology: Learning Christ", in *Theology, Church, and Ministry: A Handbook for Theological Education*, ed. David Dockery (Nashville: B&H Academic, 2017), 233-56을 참조하라.

12 Michael Legaspi, *The Death of Scripture and the Rise of Biblical Studies* (Oxford: Oxford University Press, 2010).

13 나는 "Interpreting Scripture between the Rock of Biblical Studies and the Hard Place of Systematic Theology: The State of the Evangelical (Dis)Union", *Renewing the Evangelical Mission*, ed. Richard Lints (Grand Rapids: Eerdmans, 2013), 211-14에 처음으로 발표했던 더 긴 목록에서 이 일곱 가지 논제를 빌려 왔으며, 또한 이를 수정했다.

14 Murray Rae, "On Reading Scripture Theologically", *Princeton Theological Review* 14, no. 1 (2008): 23.

15 "Introduction to F3", F3, https://f3nation.com/new-to-f3/(2018년 7월 14일에 접속함).

16 Ignatius, *The Spiritual Exercises of St. Ignatius*, trans. Louis J. Puhl (Chicago: Loyola Press, 1968), 1.1 (1). (『로욜라의 성 이냐시오의 영신 수련』 이냐시오 영성연구소)

17 Hans Urs von Balthasar, *Theo-Drama, Volume 2: Dramatis Personae: Man in God*, trans. Graham Harrison, vol. 2 (San Francisco: Ignatius Press, 1990), 167-68.

18 Joe Rigney, *Lewis on the Christian Life: Becoming Truly Human in the Presence of God* (Wheaton, IL: Crossway, 2018), 29.

19 루터가 『그리스도인의 자유』를 이그나티우스의 『영신 수련』과 거의 같은 시기(1520년대)에 발표했다는 사실은 주목할 만하다.

20 Tim Muldoon, *The Ignatian Workout: Daily Exercises for a Healthy Faith* (Chicago: Loyola Press, 2004), xii.

21 더 자세한 논의를 보려면, Bob Smietana, "Mending Men's Ministry: How to Disciple in

an Era of Male Floundering", *Christianity Today*, June 2018, 26-32를 참조하라.

22 Eugene Peterson, *Eat This Book: A Conversation in the Art of Spiritual Reading* (Grand Rapids: Eerdmans, 2006), 4. (『이 책을 먹으라』 IVP)

23 Institute for Bible Reading website, https://instituteforbiblereading.org(2018년 7월 17일에 접속함).

24 Glenn Paauw, *Saving the Bible from Ourselves: Learning to Read and Live the Bible Well* (Downers Grove, IL: InterVarsity Press, 2015), 11.

25 위의 책, 15.

26 위의 책, 15.

27 위의 책, 168.

28 위의 책, 180.

29 Brian J. Wright, *Communal Reading in the Time of Jesus: A Window into Early Christian Reading Practices* (Minneapolis: Fortress, 2017), 207.

30 Tertullian, *Apology*, trans. T. R. Glover, Loeb Classical Library (Cambridge, MA: Harvard University Press, 1931), 39.3 (175).

31 Brian Wright, interview with *Christianity Today*, May 2018, 64.

32 Wright, interview, 64.

33 J. de Waal Dryden, *A Hermeneutic of Wisdom: Recovering the Formative Agency of Scripture* (Grand Rapids: Baker Academic, 2018), xvi.

34 위의 책, xvii.

35 위의 책, 4.

제2부 운동: 제자도는 어떻게 일어나는가

5장 교회의 안과 의사이자 일반의인 목회자

1 Kevin J. Vanhoozer and Owen Strachan, *The Pastor as Public Theologian: Reclaiming a Lost Vision* (Grand Rapids: Baker Academic, 2015). (『목회자란 무엇인가』 포이에마)

2 더 자세한 논의를 보려면, Graham Hill, *Salt, Light, and a City: Ecclesiology for the Global Missional Community*, 2nd ed., Western Voices 1 (Eugene, OR: Cascade, 2017)을 참조하라.

3 이런 주장에 대해 알려면, Brad S. Gregory, *The Unintended Reformation: How a Religious Revolution Secularized Society* (Cambridge, MA: Belknap Press of Harvard University Press, 2012)를 보라. 이에 대한 반박을 보려면, 내가 쓴 책 *Biblical Authority after Babel: Retrieving the Solas in the Spirit of Mere Protestant Christianity* (Grand Rapids: Brazos, 2016)를 보라.

4 Robert McAfee Brown, *The Spirit of Protestantism* (Oxford: Oxford University Press, 1965).

5 Philip Schaff, *The Creeds of Christendom*, as cited by Brown, *Spirit of Protestantism*, 15.

6 웨스트민스터 신앙 고백 1.10.

7 Jaroslav Pelikan, *The Christian Tradition: A History of the Development of Doctrine*, vol. 1, *The Emergence of the Catholic Tradition, 100-600* (Chicago: University of Chicago Press, 1971), 1. (『고대교회 교리사』 CH북스)

8 C. S. Lewis, *Mere Christianity* (New York: Touchstone, 1996), 199. (『순전한 기독교』 홍성사)

9 Dallas Willard, *The Great Omission: Reclaiming Jesus' Essential Teachings on Discipleship* (San Francisco: HarperSanFrancisco, 2006), xv. (『잊혀진 제자도』 복 있는 사람)

10 John Leith, *The Reformed Imperative: What the Church Has to Say that No One Else Can Say* (Louisville: Westminster John Knox, 1988).

11 Christoph Schwöbel, "The Creature of the Word: Recovering the Ecclesiology of the Reformers", in *On Being the Church: Essays on the Christian Community*, ed. Colin E. Gunton and Daniel W. Hardy (Edinburgh: T&T Clark, 1989), 110-55.

12 John Webster, "The Self-Organizing Power of the Gospel of Christ: Episcopacy and Community Formation", *International Journal of Systematic Theology* 3, no. 1 (2001): 69-82.

13 Robert Louis Wilken, "The Church as Culture", *First Things*, April 2004, https://www.firstthings.com/article/2004/04/the-church-as-culture.

14 C. S. Lewis, "Is Theology Poetry?", in *The Weight of Glory* (1949; repr., San Francisco: HarperOne, 2001), 140. (『영광의 무게』 홍성사)

15 Charles Taylor, *Modern Social Imaginaries* (Durham, NC: Duke University Press, 2004), 23. (『근대의 사회적 상상』 이음)

16 Taylor, *Modern Social Imaginaries*, 2. 또한 그의 책 *A Secular Age* (Cambridge, MA: Belknap Press of Harvard University Press, 2007), 특히 4장을 보라.

17 George MacDonald, "The Imagination", in *A Dish of Orts* (London: Sampson Low Marston & Company, 1893), 2.

18 Alan R. White, *The Language of Imagination* (Oxford: Blackwell, 1990), 184.

19 위의 책, 190.

20 Grant Wacker, "The Demise of Biblical Civilization", in *The Bible in America: Essays in Cultural History*, ed. Nathan O. Hatch and Mark A. Noll (Oxford: Oxford University Press, 1982), 125.

21 Richard B. Hays, *The Moral Vision of the New Testament: A Contemporary Introduction to New Testament Ethics* (San Francisco: HarperSanFrancisco, 1996), 299. (『신약의 윤리적 비전』 IVP)

22 George Lakoff and Mark Johnson, *Metaphors We Live By* (Chicago: University of Chicago Press, 1980). (『삶으로서의 은유』 박이정)

23 William H. Willimon, *Pastor: The Theology and Practice of Ordained Ministry* (Nashville: Abingdon, 2002), 55. (『목회자: 목회의 신학과 실천』 한국기독교연구소)

24 Eugene Peterson, *The Pastor: A Memoir* (New York: HarperOne, 2011), 4. (『유진 피터슨』 IVP)

25 Eugene Peterson, *Under the Unpredictable Plant: An Exploration in Vocational Holiness* (Grand Rapids: Eerdmans, 1992), 20. (『목회자의 소명』 포이에마)

26 John Leith, *The Reformed Imperative: What the Church Has to Say that No One Else Can Say* (Philadelphia: Westminster, 1988), 24.

27 Ephraim Radner, *Time and the Word: Figural Reading of the Christian Scriptures* (Grand Rapids: Eerdmans, 2016), 263.

28 '마음의 눈'과 상상력의 관계에 대해서 알려면, Alison Searle, *"The Eyes of Your Heart": Literary and Theological Trajectories of Imagining Biblically* (Milton Keynes, UK: Paternoster, 2008)를 참조하라.

29 John Calvin, *Institutes of the Christian Religion*, ed. John T. McNeill, trans. Ford Lewis Battles, Library of Christian Classics (1960; repr., Louisville: Westminster John Knox, 2011), 1.6.1. (『기독교강요』 CH북스)

들음과 행함

30 더 자세한 논의를 위해서는 Todd Wilson and Gerald L. Hiestand, eds., *Becoming a Pastor Theologian: New Possibilities for Church Leadership* (Downers Grove, IL: IVP Academic, 2016)을 보라.

31 더 자세한 논의를 위해서는 내가 쓴 책 *Everyday Theology: How to Read Cultural Texts and Interpret Trends* (Grand Rapids: Baker Academic, 2007), 15-60을 참조하라. (『문화신학』 부흥과개혁사)

6장 교회의 구성원인 제자

1 Harvey Cox, *The Future of Faith* (New York: HarperCollins, 2009), 213. (『종교의 미래』 문예출판사)

2 "Code of Conduct", Houston Oasis, www.houstonoasis.org/code-of-conduct(2018년 8월 23일에 접속함).

3 Herman Bavinck, *Reformed Dogmatics*, vol. 4, *Holy Spirit, Church, and New Creation*, ed. John Bolt, trans. John Vriend (Grand Rapids: Baker Academic, 2006), 312.

4 Dietrich Bonhoeffer, *Sanctorum Communio: A Theological Study of the Sociology of the Church*, ed. Clifford J. Green, trans. Reinhard Krauss and Nancy Lukens, Dietrich Bonhoeffer Works 1 (Minneapolis: Fortress, 2009), 141. (『성도의 교제: 교회사회학에 대한 교의학적 연구』 대한기독교서회)

5 웨스트민스터 소요리문답 제1문답.

6 Erving Goffman, *The Presentation of Self in Everyday Life* (New York: Doubleday, 1959). (『자아 연출의 사회학』 현암사)

7 Alasdair MacIntyre, *After Virtue: A Study in Moral Theory*, 2nd ed. (Notre Dame: University of Notre Dame Press, 1984), 216. (『덕의 상실』 문예출판사)

8 복음주의자들은 교리의 발전에 대해 의심스러워하기도 한다. 여기서 교리에 관해 말할 때, 나는 성경이 말하는 바로부터 우리를 멀어지게 하는 교리가 아니라 우리를 성경 안으로 이끄는 교리를 염두에 두고 있다. 성경을 전복하기보다 성경을 섬기는 교리에 대한 변론을 보려면, 내가 쓴 글, "Improvising Theology according to the Scriptures: An Evangelical Account of the Development of Doctrine", in *Building on the Foundations of Evangelical Theology*, ed. Gregg Allison and Stephen Wellum (Wheaton, IL: Crossway, 2015), 15-50과 Rhyne R. Putnam, *In Defense of Doctrine: Evangelicalism,*

Theology, and Scripture (Minneapolis: Fortress, 2015)를 참조하라.

9 아서 그리브스(Arthur Greeves)에게 보낸 편지(*Yours, Jack: Spiritual Direction from C. S. Lewis* [Grand Rapids: Zondervan, 2008], 28-29). (『당신의 벗, 루이스』 홍성사)

10 John Calvin, *Institutes of the Christian Religion*, ed. John T. McNeill, trans. Ford Lewis Battles, Library of Christian Classics (1960; repr., Louisville: Westminster John Knox, 2011), 1011. (『기독교강요』 CH북스)

11 Jeanne Halgren Kilde, *When Church Became Theater: The Transformation of Evangelical Architecture and Worship in Nineteenth-Century America* (New York: Oxford University Press, 2002).

12 Lesslie Newbigin, *The Gospel in a Pluralist Society* (Grand Rapids: Eerdmans, 1989), 227. (『다원주의 사회에서의 복음』 IVP)

13 내가 쓴 책 *Faith Speaking Understanding: Performing the Drama of Doctrine* (Louisville: Westminster John Knox, 2014), 182-85를 보라. (『이해를 이야기하는 믿음』 [부흥과개혁사])

14 Gary Izzo, *The Art of Play: The New Genre of Interactive Theatre* (Portsmouth, NH: Heinemann, 1997), 188.

15 Charles Taylor, *A Secular Age* (Cambridge, MA: Belknap Press of Harvard University Press, 2007), 771.

16 이것은 예전적인 교회와 복음주의적인 교회 사이의 중간 지대를 모색할 수 있게 해주는 중요한 논점이다. 이에 관한 더 자세한 논의를 보려면 Melanie C. Ross, *Evangelical versus Liturgical? Defying a Dichotomy* (Grand Rapids: Eerdmans, 2014)를 참조하라.

17 베이커 아카데믹(Baker Academic)에서 출간한 스미스의 문화적 예전 시리즈는 *Desiring the Kingdom* (2009)(『하나님 나라를 욕망하라』 이하 IVP), *Imagining the Kingdom* (2013) (『하나님 나라를 상상하라』), *Awaiting the King* (2017)(『왕을 기다리며』)으로 이루어져 있다.

18 Calvin, *Institutes* 4.1.5.

19 Judith Butler, *Gender Trouble: Feminism and the Subversion of Identity* (London: Routledge, 1990). (『젠더 트러블』 문학동네)

20 Kirk Johnson, Richard Pérez-Peña, and John Eligon, "Rachel Dolezal, in Center of Storm, Is Defiant: 'I Identify as Black'," *New York Times*, June 16, 2015, https://www.nytimes.com/2015/06/17/us/rachel-dolezal-nbc-today-show.html.

21 Terrence W. Tilley, *The Disciples' Jesus: Christology as Reconciling Practice* (Maryknoll,

들음과 행함

NY: Orbis, 2008), 73.

22 Dietrich Bonhoeffer, *Life Together and Prayerbook of the Bible*, ed. Geffrey B. Kelly, trans. Daniel W. Bloesch and James H. Burtness, Dietrich Bonhoeffer Works 5 (Minneapolis: Fortress, 1996), 38. (『성도의 공동생활』복 있는 사람)

23 이 점을 주목하게 해준 라이언 필즈에게 고마움을 전한다.

24 제자도와 즉흥 연기에 관해 더 자세한 논의를 보려면, 내가 쓴 책 *Faith Speaking Understanding*, 189-99를 참조하라.

25 이것은 신약의 세계와 오늘날의 세계를 은유적으로 연결하는 운동이다. 더 자세한 논의를 보려면, Richard B. Hays, *The Moral Vision of the New Testament: A Contemporary Introduction to New Testament Ethics* (San Francisco: HarperSanFrancisco, 1996), 298 – 303을 참조하라. (『신약의 윤리적 비전』IVP)

26 이 운동은 1973년에 두 명의 심리학자가 고안해 낸 유명한 선한 사마리아인 실험의 변형된 형태다. 이 실험과 그 결과에 관한 설명을 보려면, 내가 쓴 책 *Faith Speaking Understanding*, 195를 참조하라.

27 Rosaria Butterfield, *The Gospel Comes with a House Key: Practicing Radically Ordinary Hospitality in Our Post-Christian World* (Wheaton, IL: Crossway, 2018).

28 Christine D. Pohl, *Making Room: Recovering Hospitality as a Christian Tradition* (Grand Rapids: Eerdmans, 2009), 5. (『손대접』복 있는 사람)

29 더 자세한 논의를 보려면 Michael O. Emerson and Christian Smith, *Divided by Faith: Evangelical Religion and the Problem of Race in America* (Oxford: Oxford University Press, 2000), 71, 150을 참조하라.

30 David W. Fagerberg, "Liturgy Creates a Christian Grammar in the People of God Who Live through the Encounter with the Paschal Mystery", in *Theologia Prima: What Is Liturgical Theology?*, 2nd ed. (Chicago: Liturgy Training Publications, 2004), 3을 참조하라.

7장 공교회의 그리스도인인 제자

1 이런 의심을 더 자세히 설명한 내용을 보려면, Christian Smith, *The Bible Made Impossible: Why Biblicism Is Not a Truly Evangelical Reading of Scripture* (Grand Rapids: Brazos, 2011)와 Kathleen C. Boone, *The Bible Tells Them So: The Discourse of Protestant Fundamentalism* (Albany: State University of New York Press, 1989)을 참조하라.

2 John Calvin, *Institutes of the Christian Religion*, ed. John T. McNeill, trans. Ford Lewis Battles, Library of Christian Classics (1960; repr., Louisville: Westminster John Knox, 2011), 4.1.1. (『기독교강요』 CH북스)

3 위의 책 4.1.4.

4 Alister McGrath, *Christianity's Dangerous Idea: The Protestant Revolution—A History from the Sixteenth Century to the Twenty-First* (San Francisco: HarperOne, 2007). (『기독교, 그 위험한 사상의 역사』 국제제자훈련원)

5 Diarmaid MacCulloch, *All Things Made New: The Reformation and Its Legacy* (Oxford: Oxford University Press, 2016), 8. (『영국의 종교개혁』 기독교문서선교회)

6 Brad S. Gregory, *The Unintended Reformation: How a Religious Revolution Secularized Society* (Cambridge, MA: Belknap Press of Harvard University Press, 2012).

7 Carlos M. N. Eire, *War against the Idols: The Reformation of Worship from Erasmus to Calvin* (Cambridge: Cambridge University Press, 1986).

8 Georges Florovsky, *Bible, Church, Tradition: An Eastern Orthodox View* (Belmont, MA: Nordland, 1972), 20.

9 Smith, *Bible Made Impossible*, xi.

10 Peter Leithart, *The End of Protestantism: Pursuing Unity in a Fragmented Church* (Grand Rapids: Brazos, 2016), 1.

11 위의 책, 76.

12 Calvin, *Institutes* 4.8.13.

13 J. I. Packer, *God Has Spoken: Revelation and the Bible*, 3rd ed. (Grand Rapids: Baker, 1994), 91.

14 Martin Luther, *On the Councils and the Church* (1539), in *Basic Theological Writings*, ed. Timothy F. Lull (Minneapolis: Fortress, 1989), 547.

15 Paul D. L. Avis, *The Church in the Theology of the Reformers*, reprint ed. (Eugene, OR: Wipf and Stock, 2002), 95. (『종교개혁자들의 교회관』 컨콜디아사)

16 Scott R. Swain, *Trinity, Revelation, and Reading: A Theological Introduction to the Bible and Its Interpretation* (New York: Bloomsbury T&T Clark, 2011), 100.

17 이에 관해 더 자세한 논의를 보려면 Matthew Levering, *Was the Reformation a Mistake? Why Catholic Doctrine Is Not Unbiblical* (Grand Rapids: Zondervan, 2017), 191~231

에 실린 나의 글 "A Mere Protestant Response"를 보라.

18 Michael Allen and Scott R. Swain, *Reformed Catholicity: The Promise of Retrieval for Theology and Biblical Interpretation* (Grand Rapids: Baker Academic, 2015), 34.

19 Herman Bavinck, *Reformed Dogmatics*, vol. 1, *Prolegomena*, ed. John Bolt, trans. John Vriend (Grand Rapids: Baker Academic, 2003), 494. (『개혁교의학 1』부흥과개혁사)

20 Calvin, *Institutes* 4.1.10.

21 성경적인 동시에 공교회적인 삼위일체 교리에 관해 더 자세한 논의를 보려면, Kevin J. Vanhoozer and Daniel J. Treier, *Theology and the Mirror of Scripture: A Mere Evangelical Account*, Studies in Christian Doctrine and Scripture (Downers Grove, IL: IVP Academic, 2015), 113-14를 보라.

22 Allen and Swain, *Reformed Catholicity*, 45.

23 John T. McNeill, *Unitive Protestantism: The Ecumenical Spirit and Its Persistent Expression* (Richmond, VA: John Knox, 1964)을 보라.

24 내가 쓴 책 *Biblical Authority after Babel: Retrieving the Solas in the Spirit of Mere Protestant Christianity* (Grand Rapids: Brazos, 2016)를 보라.

25 Linda Trinkaus Zagzebski, *Epistemic Authority: A Theory of Trust, Authority, and Autonomy in Belief* (New York: Oxford University Press, 2012), 55.

26 John Calvin, letter to Wolfgang Musculus, Erik Alexander de Boer, *Genevan School of Prophets: The Congrégations of the Company of Pastors and Their Influence in 16th Century Europe* (Geneva: Librairie Droz, 2012), 41-42에서 재인용함.

27 J. I. Packer, preface to *Evangelicals and Catholics Together at Twenty: Vital Statements on Contested Topics*, ed. Timothy George and Thomas G. Guarino (Grand Rapids: Brazos, 2015), viii.

28 더 자세한 내용을 보려면, Everett Ferguson, *The Rule of Faith: A Guide* (Eugene, OR: Cascade, 2015)를 참조하라. 신앙의 규칙의 공식화는 2세기로 거슬러 올라가지만, 4세기에 아우구스티누스는 그것을 세례의 신앙 고백과 동일시했다. 그는 그것을 "말로는 간략하지만 내용은 위대하다"고 묘사했다. Augustine, *Sermons vol. 3 (51-94)*, The Works of Saint Augustine: A Translation for the 21st Century, trans. Edmund Hill (Hyde Park, NY: New City Press, 1992), Sermon 59.1.

29 더 자세한 논의를 보려면 Fred Sanders, *The Deep Things of God: How the Trinity*

Changes Everything, 2nd ed. (Wheaton, IL: Crossway, 2017)를 보라. (『삼위일체 하나님이 복음이다』 부흥과개혁사)

30 현대의 생명 윤리 논의와 관련한 이 구별의 중요성을 보려면 Oliver O'Donovan, *Begotten or Made?* (Oxford: Clarendon, 1984)를 참조하라.

31 Ronald E. Heine, *Classical Christian Doctrine: Introducing the Essentials of the Ancient Faith* (Grand Rapids: Baker Academic, 2013)와 같은 입문서를 비롯해 Khaled Anatolios, *Retrieving Nicaea: The Development and Meaning of Trinitarian Doctrine* (Grand Rapids: Baker Academic, 2011)처럼 더 전문적인 학술서에 이르기까지 수많은 유익한 자료들이 있다.

32 E. Randolph Richards and Brandon J. O'Brien, *Misreading Scripture with Western Eyes: Removing Cultural Blinders to Better Understand the Bible* (Downers Grove, IL: IVP Books, 2012), 15. (『성경과 편견』 성경유니온선교회)

33 Philip Jenkins, *The Next Christendom: The Coming of Global Christianity*, 3rd ed. (Oxford: Oxford University Press, 2011)를 보라. (『신의 미래』 도마의길)

34 Charles E. Van Engen, "The Glocal Church: Locality and Catholicity in a Globalizing World", in *Globalizing Theology: Belief and Practice in an Era of World Christianity*, ed. Craig Ott and Harold A. Netland (Grand Rapids: Baker Academic, 2006), 157.

35 Richards and O'Brien, *Misreading Scripture with Western Eyes*, 216.

36 우리의 조상이신 예수에 관한 글을 보려면 Victor I. Ezgibo, "Jesus as God's Communicative and Hermeneutical Act: African Christians on the Person and Significance of Jesus Christ", in *Jesus without Borders: Christology in the Majority World*, ed. Gene L. Green, Stephen T. Pardue, and K. K. Yeo (Grand Rapids: Eerdmans, 2014), 49-52를 참조하라.

37 C. Clifton Black, *Reading Scripture with the Saints* (Eugene, OR: Cascade, 2014), Stephen E. Fowl, ed., *The Theological Interpretation of Scripture: Classic and Contemporary Readings* (Oxford: Blackwell, 2007).

38 Zagzebski, *Epistemic Authority*, 55.

39 해석에 있어서 겸손의 중요성에 관한 더 자세한 논의를 보려면, 내가 쓴 책 *Is There a Meaning in This Text? The Bible, the Reader, and the Morality of Literary Knowledge* (Grand Rapids: Zondervan, 1998), 462-66을 보라. (『이 텍스트에 의미가 있는가?』 IVP)

들음과 행함

40 1급과 2급 그리고 3급 교리의 차이에 관해서는 Vanhoozer and Treier, *Theology and the Mirror of Scripture*, 125-26을 보라. 공교회성이 교회가 일치를 보이는 1급 교리 혹은 본질적인 교리를 특징짓는다.

41 Glenn Paauw, *Saving the Bible from Ourselves: Learning to Read and Live the Bible Well* (Downers Grove, IL: InterVarsity Press, 2015), 176-78.

42 Philip Schaff, *The Principle of Protestantism* (Eugene, OR: Wipf & Stock, 2004).

43 Carl E. Braaten, *Mother Church: Ecclesiology and Ecumenism* (Minneapolis: Fortress, 1998), 12.

44 John Calvin, *A Reformation Debate: Sadoleto's Letter to the Genevans and Calvin's Reply*, ed. John Olin (Grand Rapids: Baker, 1987), 62. (『사돌레토에의 답신』 바실래)

45 Jaroslav Pelikan, *Obedient Rebels: Catholic Substance and Protestant Principle in Luther's Reformation* (London: SCM, 1964), 76.

46 Paauw, *Saving the Bible*, 182.

8장 그리스도의 합당한 형상으로 살아가는 제자

1 Rowan Williams, *Being Disciples: Essentials of the Christian Life* (Grand Rapids: Eerdmans, 2016), 1장을 보라. (『제자가 된다는 것』 복 있는 사람)

2 Robert H. Gundry, *Commentary on the New Testament: Verse-by-Verse Explanations with a Literal Translation* (Peabody, MA: Hendrickson, 2010), 딤전 1:10, 딤후 4:3, 딛 1:9; 2:1에 대한 주석.

3 "You Know What's Cool? A Billion Hours", *YouTube Official Blog*, February 27, 2017, https://youtube.googleblog.com/2017/02/you-know-whats-cool-billion-hours.html.

4 "What Is Captology?", Stanford Persuasive Tech Lab, http://captology.stanford.edu/about/what-is-captology.html(2018년 2월 26일에 접속함).

5 최근의 유익한 연구로는 Tony Reinke, *12 Ways Your Phone Is Changing You* (Wheaton, IL: Crossway, 2017)와 Andy Crouch, *The Tech-Wise Family: Everyday Steps for Putting Technology in Its Proper Place* (Grand Rapids: Baker Books, 2017)가 있다.

6 Antonio Spadaro and Marcelo Figueroa, "The Prosperity Gospel: Dangerous and Different", *La Civiltà Cattolica*, July 18, 2018, https://laciviltacattolica.com/the-prosperity-gospel-dangerous-and-different/.

7   David Van Biema and Jeff Chu, "Does God Want You to be Rich?", *Time*, September 10, 2006, http://content.time.com/time/magazine/article/0,9171,1533448,00.html.

8   이 운동에 대한 통찰력 넘치는 역사를 보려면 Kate Bowler, *Blessed: A History of the American Prosperity Gospel* (Oxford: Oxford University Press, 2013)을 참조하라. 비판적인 분석을 보려면 Gordon D. Fee, *The Disease of the Health and Wealth Gospels* (Vancouver, BC: Regent College Publishing, 1985)와 David W. Jones and Russell S. Woodbridge, *Health, Wealth, and Happiness: How the Prosperity Gospel Overshadows the Gospel of Christ* (Grand Rapids: Kregel, 2017)를 참조하라.

9   John Calvin and William Pringle, *Commentaries on the Epistles of Paul to the Galatians and Ephesians* (Bellingham, WA: Logos Bible Software, 2010), 294.

10 Matthew Myer Boulton, *Life in God: John Calvin, Practical Formation, and the Future of Protestant Theology* (Grand Rapids: Eerdmans, 2001), 4.

11 이 주장에 관한 유익한 논의를 보려면 David I. Starling, *Hermeneutics as Apprenticeship: How the Bible Shapes Our Interpretive Habits and Practices* (Grand Rapids: Baker Academic, 2016)를 참조하라.

12 John Calvin, *Institutes of the Christian Religion*, ed. John T. McNeill, trans. Ford Lewis Battles, Library of Christian Classics (1960; repr., Louisville: Westminster John Knox, 2011), 3.1.1. (『기독교강요』 CH북스)

13 David Scott, "Speaking to Form: Trinitarian-Performative Scripture Reading", *Anglican Theological Review 77* (1995): 145.

14 Uche Anizor and Hank Voss, *Representing Christ: A Vision for the Priesthood of All Believers* (Downers Grove, IL: IVP Academic, 2016).

15 더 자세한 논의를 보려면 Starling, *Hermeneutics as Apprenticeship*, 107-17을 참조하라.

16 '그리스도 중심적' 해석의 예로는 Bryan Chapell, *Christ-Centered Preaching: Redeeming the Expository Sermon*, 3rd ed. (Grand Rapids: Baker Academic, 2018)(『그리스도 중심의 설교』 은성)와 Edmund P. Clowney, *The Unfolding Mystery: Discovering Christ in the Old Testament Scriptures*, 2nd ed. (Phillipsburg, NJ: P&R, 2013)(『구약에 나타난 그리스도』 네비게이토), 그리고 Graeme Goldsworthy, *Christ-Centered Biblical Theology: Hermeneutical Foundations and Principles* (Downers Grove, IL: IVP Academic, 2012)(『그리스도 중심 성경신학』 부흥과개혁사)를 보라.

17 Martin Luther, *Prefaces to the New Testament*, in *Martin Luther's Basic Theological Writings*, ed. Timothy F. Lull (Minneapolis: Fortress, 1989), 112. ("신약성경에 부치는 루터의 서문", 『루터 선집 3: 루터와 신약 (1)』 컨콜디아사)

18 Martin Luther, *A Brief Instruction on What to Look For and Expect in the Gospels*, in Lull, *Basic Theological Writings*, 106. ("복음서들에서 탐색할 것 및 기대할 것에 대한 간략한 서문", 『루터 선집 1: 루터와 구약 (1)』 컨콜디아사)

19 Luther, *Preface to the Old Testament*, in Lull, *Basic Theological Writings*, 130. ("구약성경에 부치는 루터의 서문", 『루터 선집 3: 루터와 신약 (1)』 컨콜디아사)

20 William M. Marsh, *Martin Luther on Reading the Bible as Christian Scripture: The Messiah in Luther's Biblical Hermeneutic and Theology* (Eugene, OR: Pickwick, 2017)를 보라.

21 Irenaeus, *The Scandal of the Incarnation: Irenaeus Against the Heresies*, trans. John Saward (San Francisco: Ignatius Press, 1981), 55.

22 Austra Reinis, *Reforming the Art of Dying: The Ars Moriendi in the German Reformation (1519-1528)* (London: Routledge, 2016), 247.

23 예를 들어, Billy Graham, *Nearing Home: Life, Faith, and Finishing Well* (Nashville: Thomas Nelson, 2011)(『새로운 도전』 두란노)과 J. I. Packer, *Finishing Our Course with Joy: Guidance from God for Engaging with Our Aging* (Wheaton, IL: Crossway, 2014)(『아름다운 노년』 디모데)을 보라.

24 예를 들어, Rob Moll, *The Art of Dying: Living Fully into the Life to Come* (Downers Grove, IL: InterVarsity Press, 2010)(『죽음을 배우다』 IVP)과 Marilyn Chandler McEntyre, *A Faithful Farewell: Living Your Last Chapter with Love* (Grand Rapids: Eerdmans, 2015)(『아름다운 안녕』 이레서원)를 보라.

25 가장 대표적인 개신교 저작은 아마도 1651년에 제레미 테일러(Jeremy Taylor)가 쓴 *The Rule and Exercises of Holy Dying* (New York: Arno Press, 1977)일 것이다. (『거룩한 죽음』 CH북스)

26 Allen Verhey, *The Christian Art of Dying: Learning from Jesus* (Grand Rapids: Eerdmans, 2011), 277.

27 이 논점들은 제임스 샘라(James Samra)가 탁월하게 연구한 *Being Conformed to Christ in Community: A Study of Maturity, Maturation and the Local Church in the*

Undisputed Pauline Epistles (New York: T&T Clark, 2006), 152-65에서 가져왔다.

28 Os Guinness, *The Call: Finding and Fulfilling the Central Purpose of Your Life* (Nashville:
    Thomas Nelson, 2003), 4. (『소명』 IVP)

결론: "이제 우리는 합당하다"

1 "My Way", English lyrics by Paul Anka; original French lyrics by Gilles Thibaut;
   copyright 1967 Chrysalis Standards, Inc.

2 더 자세한 내용을 보려면 Kevin J. Vanhoozer and Owen Strachan, *The Pastor as Public
   Theologian: Reclaiming a Lost Vision* (Grand Rapids: Baker Academic, 2015), 4장을 참조
   하라. (『목회자란 무엇인가』 포이에마)

3 웨스트민스터 소요리문답 제1문, "사람의 제일가는 목적은 무엇인가?"

4 Bernard Ramm, *Them He Glorified: A Systematic Study of the Doctrine of
   Glorification* (Grand Rapids: Eerdmans, 1963), 89.

5 David VanDrunen, *God's Glory Alone: The Majestic Heart of Christian Faith and Life*
   (Grand Rapids: Zondervan, 2015), 25. (『오직 하나님의 영광』 부흥과개혁사)

주제 및 인명 색인

성경 색인